宁夏大学优秀学术著作出版基金资助

中国文化史论略

张 詠 ◉ 著

黄河出版传媒集团

宁夏人民出版社

图书在版编目(CIP)数据

中国文化史论略 / 张詠著. —银川：宁夏人民
出版社，2017.7
ISBN 978-7-227-06709-2

Ⅰ.①中…　Ⅱ.①张…　Ⅲ.①文化史—中国
Ⅳ.①K203

中国版本图书馆 CIP 数据核字(2017)第 188693 号

中国文化史论略

张 詠 著

责任编辑　陈　浪　杨海军
封面设计　陈冰融
责任印制　肖　艳

黄河出版传媒集团
宁夏人民出版社　出版发行

出 版 人　王杨宝
地　　址　宁夏银川市北京东路 139 号出版大厦(750001)
网　　址　http://www.nxpph.com　　　　http://www.yrpubm.com
网上书店　http://shop126547358.taobao.com　　http://www.hh-book.com
电子信箱　nxrmcbs@126.com　　　　renminshe@yrpubm.com
邮购电话　0951-5019391　5052104
经　　销　全国新华书店
印刷装订　宁夏银报印务有限公司
印刷委托书号　(宁)0006019

开　　本　720 mm×980 mm　　　　1/16
印　　张　17.5　字　　数　243 千字
版　　次　2017 年 8 月第 1 版
印　　次　2017 年 8 月第 1 次印刷
书　　号　ISBN 978-7-227-06709-2
定　　价　36.00 元

自　序

　　其实眼前的这本书,是我人生中的第二本书了。或者有一些原因吧,《回族家谱考论》既没有序言,也没有后记,只有纯粹的一堆文字,货真价实的文字。当时我真实地以为自己今生不会再有什么进步了,只是学着别人的样子,混日子到退休。可是学历史这么多年,我还是挺不甘心的,想再接再厉,把这么多年读书的感想,以及对于历史的领悟,还有在课堂上慷慨激昂的火花追记下来,以文字的形式加以留存,作为自己为学生涯的一个小结。这也正是我的勇气得以产生的原因,一切归于压力,一切归于无中生有的压力。我忘不了那个并不寒冷的冬天,因为我的忙碌与麻木使我亟待春天的温暖,而忘却了眼前刺骨的寒冷。

　　改变了生活规律,采取了一种形式。上午从暂时的寓所宝湖湾坐上公交车,中途倒车一次,然后继续前行。晃晃悠悠一个小时,就回到了家,工作整整六个小时之后,坐校车回到寓所。如此往复,最后的修改工作竟达三个月之久,才有了眼前这本小册子。三个月的时间,或许仅仅是文字的誊抄与材料的反复解读、核实,因为已经有了两个蓝本,也就是底稿,即我授课的讲义。从1996年本科留校至今,我主要讲述两门课,一是中国古代史,一是中国文化史。中国文化史前前后后讲了十几遍,写了三本讲义,一本搬家丢失了,剩下了两本,都在七八万字。两本讲义,比较起来完全不一样,材料与见解有时会混在一起,分不清哪些是自己的,哪些是"借鉴"别人的。于是,我完全抛弃了讲义里的见解部分,只采用材料,重新读,重新写,完全沉浸在讲课时的情景里,希望将自己多年来对于文化学、中国文化史的一点可怜的看法能够全面地呈现出来,所以当你在书中读到一些白话的、不太考究的文字,请不要嘲笑,因为那是真实的、被课堂锤炼过的文字。

在写作的过程中,我时常会看到费孝通把自己的英国老师马凌诺斯基称作"马老师",这一中国式的称呼,感人心脾。我想起了我的老师霍维洮教授。在这所北方的大学里我们也称呼他"霍老师",这样的称呼远远超过了他的行政职务,广泛而亲切。霍老师今年春季一开学就退休了,离开了他热爱的课堂和学生。想起这我便有些神伤,谨以此书献给他,希望他的学术之树长青,退休生活幸福。带领我进入史学之门、踏入史学殿堂的正是霍老师。1996年我留校任教的时候,他就指导我如何备课、如何进行课堂讲授,至今历历在目。1999年我追随他上硕士,2010年在他门下读博士,得以常年聆听教诲。霍老师擅长理论阐释,更擅长以理论分析历史现象以及人生百态。他对于回族史的研究,至今独步学林,尤以回族起义中的"抚局"问题与回族社会组织化研究为重。霍老师强调专门史与民族史须以通史为本,他所本者为中国近代史,尤以太平天国政治史与近代思潮研究为甚。虽说跟随霍老师学习了二十年,但他的理论分析与治史的精髓,我远远没有学到手。或许是小时候环境所致吧,我将更多的兴趣与精力投入到了中国古代历史文化方面了,这与老师的近代史路数就大相径庭了,但好在回族史这一块还保留着,也算是对霍老师学术的一点继承吧。

在此书中,我追求"不厌其繁、不厌其详",以求达到"不厌其深",尤其对于文化定义的探讨,希望多个角度、多种文献、多个视野、多种学科都有涉猎,从而达到对于文化的认识。记得小时候母亲在详尽讨论一件事情的时候,特别会用"掰烂泡碎"来形容,我也想达到这样的效果。在材料运用方面,我尽量使用了最新与最老的研究成果,最新的有可能几十年之后就会被遗忘,但在今天需要被认识、被介绍;最老的成果,则更需要我继续介绍,犹如赛场上的接力棒一样,有了传承的意味。

在此书中,我自己对于文化史有两个小小的添加,一是提出了"文化涟漪"的概念,就是完全不同文化类型的载体进入到其他文化境地的感觉,而初来乍到、扑面而来就是最强烈的体味,这就是文化相碰撞时最激烈的"交汇",犹如一粒石子落入湖中,犹如两辆汽车相向呼啸而过,这或许可以称为"文化涟漪"。还有一个就是我自己关于文化的定义,"文化,在人类普遍性的基础上形成的自我特色,这一特色包括生活、感情、交往以及处理这些的方式,更是一种心理感觉,可以成为不同族群接触的强烈区别。文化就意味着差别,文化永远无法趋同,具有极强的坚韧性。"至于这样的提法究竟是否合适,还希望诸位方家批评指正。

全书凡八章。其中第六章、第七章是 2014 年参加霍老师主持的"中国文化史"课题时我个人承担的部分,当年就完成了。但这个课题因一些原因最后没有成书,亦没有出版,我就将自己写就的部分直接移过来了,这是一定要说明的。第八章有关民间文化传统的内容,是以我早年两篇论文为主题改写的,两篇都曾发表过,其中《文化的倾诉与信奉的再造——论中国民间文化传统的形成》刊登于《宁夏师范学院学报》2008 年第 2 期,《说贫富——中国民间文化传统一论》刊登于《宁夏大学学报》2008 年第 5 期。最后附缀了两篇零散的论文,一篇是《孟母三迁与东汉礼俗》,是关于传统文化中的个案研究;另一篇是关于我的家乡盐池历史文化研究的,属于地域文化范畴。

在艰苦的写作中,我读到了高华的《历史学的境界》一书,由此又接触到了其他一些文字,并了解了其他的事情。我在文中特意引用了书中的一句话:"以历史研究为'志业',而非谋生手段。"在此一并向高华致敬。

张 詠

2016 年 9 月 14 日

目 录
Contents

第一章 诸家论"文化":由胡适说起

关于文化,已经讨论得太多,似乎也无探究的必要,但由于就此文来说,文化乃最关键之词语,须再加赘述,算作文章的起势。

"文化"一词,在近代才受到关注,也是在近代才被赋予了更多的含义。胡适在《信心与反省》《再论信心与反省》《三论信心与反省》诸文中多次谈及文化。他说:"我曾指出我们的固有文化是很贫乏的,决不能说是'太丰富了'的。我们的文化,比起欧洲一系的文化来,我们所有的,人家也都有;我们所没有的,人家所独有的,人家都比我们强。至于我们所独有的宝贝——骈文、律诗、八股、小脚……又都是使我们抬不起头来的文物制度。"①从胡适的演讲中,很明显地感觉到他对中国文化的感慨,以及对欧洲文化的艳羡。但是请注意,他同时也道出了文化的基本界定。

第一,文化具有民族性,或者具有地域性,犹如欧洲与中国文化之不同。

第二,文化是固有的。中国文化有固有的,如骈文小脚之类,当然胡适于此还有更详细的罗列,如"骈文、律诗、八股、小脚、太监、姨太太、五世同居的大家庭、贞节牌坊、地狱的监牢、廷杖、板子夹棍的法庭"等十一项。②胡适一定是在批评。

第三,文化指向文物制度。文物制度,类似马端临在《文献通考》中所讲的典章经制,但是又远不能概括。似乎还应包括历史演进中沉淀下来的实实在

---

① ② 胡适:《中国文化的反省》,华东师范大学出版社 2013 年版,第 12、18 页。

在的内容。

说文化,为何要从胡适说起?这可是大有深意,用王汎森的话说是"重访","近代世界有一种不言自明的进化思维,认为这个时代就是到目前为止相对而言最高的阶段,所以很容易将现状'本质化',隐然认为现状便是该事物的本质性内容,忽略了它们可能只是近几十年或几百年来形成的,并不是'本质'……但是如果重访之前的思想传统,便能得到不一样的视野,提供我们思考这个问题的新可能性"①。所以,胡适对于文化的解说具有典型的意义。

近代社会,中国传统的学术经历了巨大的冲击,不得不加以改变,所以章太炎在《留学的目的与方法》中有论:"近来分科越多,理解也越明。"②而对于"文化"一词的关注以及对于文化的研究就是在这样的形势下出现的。张岱年主编的《中国文化概论》一书对于文化概念的解释,虽然提及了"文化"一词在中国固有的文字系统中早已有之,但却没有实质性的内容。尤其在阐释广义与狭义的区别时,特别谈到了梁启超与爱德华·泰勒的解释,也为一证。也许将"文化"重置于近代这样的环境下进行辨析讨论,才显得更有意义,正如甘阳所言:"百余年来,关于中国文化的讨论始终或隐或显、或明或暗地进行着:中西学之争、旧学新学之争、学校科举之争、文言白话之争、东方文化西方文化之争……这实际上从一个侧面说明了中国现代化进程的曲折艰难。"③

谈论文化,须观照当今,才有意义。

一、中国近代史家的"文化"解说

中国近代社会的意义,如上文所言凸显了异常激烈的时代精神,王汎森将其形象地称为"两辆对开的火车"④。而传统中国的学术大树——史学,亦是如此。正

---

① 王汎森:《执拗的低音·序》,生活·读书·新知三联书店 2014 年版,第 3 页。
② 章炳麟:《章太炎的白话文》,辽宁教育出版社 2003 年版,第 1 页。
③ 甘阳主编:《八十年代文化意识》,上海人民出版社 2006 年版,第 4 页。
④ 见王汎森,复旦大学"光华人文杰出学者讲座",2011 年,网易公开课。

如许冠三所言："史学之荣枯与文化之兴衰相表里。"①那么近代的史学家关于文化之言更值得关注，更值得梳理。

(一)通观史书，以解文化之道：吕思勉

在中国近代史学家中，吕思勉极有可能是读书最多的人，"到 23 岁时，吕先生已系统地把二十四史读了一遍……据学者的估计，对于二十四史，吕先生至少读过四遍以上，这种功夫即使在毕生致力读古籍的乾嘉学者中恐怕也是少见的"②。有如此功底，吕思勉对于文化也是别有见解。

在《吕著中国通史》的"绪论"里，吕思勉集中笔墨探究了文化。他说："何谓文化?向来狭义的解释，只指学术技艺而言，其为不当，自无待论。说得广的，又把一切人为的事，都包括于文化之中，然则动物何以没有文化呢?"③一般说来，在对文化进行定义的时候，都会出现"狭义"与"广义"之说，这是一种比较妥当的分析方法，但同时我们也发现这是一种较为模糊的方法。④就此分析可以得知，文化之所以为文化，是人之后之产物，而且是人异于动物的表现。

> 其异点安在呢? 凡动物，多能对外界的刺激而起反应，亦多能与外界相调适。然其与外界相调适，大抵出于本能，其力量极有限，而且永远不过如此。人则不然。所以人所处的世界，与动物所处的世界，大不相同。人之所以能如此，(一)由其有特异的脑筋，能想出种种法子。(二)而其手与足的全然分开，能制造种种工具，以遂行其计划。(三)又有语言以互相交通，而其扩大的即为文字。此人之所知，所能，可以传之于彼;前人之所知，所能，并可以传之于后。⑤

从以上所引可以看出，吕思勉分析文化着重在于文化之文化世界的构建，人

---

① 许冠三:《新史学九十年·自序》，岳麓书社 2003 年版，第 4 页。
② 张耕华:《中国史·导读》，见吕思勉《中国史》，上海古籍出版社 2006 年版，第 1—2 页。
③⑤ 吕思勉:《吕著中国通史》，华东师范大学出版社 2005 年第 2 版，第 5 页。
④ 张岱年、方克立主编:《中国文化概论》，北京师范大学出版社 1994 年版，第 7 页。

的语言、文字、思维、工具,以及由此构建的文化世界的传承,也是他所理解意义上的"进化"。其中尤可注意的是,"手与足的分开",这是一种考古学的说法,而此书成于20世纪30年代,可见吕思勉开放的学术视野。[1]手与足的分开,是人类起源之路上的关键一环,"由猿到人的演变,主要是在从南方古猿到'能人'的体质形态漫长进化与劳动技能不断提高的过程中完成的。在这一进化过程中,手足分化、直立行走和制造工具具有决定性意义"[2]。

吕思勉先生还有多篇文章宏观地谈到了中国文化的一些问题,如《中国文化东南早于西北说》《中国文化诊断一说》《中国文化诊断续说——教育界的彗星》等。[3]尤其《中国文化东南早于西北说》,非常缜密地讨论了中国民族起源的基本内容,如人类遗骸、器物,以及气候对于人类起源的影响,有考古学的材料,亦有古代文献的佐证,眼界高远,胸襟开阔,最后得出:"且中国古俗,如食之主于植物也,衣之有卉服及其制宽博也,货币之广用贝也,皆足征其起于东南江海之会焉。故曰,中国文化,始于东南也。"[4]吕思勉关于中国文化起源的论述,对目前的相关研究仍具有重要的借鉴意义。

(二)通史之才:钱穆

台湾史家王尔敏如此评价钱穆先生:"钱氏为传统儒师硕果,出入于儒家经学与诸子道术,而以通史学之《国史大纲》蜚声士林。所著《先秦诸子系年》表现功力深厚。其最足以承当钱门一家之专门学者,则为所著之《近三百年学术思想史》,凡其及门弟子若余英时、何佑森、逯耀东、金中枢等人,无不以继承钱氏而开

---

① 吕思勉:《吕著中国通史》,华东师范大学出版社2005年第2版,第323页。他谈到了"所以追求民族的起源,实当求之于考古学,而不当求之于历史。考古学在中国,是到最近才略见曙光的。其所发见的人类,最古的是一九〇三年河北房山县周口店所发见的北京人"。亦可见氏著《中国文化东南早于西北说》,见《吕思勉论学丛稿》,上海古籍出版社2006年版。同时代很多学人如梁启超等都注意到了考古对于中国历史研究的价值。
② 中国社会科学院历史研究所《简明中国历史读本》编写组编写:《简明中国历史读本》,中国社会科学出版社2012年版,第19页。
③《吕思勉论学丛稿》,上海古籍出版社2006年版。
④ 吕思勉:《中国文化东南早于西北说》,见《吕思勉论学丛稿》,上海古籍出版社2006年版。

讲此课。"①王尔敏的评价甚是到位,钱氏乃史学大家,其对于文化之论述主要贯穿于历史的阐释之中,专门的文化著作为《中国文化史导论》《国学概论》等。其对于文化之论述及对于中国文化之贡献,可参见其弟子余英时所著《钱穆与中国文化》(上海远东出版社 1994 年版)。

从王尔敏这饱含信息的评价中可以看出,钱穆的学问根柢在于经学,在于先秦诸子,这也是他关注文化以及中国文化的角度与底线所在。正因为如此,所以他对中国文化的批评保留余地,如前文所引的胡适对于中国文化的十一项列举,钱穆就明确表示不同意,因此也导致了两人的决裂。②正如他在《国史大纲》开篇中谈到的"凡读本书请先具下列诸信念"之第二条:所谓对其本国已往历史略有所知者,尤必附随一种对其本国已往历史之温情与敬意。第三条:所谓对其本国已往历史有一种温情与敬意者,至少不会对其本国已往历史抱一种偏激的虚无主义。亦至少不会感到现在我们是站在已往历史最高之顶点,而将我们当身种种罪恶与弱点,一切诿卸于古人。③"温情与敬意"是一种什么样的态度呢? 并非是顶礼膜拜,也非全盘否定,而是一种理解历史、理解文化的态度,犹如历史学家研究历史一般,"要能不抱偏见,不作武断,不凭主观,不求速达"④。但是这样一种文化态度,更趋近于肯定。

在钱穆等身的论著之中,有一篇文章《中国文化传统之演进》,是 1941 年的讲稿,尤可注意的是"为拙著《中国文化史导论》之总提纲"⑤,可见此文分量之重。钱穆是如此论述何为文化的:

我们先问一句,什么叫文化? 这两个字,本来很难下一个清楚的定义。

普通我们说文化,是指人类的生活,人类各方面各种样的生活总括汇合起

① 王尔敏:《新史学圈外史学》,广西师范大学出版社 2010 年版,第 34 页。
② 参阅王汎森:《钱穆与民国学风》,载《近代中国的史家与史学》,复旦大学出版社 2010
年版。
③ 钱穆:《国史大纲》,商务印书馆 1994 年版。
④ 钱穆:《中国历史研究法》,生活·读书·新知三联书店 2001 年版,第 13 页。
⑤ 钱穆:《国史新论·自序》,生活·读书·新知三联书店 2001 年版。

来,就叫它做文化。但此谓各方面各种样的生活,并不专指一时性的平铺面而言,必将长时间的绵延性加进去。譬如一人的生活,加进长时间的绵延,那就是生命。一国家一民族各方面各种样的生活,加进绵延不断的时间演进,历史演进,便成所谓文化。因此文化也就是此国家民族的生命。如果一个国家民族没有了文化,那就等于没有了生命。因此凡所谓文化,必定有一段时间上的绵延精神,换言之,凡文化,必有它的传统的历史意义。故我们说文化,并不是平面的,而是立体的。在这平面的、大的空间,各方面各种样的生活,再经历过时间的绵延性,那就是民族整个的生命,也就是那个民族的文化。所以讲到文化,我们总应该根据历史来讲。①

仔细研读,钱穆是这样定义文化的:

第一,"各方面各种样",是说文化是一种模式,一种塑型。

第二,文化必须有时间的承载,还须有空间的容量,是立体的存在。这样的文化观,与法国年鉴学派的费尔南·布罗代尔一般,他的名著《菲利普二世的地中海与地中海世界》做到了这一点。"《地中海》让读者意识到空间在历史上的重要性,此前几乎没有哪本著作做到这一点⋯⋯对历史学家而言,更有意义的是布罗代尔对时间的创造性处理,是他试图'将历史时间分为地理时间、社会时间、与个人时间',以及对人们(由于他最著名的文章的发表)耳熟能详的 la longue Durée(长时段)的强调。以地质学的标准来衡量,布罗代尔的长时段可能是短暂的,但他对'地理时间'的特别强调,让许多历史学家开了眼界。"②

第三,钱穆讲文化,须与历史相连,根据历史来讲,就是历史文化。文化有多种形态的表达,历史文化只是其中的一种表述方法,后文还要提及。

① 钱穆:《国史新论》,生活·读书·新知三联书店 2001 年版,第 346—347 页。
② [英]彼得·伯克著,刘永华译:《法国史学革命:年鉴学派,1929—1989》,北京大学出版社 2006 年版,第 36 页。

（三）史家陈寅恪①

许冠三如此评述史家陈寅恪的史学："终其一生，他经常用来理解、重建并解说往事的'通识'，主要有两对概念：一是种族与文化；二是家族和门第。后者有时亦称为'社会阶级'。这四者又以文化为枢纽，故生平论史爱以文化为依归，论学爱以不中不西相标榜。"②也就是说，陈寅恪是以文化解历史，以文化论兴衰。通观陈书，可知许氏所言不虚，其对陈寅恪的评价也得到了陈门弟子蒋天枢的认可。"全文贯穿《陈集》，言之有物，既能扼要陈述，亦有独到见解"③。

文化在陈寅恪的史学中有三种表达：一是对于历史中文化的解读，二是作为史学方法的文化，三是自身对于文化的理解与坚持，也体现了对于文化的深层感悟。

先来看第一种。在《赠蒋秉南序》中，陈寅恪这样写道："虽然，欧阳永叔少学韩昌黎之文，晚撰五代史记，作义儿冯道诸传，贬斥势利，尊崇气节，遂一匡五代之浇漓，返之淳正。故天水一朝之文化，竟为我民族遗留之瑰宝。孰谓空文于治道学术无裨益耶？"④陈寅恪对于天水一朝文化评价之高，很大程度上是因为宋朝宽松的政治气氛与学术的勃兴。其宽松的政治气氛主要是指"崇文抑武"和"祖宗以来未有杀士人事"。⑤而他更进一步指出，"华夏民族之文化，历数千载之演进，造极于赵宋之世"⑥。对于陈寅恪的论断，五十年之后漆侠做了回应，以《宋学的发展和演变》相酬答。他指出："宋学不仅为学术的探索开创了新局面，它的强大的生命力和突出的特点还表现在，把学术探索同社会实践结合起来，力

---

① 关于陈寅恪的敬称有多种，"国学大师""一代宗师""文化大师"等。王汎森在《执拗的低音》复旦演讲中，称为"史家陈寅恪"，其语气与表情，使我强烈地感觉到这样的称谓再恰当不过了。见王汎森复旦大学"光华人文杰出学者讲座"，2011 年，网易公开课。

②③ 许冠三：《新史学九十年》，岳麓书社 2003 年版，第 265、2 页。

④ 陈寅恪：《赠蒋秉南序》，见《寒柳堂集》，上海古籍出版社 1980 年版，第 162 页。

⑤ 可参阅邓小南《祖宗之法：北宋前期政治述略》（修订版），生活·读书·新知三联书店 2014 年版。

⑥ 陈寅恪：《邓广铭〈宋史职官志考证〉序》，见《金明馆丛稿二编》，上海古籍出版社 1980 年版，第 245 页。

图在社会改革上表现经世致用之学。"①可见陈寅恪对于历史中文化的解读确有点石成金之效。

第二种,作为史学方法的文化。

> 寅恪颇为自诩的治史通识。即用来贯串并解释史事的中心概念,不外四条:一、文化;二、种族;三、家族;四、门第,或作社会阶级。家族和门第两者,通常皆隐含种族与文化的分野,故文化一概念又是这四者的核心。所谓"文化",又有广狭二义。在广义,大致近似生活方式一词,如"胡化汉人"一类的用法;在狭义,多指伦理、政治和宗教信仰,以及相关的价值观念。他经常强调,北朝的胡、汉之分,主要在文化不在种族;南朝的胜流、次门和寒族之别,根本在文化不在籍贯。唐朝安史之乱和日后藩镇割据的基因,虽在种族与文化,但文化是关键。他又暗示,无论南北,魏晋以后历朝兴衰的关键,实在胡武汉文两集团的分合,合则兴,分则衰。在江左,特征便是文化高门和武勇寒士的分合。②

陈寅恪娴熟地运用文化来分析历史,研究历史,精深而通解。依鄙见,其绝佳之作有一书一文。书即为《唐代政治史述论稿》③,文就是《狐臭与胡臭》④。

作为史学方法的文化,陈寅恪注重文化交流的研究。俞大维就讲过:"寅恪先生又常说,他研究中西一般的关系,尤其于文化的交流、佛学的传播及中亚的史地,他深受西洋学者的影响。"⑤也据梁方仲的听课笔记记载:

---

① 漆侠:《宋学的发展和演变》,河北人民出版社 2002 年版,第 6 页。
② 许冠三:《新史学九十年》,岳麓书社 2003 年版,第 280—281 页。
③ 陈寅恪:《唐代政治史述论稿》,上海古籍出版社 1997 年版,此书前有唐振常的导读,可为辅助。手写本名为《唐代政治史略稿》,上海古籍出版社 1988 年版。
④ 陈寅恪:《狐臭与胡臭》,见《寒柳堂集》,上海古籍出版社 1980 年版。
⑤ 俞大维:《怀念陈寅恪先生》,见陈流求、陈小彭、陈美延《也同欢乐也同愁:忆父亲陈寅恪母亲唐筼》,生活·读书·新知三联书店 2010 年版,第 283 页。

1953 年 12 月 7 日笔记：

清谈麈尾，今日本法隆寺仍留有实物。常璩《华阳国志》记此，疑出于蜀。大约由中亚细亚传来，为贵族装饰品之一。当时西域高僧来华，如安世高自称安息国王世子，决非。《高僧传》鸠摩罗什"王子"等，皆自诩高贵，故用麈尾自帜。[①]

第三种是自身对于文化的理解与坚持，也体现了对于文化的深层感悟。王永兴认为，陈寅恪先生"不只是以'贬斥势利，尊崇气节'来赞颂欧阳修，先生自己也是如此。他一生为人行事，是一代的典范，是我们民族的代表。先生对于唐代诸大诗人，均有深湛的研究，特推崇韩偓，作韩翰林集札记，因偓不事朱温，赞其气节。先生对于后学晚辈登门请教者，无不有问必答，谆谆教诲；但对于势利之徒则鄙视之，此辈亦不敢等先生之门"[②]。

（四）不该被遗忘的：向达

向达先生对中西文化交流做出了卓越贡献，但可惜其成就长期被埋没，没有得到应有的重视。向达最重要的作品是《唐代长安与西域文明》，这是本文需要重点推介的著作。著作名为《唐代长安与西域文明》，我们用来定义"文化"，是否偏题？荣新江教授为该书所撰的"前言"中说道："1930 年，转任国立北平图书馆编纂委员会委员，继续研究东西文化交流史……进而揭示开元前后唐朝长安所受西域文化影响的情况……另一方面也以文物材料形象地解释了西域文化在长安的表现……《唐代长安与西域文明》是唐代中西文化交流史方面的力作。"[③]可见当今学人从专业角度出发，也将该书定位为文化交流之作。另外，向达在"作者致辞"中也写道："第一部分，自第一篇至第四篇，都和唐代历史有关，特别是唐代中外文化关系史和国内西南少数民族的历史……关于唐代历史的研究，陈寅恪、岑

---

① 蔡鸿生：《读史求识录》，广东人民出版社 2010 年版，第 100—101 页。
② 王永兴：《一代宗师陈寅恪先生》，见《陈门问学丛稿》，江西人民出版社 1993 年版，第 3 页。
③ 荣新江：《唐代长安与西域文明·前言》，见向达《唐代长安与西域文明》，河北教育出版社 2001 年版。

仲勉、贺昌群、唐长孺诸位先生都有很好的贡献。我只是参加文化史和中外关系特别是和西域的文化关系研究的一方面。在这一方面，像近来季羡林先生对于唐代中国和印度文化关系的研究，比我以前的规模要壮阔多了。"①向达自己也认为，此作研究的是西域的文化及中外文化交流的诸问题，所以在《唐代长安与西域文明》中之"文明"实为"文化"。

这里有一个小问题得解决，就是为什么会将"文明"与"文化"交替混用呢?这并非向达对相关词语把握的问题，而是词语使用的时代性造成的。向达还著有《中外交通小史》(商务印书馆 1933 年版)、《中西交通史》(上海中华书局 1934 年版)，那"交通"是何意呢?与当今"交通"的用法完全不同。按《现代汉语词典》的解释，交通是"各种运输和邮电事业的总称"②。向达使用的"交通"则是"交流"之义。张国刚认为:"'中西文化关系史'是高等学校的一门传统课程，过去一般都叫做'中西交通史'，有关书籍或者资料也用'交通史'的名字，如向达先生著《中西交通小史》和《中西交通史》，张星烺先生辑《中西交通史料汇编》，方豪先生撰《中西交通史》。这里的'交通'即往来通问的意思。"同时，张国刚进一步阐释了两者的差异，也点明了随着时代的进步，学术词语在使用上也被赋予了新的、更丰富的含义。"与'交通史'不同，'文化关系史'更侧重于不同文明之间的接触与碰撞，以及不同文化之间的理解与误读。可以说，它有根植于一般史地考据之学进而追求这些历史活动之文化意蕴的学术取向;倾向于在艰涩、深奥的史地考证之外，进一步勾勒出中西文化和文明之间的对话与交流的历史轨迹。"③

再进一步讨论此问题，"文化"与"文明"、"交通"与"交流"这两组词语前后使用含义发生了变化，或丰富，或减少，还是没有彻底改换。这样的使用方式，在晚清、民国年间至今，特别明显。金观涛、刘青峰认为:"这些年来，我们研究中国当代政治术语起源时常常感到，许多语言学现象都和观念变迁模式有关。其中最明

---

① 向达:《唐代长安与西域文明》，河北教育出版社 2001 年版，第 3 页。

② 中国社会科学院语言研究所词典编辑室编:《现代汉语词典》，商务印书馆 2002 年版，第 630页。

③ 张国刚、吴莉苇:《中西文化关系史》，高等教育出版社 2006 年版，第 8—9 页。

显的是，中国在接受西方现代观念时用音译作为新名词的数量相当少，大多数采用中国文化中原有的词汇注入新意义来表达外来观念，这种现象可以称为旧词新意。"①

再回到向达。《唐代长安与西域文明》中最惹人眼目的是极其丰富的内容：

第一，以姓氏流变别人种源流

第二，以胡店胡姬看华化胡化

第三，以胡服胡具观长安西域之风

第四，以西域画舞技俗知长安风俗之盛

第五，以寺观祠宇述宗教会集

再来看一些文化交流史方面的内容，陈垣的《元西域人华化考》：

第一，儒学：有西域人、基督教世家、回回教世家、佛教世家、摩尼教世家

第二，佛老：西域词人之佛老、回回教世家由儒入佛、基督教世家由儒入道

第三，文学：西域、基督教世家、回回教世家之中国诗人及西域之中国文家与曲家

第四，美术：西域之中国书家、画家、中国建筑

第五，礼俗：西域人效华，有名氏、丧葬、祠祭、居处等

第六，女学：西域妇女之华学②

之所以不厌其烦地引用，是为了说明文化交流内容的丰富以及内容之限定。日本学人桑原骘藏如此评价："观以上目录，则可知著者之论文，对于西域人华化

① 金观涛、刘青峰：《观念史研究：中国现代重要政治术语的形成》，法律出版社2009年版，第11—12页。
② 陈垣：《元西域人华化考》，上海古籍出版社2000年版。

之问题,为如何彻底的研究考核矣。"①

(五)初步的总结

以上我们引用、讨论了四位近代史学家关"文化"的相关论断,这四位史家具有典型的代表性,尤其在于对"文化"论断的侧重点;但需要进一步说明的是,这四位史家并不能代表近代的史学界,因为还有多位具有相当影响力的人物,如梁启超、王国维、陈垣等。下面我们逐一总结。

1. 文化是固有的

胡适在评柳诒徵《中国文化史》时讲道:"太古文化史决非依据传说所能为功;治此学者当存敬慎的态度,细心研究石器、金器及同时代的其他实物,下及甲骨文、金文,证以后世较可信之史料,或可得一种简略的概论……我们盼望此书重版时,柳先生能利用近十余年来的新材料彻底修正这太古部分的文化史。"②胡适的评语与之前所引之语意思相近,他一直在坚持一个观点,就是中国有着自己本土的、固有的文化,所以他才认为挖掘史料、构建太古文化史远比研究"洪水"要必要、迫切。

胡适所说的"固有",有着顽强的生命力,会在适当的情境中体现。中国文化因其悠久、宏大而使得中国人有着切身的感受,终生于此或许无法感受这份情怀,对于远离中国的游子来说则完全不同。王天骏,第一批庚款留美生四十七人之一的王琎先生的长孙,他通过研究发现,"……许多海外华人的一个共同经验,那就是中国人到了海外更能体会到传统文化的存在……正是这种从对比中得来的对于自己文化的了解,使得有海外生活经验的中国人往往会对自己的文化有更多的文化优越感。也正是这种文化优越感使得在海外的华人比生活在国内的中国人更加重视和珍惜自己的文化传统和传统文化"③。整整一百年后,单富良

---

① [日]桑原骘藏:《读陈垣氏之〈元西域人华化考〉》,见陈垣《元西域人华化考》,上海古籍出版社 2000 年版,第 147 页。
② 胡适:《评柳诒徵编著〈中国文化史〉》,见桑兵、张凯、於梅舫编《近代中国学术批评》,中华书局 2008 年版,第 170 页。
③ 王天骏:《文明梦——记第一批庚款留美生》,清华大学出版社 2012 年版,第 114 页。

在留美十八年后也发出了同样的感慨："对于中国,我们过着离群索居的海外生活;对于美国,我们却过着特殊的、有自己小天地的且艰难适应的日子。我们虽远离了生我养我的中华大地,但却更接近了中国文化;虽采用了英文授课,但却更加珍惜中文资料的利用。有时遥望星空,也不知是否真的生活在世外桃源;中国咫尺天涯,却形影不离,有时也有归心似箭之感。"①

文化的固有,是深化在血脉之中的无法切断的感觉与体验。胡适也曾留美,他对文化的理解抑或源于此。

2. 文化是进化的

进化,是达尔文提出的,他关于此问题有两部主要的著作:《物种起源》(1859年)和《人类的由来及性的选择》(1871年)。他在《物种起源》中讲道:"最后,依我看来在本章中已经提到的若干类事实清楚地表明, 生活在这个世界上的无数物种、属和科,在其各自的纲或群的范围之内,都是从共同祖先传下来的,并且都在生物发展的进程中发生了变化。即使没有其他事实或证据的支持,我也会毫不含糊地采纳这个观点。"②这就是达尔文关于进化最简练的说明,"进化"便蕴含其中。在此书的结尾,他总结说:"展望未来,我发现了一个更重要也更为广阔的研究领域。心理学将在赫尔伯特·斯宾塞先生所奠定的基础,即每一智力和智能都是通过级进方式而获得的这一理论上稳固地建立起来的。人类的起源和历史也因此将得到莫大的启示。"③

达尔文的本意在于研究生物界(包括人在内)的物种进化,其论断也仅应用于生物界,但是当进化论成为统治思想的时候,所有的知识领域都不得不接受了这一先进的理论,正如美国学者史蒂文·瓦戈(Seven Vago)评析的那样:

如同生物学家追溯生物体进化的发展阶段一样,社会学家认为:社会的进化和生物的进化遵循着同一条规律,即必然要经过这样几个阶段——

① 单富良:《游学北美十八年》,见王希、姚平主编《在美国发现历史——留美历史学人反思录》,北京大学出版社 2010 年版,第 462 页。
②③ [英]达尔文著,舒德干等译:《物种起源》,北京大学出版社 2005 年版,第 272、289 页。

比如,从蒙昧时代经由野蛮时代到文明时代。这种进化被认为是一系列"自然法则(natural laws)"的体现,因而人们就能根据先前的社会形态来解释其后所处的社会阶段。此外,进化论的观念还与前进、发展和进步的概念联系在一起;每一个阶段比起它先前的阶段都代表着一个更高的阶段,因此,人类社会的终极阶段将无限接近于完美。①

这就是社会的进化,这样的研究方法及研究模式被应用到了人类社会之后,就出现了类似于生物界的各种法则,如"物竞天择,适者生存"之类,尤其适逢近代中国,更被奉为至宝。②应用了这样的法则去研究人类文化,就是"文化进化观"。我们如此详细地介绍进化论,其目的也是让大家熟悉其来龙去脉。

吕思勉就接受了文化进化观,"现在读史,自然和从前眼光不同;总得在社会进化方面着想。但是随意摘取几条事实(甚且是在不可据的书上摘的),毫无条理系统,再加上些凭虚臆度之词;硬说是社会进化的现象。却实在不敢赞成。我这部书,似乎也没这种毛病"③。在二十世纪三十年代撰就的《中国史》中,他又强调,"一切可以说明社会变迁的事都取他;一切事,都要把他来说明社会的变迁。社会的变迁,就是进化。所以:'历史者,所以说明社会进化的过程者也'"④。

3. 文化是生命的

在现存陈寅恪的诗作中,有一首感情异常丰富,传达意义十分特别,名为《十年以来继续草钱柳因缘诗释证,至癸丑冬粗告完毕。偶忆项莲生鸿祚云"不为无益之事,何以遣有涯之生"。伤哉此语,实为寅恪言之也。感赋二律》:

---

① [美]史蒂文·瓦戈著,王晓黎等译:《社会变迁》(第 5 版),北京大学出版社 2007 年版,第 40 页。
② 依金观涛、刘青峰研究可知,近代中国最早使用"进化"一词的是康有为,1896 年严复翻译《天演论》之后,"进化"的使用次数逐渐增加。参阅《观念史》,法律出版社 2009 年版,第 597 页。
③ 吕思勉:《白话本国史·序》上册,上海古籍出版社 2005 年版,第 2 页。
④ 吕思勉:《中国史》,上海古籍出版社 2006 年版,第 2 页。

其一

横海楼船破浪秋，南风一夕抵瓜洲。

石城故垒英雄尽，铁索长江日夜流。

惜别渔舟迷去住，封侯闺梦未绸缪。

八篇和杜哀吟在，此恨绵绵死未休。

其二

世局终销病榻魂，谤台文在未须言。

高家门馆恩谁报，陆氏庄园业不存。

遗属只余传惨恨，著书今与洗烦冤。

明清痛史新兼旧，好事何人共讨论。①

此诗道尽了一代史家著史缀文的寂寞艰辛，更道出了视文化为生命的感慨。1953 年撰成的《论再生缘》中，借咏文中之人而聊发学人情怀，"六朝及天水一代思想最为自由，故文章亦臻上乘，其骈俪之文亦无敌于数千年之间矣。……庾汪两文之词藻固甚优美，其不可及之处，实在家国兴亡哀痛之情感，于一篇之中，能融化贯彻，而其所以能运用此情感，融化贯通无所阻滞者，又系乎思想之自由灵活。故此等之文，必思想只有灵活之人始得为之……再生缘一书，在弹词体中，所以独胜者，实由于端生之自由活泼思想，能运用其对偶韵律之词语，有以致之也。故无自由之思想，则无优美之文学，举此一例，可概其余"②。

陈寅恪视文化为生命，兴亡之叹、家国之叹已是呼之欲出。学界对于陈寅恪的研究过于感性，少有静下心来仔细读他的书，咀嚼他的文字，钻研他的思想，而这些远比崇拜重要。陈寅恪留给后世的不只是文字与思想，还是一种需要学习的楷模，而如何解读其楷模的意义才是至关重要的。在近代中国，有这样一个人，面对危险，选择了死，引颈就义，大家注意，是"选择"！这就是谭嗣同，张灏称为"男子汉和殉道者"。"鉴于他诗中所反映出的那种忧郁、沉闷的感情和心绪，和在读

---

① ② 陈寅恪：《寒柳堂集》，上海古籍出版社 1980 年版，第 50、65—66 页。

书札记中为理解人生和世界的意义而进行的奋争,下面一点似乎是明确的,即谭的思想探索既植根于他人生经历中的生存痛苦,也同样植根于形而上学的忧虑及道德关怀。"①

我们可以对比陈寅恪与谭嗣同的诗文,感受其中所蕴含的痛切与关怀,体会其"寂寞"与"死亡"之间的关系。谭嗣同何以选择赴死?陈寅恪何以选择寂寞?殷海光说:"这样看来,作为一个真正的知识分子是要付出代价的,有时得付出生命的代价。苏格拉底就是一个典型。一个真正的知识分子必须'只问是非,不管一切'。"②

只有视文化为生命的读书人,方可称为知识分子,现在恰恰就缺这样的人。

4. 文化是流动的

我们讨论了如此多的史家对于文化的认识,似乎对文化有了一些认识,但是还是没有走进文化、了解文化,正如钱钟书在一次学术会议上的发言:你不说,我倒清楚;你越说,我反而越发糊涂。如前文探究,文化是具有民族性、地域性、国度性,所以文化是固有的。文化只有是固有的,文化才会形成传统,这样世界各地的文化才会形成差异,文化本身就意味着差异。这里需要注意,差异绝不是优劣,而只是不同,或者是表现上的不同,或者是结构上的不同。文化的不同造就了这色彩缤纷的世界。

文化具有了差异,就会互相学习,就会互相弥补,同时也会引起冲突。这就是文化的交流。交流,是文化的本性之一,是文化生成的原因,也是文化发展,甚至是文化强大的原因。如若某一文化故步自封,丧失了交流的动力,那其结果只有消失。张岱年1987年时曾忧心忡忡地对今后中国文化的演变发出呼吁:"第一是故步自封,因陋就简,这是没有前途的。"③张岱年的担忧是有一定的社会背景的。

---

① 张灏:《危机中的中国知识分子》,新星出版社2006年版,第92页。张灏研读谭嗣同的诗有多首,其中最令其称道的是《残魂曲》:漆灯书暝白玉缸,殡宫长掩金犀双。深夜怪鸥作人语,白杨萧萧苦月黄。残魂悄立冷露坠,酸风指脸吹红泪。山萤一点照青磷,翁仲稳籍莓苔睡。秋花赍草覆虫声,鬼车魃魅人不行。梦烟愁雾织幽径,惨歌嘶怨凄寒更。人生穷达空悲慕,金盎荒凉同古墓。君不见深林哀唱鲍家诗,晓来魂气迷江树。

② 殷海光:《中国文化的展望》,上海三联书店2002年版,第544页。

③ 张岱年:《文化与哲学》,中国人民大学出版社2006年版,第104页。

陈序经就认为文化的本质包括了三个步骤："第一是在于经验的堆积；其次是在于文化本身的固定性，使这些经验能够留存起来；最后，是在于有一种能力，使这些经验，不但继长增高，而且能够传递到较远的地方"。①陈序经的阐释使我们的观点更加明晰，文化在一定的系统中形成沉淀，这一定的系统就是时间、地理环境，就是一定的人群，这样的空间环境下，会形成堆积。而这种堆积会因时间的久远、文化因子的坚固、结构的稳定而固定下来，这就是我们之后要探究的"文化的传统"。文化传统的能力是"继长增高"，就会自然出现文化的传播，也就是文化的交流。

　　文化交流有助于文化自身看清自我，会获取认识，开阔眼界。我曾在一篇文章中探讨了西汉的凿空、东汉的三绝三通，为中原输入了一些稀奇之物，西域也输入了中原的一些技术与物品，而更为重要的不是这些器物的交流，而是改变了汉代朝野上下对于世界的认识，尤其是"天下"与"统一"、"中原"与"四夷"等概念与地理格局的变化。②文化的交流特别重要，如主流观点认为文化的交流形成了隋唐的强盛，这是文化交流对于自身强大最具说服力的例证。正如英国汉学家崔瑞德所言："通往中亚和西方的各条路线对隋唐来说具有非常重大的意义。它们当然是通商要道，中国人就是通过它们出口丝织品以换取种类繁多的外国货的。但当中国正处于其世界主义思想极为盛行、受到的外来影响甚于以前或以后任何时候之际，它们也是主要的文化联系的环节。通过这些路线，许多中国的思想和技术传向西方，但在隋朝和初唐时期，中国却更多的是从西方传入思想和技术。……到了晚唐，局势完全改变……中国占支配地位的东亚文化圈已经形成。"③

　　这里有一关键问题需要关注，就是上文多次提到陈寅恪认为两宋是古代中国文化的顶峰，那么这一文化盛况是否与宋之政治局面所形成的文化交流有密

① 陈序经：《文化学概观》，中国人民大学出版社 2005 年版，第 69 页。
② 张诉：《"天下"与"统一"：汉与西域关系的再认识》，《宁夏社会科学》2013 年第 1 期，第 106—110 页。
③ ［英］崔瑞德编，中国社会科学院历史研究所西方汉学研究课题组译：《剑桥中国隋唐史》，中国社会科学出版社 1990 年版，第 35—38 页。

切之关系,这是需要继续探究的问题,大家可以思考。①

二、西方人眼中的"文化"

上文我们选择了几位在近代中国享有大名,且对文化有着深切认识与洞悉的重要人物,并对其关于文化的见解进行了介绍与探究。文化本身就显示着各异,所以文化非比较不能认识,非比较不能凸显其特质。中国人探究问题,向来喜欢与"西方"作比较,近代以后尤其如此。②与西方作比较,是为了印证自己传统的优劣或者高下。这一问题之前有美国学者费正清的"冲击—回应"说,但是这样的诠释绝对是混淆了清末西方列强侵略中国的事实,颇有轻描淡写之嫌。还有一种学说较为模糊,如中华书局版的《"西方的中国形象"译丛总序》中写道:"二十余年前,当中国再度打开国门、走向世界的时候……但是,中国融入世界是一个双向流动的过程。中国走向世界,同时也意味着世界走向中国。……它主要选择 19 世纪中国国门被打开后,来华西人综合记述……"③诸位可以仔细琢磨此说蕴含的意义,或许有认为中国在追赶世界潮流,朝向进步的意思。目前学界较为新颖且深刻的说法是台湾学者孙隆基提出的,他坚持认为中华文明是被"纳入"了西方中心的邦国秩序,而且中华由"天下"演变成为西方式"国家",由此引起了一系列极其重要的文化变化,如由"孔教天下"到"黄帝崇拜"……④

无论如何,中国开始了与西方的对话。这种对话的模式是什么呢? 房德邻认为:"鸦片战争以后……随着西方殖民主义者的侵入,西方文化也随之涌入。西方文化即资本主义文化,它在中国人面前表现出既野蛮又先进的双重性格。当这种

---

① 漆侠先生在相关论著中回答了这一问题,可参阅漆侠《宋学的发展和演变》,河北人民出版社 2002 年版。

② 王铭铭对此问题有精辟的论述。可参见氏著《西方作为他者——论中国"西方学"的谱系与意义》,世界图书出版公司 2007 年版。亦可参阅[美]孟德卫(David E.Mungello)著,江文君、姚霏、丁留宝、苏圣捷译:《1500—1800:中西方的伟大相遇》,新星出版社 2007 年版。

③ [美]明恩溥著,佚名译,黄兴涛校注:《中国人的气质》中华书局 2006 年版,第 1—4 页。

④ 孙隆基:《清季民族主义与黄帝崇拜之发明》,载氏著《历史学家的经线》,中信出版社 2015 年版。

文化和中国传统文化碰撞时,就显出中国传统文化的种种弱点和弊端,这就迫使传统文化不能不向西方文化学习,因为按照文化交流的一般规律,总是落后文化向先进文化学习。于是,中国文化就开始摆脱以往的隔绝状态而走向世界了。"① 这里要注意,西方文化在中国文化面前之所以显示出"先进",绝对是军事上其表现出来的"强大"。此问题需要更深入的探讨,军事上的强大软弱与文化的先进落后之间的关系。如果军事可以决定文化,那么文化就不具有独立性,那我们说的文化就是由军事实力决定的,那蒙元文化就要比宋朝先进了?

这就是中国人在认识自身文化时,为何要和西方比的原因了。

(一)西方人解说"文化"列举

在这一部分里,首先遇到的问题是选择哪些西方人对于文化的解说呢?在上文中,在选择近代中国对于文化的解说时,我们的标准其实倾向于史学家。在这一部分里,首先是"西方"的界定,非常棘手,我们选择一种近代以来的看法,就是欧美各国;其次,"西方人"该如何界定? 有哲学家、思想家、社会学家、人类学家、文学家等,我们尽可能每个领域择其一而述。

1. 启蒙与文化:康德(Immanuel Kant)

叶秀山教授在课堂上曾概括地介绍过康德,他说:"康德留下了一个问题在《判断力批判》中,那就是,在活生生的人的领域中如何把自然与自由的概念结合起来。我们能知道什么是自然科学领域的问题,我们能做什么是道德领域的问题,我们能希望什么则是宗教问题。最后,归根结底有一个问题,人是什么? "②

可见,康德的哲学就是关于人的哲学。他进而论述到什么是文化:"人感到被野心、权力的热望,或被要求在其同伴中(他不能轻松地容忍他们,但离开他们自己又不能生存)攫取其自身地位的贪婪所驱策着;这样就产生了文化,也就是说,

---

① 张岱年、方克立主编:《中国文化概论》,北京师范大学出版社 1994 年版,第 432—433 页。另可参阅萧功秦著《儒家文化的困境:近代士大夫与中西文化碰撞》,广西师范大学出版社 2006 年版。

② 叶秀山:《哲学要义》,世界图书出版公司 2006 年版,第 180 页。

产生了人的社会价值。在社会中,所有的才能都是逐步得到发展的,趣味是逐步被塑造的。"①康德的认识同时关注了人的本能与由此产生的社会属性。人的本能由贪婪、野心、权力等构成,是文化产生的直接动力,也可以说是人的本能直接产生了文化。但是,这样本能产生的文化,是高于本能的,构成了社会性的精神世界。文化产生之后,其核心要素有可能是兴趣,兴趣成为文化产生之后持续发展的动力。所以,有学者通过解读康德在《判断力批判》中对于文化的定义后得出:"文化是人的内在倾向和技能作为目的对自然的应用,这说明文化是人的精神能力的对象化过程;自然有外在内在之分,这说明自然界和人本身构成了文化的对象;人的幸福和人的文化的区别,这说明文化的双重结果,文明是文化基本目的,本身不同于文化,唯有高于幸福需要的人的禀赋和技能的开发、人的自身完善才是文化的最高目的。"② 这里需要注意,康德认为的文化与文明的区别,我们以后还要谈到这一问题。

康德哲学的根本在于关注人的理性,"人的本质就是他的理性;因此自然创造了人就为的是他们应当成为有理性的"③。而人的自身完善和超越就是人的理性的形成,正如他在《回答这个问题:什么是启蒙?》中所讲的:"启蒙就是人们走出由他自己所招致的不成熟状态。不成熟状态就是对于不由别人引导而运用自己的知行无能为力。如果不成熟状态的原因不在于缺乏知性,而在于缺乏不由别人引导而运用自己知性的决心和勇气,这种不成熟的状态就是自己招致的。sapere aude! 要有勇气运用你自己的知性! 这就是启蒙的箴言。"④我们可以比较康德关于文化与启蒙的定义,就会发现,这是一个阶段性的社会发展。启蒙是人们由不成熟走向成熟,而文化则是成熟之后的理性化存在。相比之下,我们更需要关注启蒙。

---

①② 范进:《康德论文化》,《哲学动态》,1989 年第 9 期,第 17、18 页。
③ [英]柯林武德著,何兆武、张文杰译:《历史的观念》,商务印书馆 2004 年版,第 153 页。
④ [德]康德著,何兆武译:《历史理性批判文集》,商务印书馆 1990 年版,第 23 页。

2. 理性的世界:韦伯(Max Weber)

韦伯的文化分析是另一种范式。

有专家通过分析韦伯的经典文本,认为韦伯是回答"理性的历史是什么?"的最具代表性的一位哲学家、思想家,这"不仅因为他真正把这个问题全面推广到对现代西方科学、技术、政治理性化过程的独特性和后果的研究之中,而且因为他以此为中心,通过各大文明理性化过程的比较研究,实际上提出了一套文化理论"①。也就是说,韦伯没有系统地集中地论述过文化,只是通过文化现象的阐释,如宗教、经济贸易等揭示文化的某一方面。单世联教授总结为"新教伦理命题"、"除魅"之后的价值冲突、理想化的艺术生产。

他在论述韦伯的"新教伦理"是如何体现其文化观时说道:"一般地说,韦伯并不乐于提供抽象的原理与结论,而是在具体的历史研究中探索一种文化与经济的可能关系。他所说的'文化',是指宗教伦理、经济伦理等偏于主观性的'理念'、价值观和生活态度。"②

在以"除魅"之后的价值冲突为路径论述时,身为欧洲之子的韦伯,"自觉而强烈地意识到,只有在一个涉及人类文明的'普遍历史的问题'框架中,才能通过比较而把握西方的独特性。这个'普遍历史的问题'就是'理性主义'——各大宗教、文明都有'理性主义',但现代科学、自律艺术、专业化的官员、宪政国家、理性资本主义等只见于西方,所以问题的核心是西方文化独见的、特殊形态的'理性主义'的本质"③。

在讲到"理性化的艺术生产"时,他说:"这种分化具有解放的意义——使文化艺术从宗教、道德的束缚中摆脱出来,但它同时是灾难性的——在世俗化的理性面前,文化艺术失去了终极意义的依托,不得不证明自我存在的价值和依据。这不仅意味着艺术的非神圣化——艺术表现领域的世俗化、艺术家光环的失落和艺术重要性的降低,而且意味着艺术认同的危机——艺术仅仅是人们保存和

---

①②③ 单世联:《论韦伯的文化理论》,《同济大学学报》2015 年第 1 期,第 54、57 页。

收藏的对象,一种商品。"①

如此理解韦伯的文化理论,终归只是一种模糊的概念,始终没有切入到文化的核心之中,但终归为我们走进韦伯的文化理论提供了思路,不失为一种途径、一种方法。

我们还是要从韦伯的经典著作中寻找。

第一,韦伯生前的最后一部著作《经济通史》(*General Economic History*)中涉及了文化,只不过不是单纯地探究文化,而是与其他概念并联使用。他在第二十八章《市民》篇中首先界定了市民的概念,"就阶级意义的市民来说,我们把不同于官僚阶级或无产阶级和它们范围以外的其他人们的那些联合在一起的阶层理解为'有财产和有文化的人',也就是所有企业家、定息领受人以及一般有文化、有一定阶级生活标准和一定社会威望的人们"②。也就是说,市民有三个标准,有一定文化、有一定阶级生活标准、一定社会威望。那何谓市民以及市民社会呢?邓正来翻译的"市民社会"条:"它不仅意指单个国家,而且也意指那种业已发达到出现城市的文明政治共同体中的生活状况。这种共同体有自己的法典(ius civile),偏爱文明的举止和优雅的礼节(野蛮人和前城市文化不属于市民社会),存在着依据民法而存在且受其调整的民事合作活动,发展出了'城市生活'和'商业艺术'。"③这样就清楚了韦伯的市民定义,就是有着文明的举止与优雅的礼节的一些人。那么,文化就是这样的一种生活方式。

第二,美国学者莱因哈特·本迪克斯(R.Bendix)撰写的韦伯的思想传记《马克斯·韦伯的思想肖像》中论述道:

韦伯对地位团体和思想之间关系进行的研究,对文化研究有重要的

<hr/>

① 单世联:《论韦伯的文化理论》,《同济大学学报》2015年第1期。
② [德]马克斯·韦伯著,姚曾廙译,韦森校订:《经济通史》,上海三联书店2006年版,第198页。
③ 邓正来译:《市民社会》,载氏著《国家与社会:中国市民社会研究》,北京大学出版社2008年版,第272—273页。

意义。当代社会科学倾向于用"文化"这一术语来指人们整个的生活方式、他们行为的产物及类型以及他们的思想和理想。对这一普遍现象，韦伯用了"社会的精神气质"（ethos）这个词，以强调每个人对其社会的参与都必然同时包含着个人对某一特定地位团体行为范式的信奉和对该地位团体物质与精神利益的信奉。这种生活方式时常传播到产生它的那个团体之外。……因此，韦伯试图在每种情况下都从一种生活方式追溯到特定社会团体或广泛奉行一种独特的行为与思想模式的团体。这样，一个民族的文化就可以被解释成在该民族历史发展过程中群体力量与群体冲突的产物。①

根据本迪克斯的研究，我们发现韦伯的文化包括两个方面：一是个人的，另一是民族的。个人文化毫无疑问指的是一种生活方式，而民族文化则是奉行一种独特行为与思想模式的群体，他也就是根据这一模式在研究中国文化。②至于他所说的民族文化产生的动力，则指构成民族的不同社会结构与不同地位团体之间的力量轩轾，团体之间的竞争，以及这种竞争引起的变化。根据韦伯的著作分析得知，他所论述的社会团体，更倾向于宗教团体，如新教伦理、儒教与道教、印度教与佛教、古代犹太教等。

第三，美国学者兰德尔·柯林斯和迈克尔·马科夫斯基撰写的《发现社会之旅——西方社会学思想述评》中继续论述了韦伯关于文化分层的学说：

文化与经济、政治的互动尤其微妙。……在由阶级和权力导致的分层之外，文化领域中还可能存在着相当多的等级。从历史上看，这些文化等级中最重要的一种就是基于宗教的等级。每种宗教中都存在着某种明确的分层：至少存在着信教者与不信教者在地位上的区别。不论他们之间的财富

---

① ［美］莱因哈特·本迪克斯著，刘北成、刘援、吴必康、刘新成译：《马克斯·韦伯的思想肖像》，上海人民出版社 2002 年版，第 276—277 页。

② 参见马克斯·韦伯著，康乐、简惠美译：《中国的宗教 宗教与世界》，广西师范大学出版社 2004 年版。

与权力有何区别,信教者认为自己比那些不信教者更有德行、更为悟道,这种文化分层与经济阶级和权力集团一样, 倾向于内部间相互联络而排斥群体外成员。……文化分层之所以特别重要,是因为它与大多数人们事实上如何看待他们所处的世界密切相关。

……文化分层不仅可以依宗教划分, 还可以根据其他一些标准来划分,如基于一些世俗化了的宗教理想,例如诚实、勤奋工作、抱负和自我控制(韦伯的新教伦理)或者基于在科学、文学、音乐和艺术上的成就或理解力;或者基于对装饰、服饰的良好品味;甚至是基于在体育运动上的成就。①

就韦伯的理论而言,他特别推崇宗教在文化构建中的作用,这有可能适用于欧洲社会,但是对于儒家统治的东亚社会有着很大区别。但是文化分层这一理论对分析传统中国倒是有着启示。如宗法社会的构建与礼的形成就是典型的例证。商周之际是传统中国文化发展分野时期,西周时期社会主要有三种结构的划分:一是宗法分封制,就是依据血缘划分;二是分国制,由分封形成了诸侯国,这是行政建制;三是乡遂制。②这三种文化分层之间有重叠、有交叉,共同构成了西周之际的文化世界。这样的文化世界既是商周嬗变的结果,又是春秋战国诸子蜂起的动因。

这里有个问题需要深入思考,韦伯认为宗教构成了欧洲的文化世界,那么有两个疑问,一是构成中国文化世界的是什么?肯定不是宗教,那是什么?抑或是道德? 政治? 二是如果有一社会要素构成了中国文化的世界,那么如何进行分层?

3. 费孝通的"马老师":马凌诺斯基(Bronislaw Malinowski)

作为文化功能学派的创始人,这位被费孝通先生称为"马老师"的人,是一位

---

① [美]兰德尔·柯林斯、迈克尔·马科夫斯基著,李霞译:《发现社会之旅——西方社会学思想述评》,中华书局 2006 年版,第 194—196 页。

② 可参阅晁福林著《先秦社会形态研究》第五章《西周时期的社会结构与社会观念》,北京师范大学出版社 2003 年版。

英国的人类学家,作品很多,现国内主要译介的有《文化论》①等。

既然是文化功能学派的创始人,那马凌诺斯基对文化的论述也较为繁杂、精到一些,或者说更容易理解,正如费孝通所言："马凌诺斯基所见到的文化,不是刊印在书上的关于文化的记载,而是群众的活动,是他们活生生的生活的一部分,充满着有哭、有笑、有感情的举止言行,把文化回给了人的生活本身。这种看法上的转变,使社会人类学得到了新的生命。它成了一门充满着生气的科学,成为真正的人的科学——人类学。马老师在学术上的最重要贡献,也许就在这点上。"②费孝通的评介揭示了三点意义:一是对马老师人类学研究方法的阐释。马凌诺斯基同时也是田野民族志方法的奠基人之一,讲究田野调查,结论来自于现实。这样的方法与文献记载或文献分析得出的结论不尽相同,前者是立体的,有着丰富情感的,是人的文化的整体呈现,而后者则是扁平的,经过编纂者选择过、抽象过,甚至塑造了的。③二是点明了人类学研究的内容与目的。人类学就是研究人的学问,研究人的科学。也可以说,费孝通的点评是最简明的人类学概括。三是文化应该如何获得?是文献记载上的还是生活中的?我们该传承的是什么样的文化? 依靠典籍传承? 这一点对我们的讨论尤为重要。

回到作者的文本,来看看他是怎么说文化的。马氏论道:

文化根本是一种"手段性的现实",为满足人类需要而存在,其所取的

---

① 马凌诺斯基著,费孝通译:《文化论》,华夏出版社 2002 年版;马凌诺斯基著,梁永佳、李绍明译《西太平洋的航海者》,华夏出版社 2002 年版;马林诺夫斯基著,张帆译:《自由与文明》,华夏出版社 2009 年版。对于英国社会人类学家 Malinowski,费孝通译为"马凌诺斯基",张帆译为"马林诺夫斯基"。为使表达不产生混乱,此文中皆用费孝通译法"马凌诺斯基"。

② 见马凌诺斯基著,费孝通译:《文化论》封底,华夏出版社 2002 年版。

③ 王庆仁总结了马氏对实地调查工作的贡献——"马凌诺斯基在特罗布里恩德群岛的两年实地工作,为长期深入的实地调查开创了先例。他除了在特罗布里恩德群岛的实地调查外,还多次对美洲印第安人和非洲班图诸部落等进行了实地考察。他的贡献不仅是对这些民族的考察成果,更重要的是他设计了一套实地调查方法,这套方法至今还为英美人类学界所推崇"。见宋蜀华、白振声主编:《民族学理论与方法》,中央民族大学出版社 1998 年版,第43—44 页。同时参阅吴文藻《论文化表格》,见《吴文藻人类学社会学研究文集》,民族出版社 1990 年版。

方式却远胜于一切对于环境的直接适应。文化赋予人类以一种生理器官以外的扩充,一种防御保卫的甲胄。一种躯体上原有设备所完全不能达到的在空间中的移动及其速率。文化,人类的累积的创造物,提高了个人效率的程度和动作的力量;并且它与人以这样深刻的思想和远大的眼光,在任何其他动物中,都是梦想不到的。这一切无不是为个人成就的累积性的通力合作的能力所赐。①

第一,文化是一种手段,这一手段来自于现实,而且是为了满足需要。这里的"需要"同样需要解释,"人类有机的需要形成了基本的'文化迫力',强制了一切社区发生种种有组织的活动"②。

第二,文化是人类累积的创造物。他所谈论的文化包括诸方面,如社会制度与管理、教育、经济、知识、信仰道德以及艺术创作等,而这些都是人类日积月累的传承与创造,所以他言说的文化就包括了这些方面的累积。

第三,文化一经形成,就会反作用于人类,为人类提供保护,成为甲胄;就会成为延伸,扩大了人类的视野与能力,使人类自身的活动远远优于其他动物。

以上我们是以马凌诺斯基的《文化论》为范本进行分析的,如以此人生前的最后一部著作《自由与文明》来进行分析的话,就会发现"文化"有了完全不同的含义。此著的译者张帆博士如此总结:

在费孝通先生早年翻译的《文化论》中,马氏曾经明确地指出,文明是文化的一个特殊阶段。文明只能涵盖某些文化,却将其他文化排除了,例如太平洋小岛上的文化。这样很容易导致进化论。而文化一词磨平了不同群体间的差异,有着传播论的色彩,显得很平和。不仅如此,马氏还常常将"文化"和"社会"混用,可见,对于马氏而言,文化不仅有精神形态,也有物质样式,不仅内在塑造与控制人格与行动,而且外在形成一个次生环境,与自然

---

① ② [英]马凌诺斯基著,费孝通译:《文化论》,华夏出版社 2002 年版,第 99、26 页。

相对应。人之为人,在于文化,因而人之自由也无法脱开文化去谈。在文化这个先在的语境下,自由如何可能? 马氏认为,如果自由脱离了文化的限制,人就成为非人,例如以涅槃终结生命以获自由;如果自由以完全顺应文化规则为基础,人也会成为非人,例如希特勒手下驯服的奴隶。因此,自由似乎成为一个无法定义的概念。①

我们会发现,用《自由与文明》去解读《文化论》,会有更深的体会,后者略显简略,而前者恰恰进行了繁琐的论证。马老师的这本书与《文化论》相比,对于文化的理解更为深刻,也更理解了文化的内涵,文化真正的功能是什么? 与自由相连似乎才能说明问题。文化终于有所指归,就是文化对于人类的意义,对于人生的意义。马氏已经走出了为文化而文化的困境,达到了更高的境地。

① [英]布劳尼斯娄·马林诺夫斯基著,张帆译:《自由与文明》,华夏出版社 2009 年版,第230 页。

第二章 "文化涟漪"的初步观察:中西文化相遇一窥

　　上文探讨了一些西方学者如何看待、认识文化的观点，是纯粹的宏观式鸟瞰，选择了康德、韦伯、马凌诺斯基诸人，他们是所属领域的代表性人物。因为我们的关注点是中国文化，就需要逐步地切近主题，所以我选择了晚近以来来华的西方人对中国的认识。这些西方人职业各异，商家、律师之类，或探险或观察，他们眼中的中国，陌生而又新奇，最后记录了下来，这就是《西方的中国形象》丛书。①

　　最为有名的西方人游中国的行记就是《马可·波罗游记》。马可·波罗是一位意大利人，在中国生活了十七年，最后叶落归根回到了威尼斯小镇。此书一经问世便引起了两大结果，"一方面由于书中所记情况超出了当时欧洲人的常识，有些人不相信东方世界能有那么高度发达的文明；另一方面，此书在未来几个世纪成为欧洲人认识东方的基本依据，直到 17 世纪都左右着许多欧洲人对中国的想象"②。仅凭一个人的一本书就形成了对万里之外的国度的认识，尤其其中对于中国富庶与黄金之多的夸耀，更让欧洲人为之着迷、垂涎。马可·波罗代表着一种认识，一种回放式回忆的传播式认识。但是必须注意到，这样的认识一定有失偏颇。第一，只是马可·波罗一人的回忆，没有他人的佐证，更没有其他材料的引用，所以其真实性便大可怀疑。第二，"一二九六年，马可·波罗参加威尼斯与热那亚

---

① 黄兴涛、杨念群主编:《西方的中国形象》,中华书局 2006 年版。
② 张国刚、吴莉韦:《中西文化关系史》,高等教育出版社 2006 年版,第 241 页。

的战争,被热那亚所俘。狱中,他将旅行东方各国的见闻详细述说,由皮萨(Pisa)人鲁思梯切诺(Rusticiano)记录整理成书"①。身陷囹圄,则与正常生活完全不同,心理必然会发生巨大的变化,那所述之事亦会不同。②第三,马氏口述,狱友记录整理,可见皮萨为二次创作,那么真实性有多大呢?③

这样我们就基本可以得出结论,马可·波罗述说的中国文化是一种回忆、重构的个人记忆。此为文化表达的一种模式。也可以这样说,即使不在狱中,马可·波罗的回忆录也会有失实、夸大、歪曲之嫌,因为回忆就是这样,更因为关于异域文化的回忆更是如此。

一、文化的封闭与文化的优越

中国人初看上去并不吸引人,他们的皮肤是黄色的,声音尖厉而不悦耳。若以西方人的标准来衡量,他们的脸无论如何也谈不上美丽。他们颧骨突出,扁平的鼻子就像是老祖宗在某次打斗中受伤之后传下来似的。他们的嘴唇很厚,嘴巴宽大无比,简直就是一个被用筷子扒拉进去的米饭的坟墓。……中国人不是一个讨人喜欢的民族,因为他们固执己见,且自以为是。……在与中国人打交道的过程中,你会发现他们并不诚实,这的确是一个令人苦恼的问题。……这种不诚实的现象是普遍存在的。④

从这段文字可以看出来华的这位英国传教士不言自明的文化优越感。文

---

① 韩儒林主编:《元朝史》,人民出版社 2008 年第 2 版,第 815—816 页。

② 可参阅德国学者阿莱达·阿斯曼《回忆有多真实?》,格特鲁德·科赫《感情或效果:图片有哪些文字所没有的东西?》,均载于[德]哈拉尔德·韦尔策编:《社会记忆:历史、回忆、传承》,北京大学出版社 2007 年版。

③ 关于《马可·波罗游记》全面而深入的探讨,请参阅杨志玖:《马可波罗到过中国》,《历史研究》1997 年第 3 期。亦可参阅《马可波罗游记·序言》,载于马可·波罗著,William Marsden 译:《马可波罗游记》,外语教学与研究出版社 1998 年版。

④ [英]麦高温著,朱涛、倪静译:《中国人生活的明与暗》,中华书局 2006 年版,第 293—297 页。

化优越感,在文化交流中双方都会具有,是自身固有文化的惯性维护,会以自尊或者维护的方式加以表达,往往会无端地指责或诋毁对方。以麦高温为代表的来华西方人如此。早在乾隆年间马戛尔尼来华,发现中国亦是如此。"中国总是自视高于世界其他国家——这倒并非毫无道理。毕竟,中国发明了火药、纸币、眼镜、印刷,还有许多发明,都比西方早几个世纪。中国唯我独尊,称自己为'中央文明'和'中央帝国',这两个词都不是就地理位置而言的。这两个称号表明中国人的信仰,世界的中心便是这块土地"①。所以,才会有让马戛尔尼磕头之举。

可见文化优越感是一种正常的文化表达,而非故意蔑视、侮辱他族或他文化之举。文化优越感来自于自身文化的悠久传统与结构内涵,长时间浸淫其中,势必会认为自己的文化是世界上最好的,并且在自我享有的同时,极有可能试图去推广,让其他人享受"分享"的乐趣。文化优越感的存在,直接催生了文化传播与交流。"这个部落再也不满足于仅仅享受自己的文化,而是对它热爱至极,以至于想把它推行到国外。达到这一目标的困难是显而易见的,因为我们最好的东西却受到了冷漠,但是我们必须看到,即使在野蛮人信徒的胸怀里也恰恰抱有这种想法。简言之,每个这种类型的伟大文化运动都起源于最高尚的情感,即为了所有人的利益而对世界进行启蒙。"②

但是需要知道的是,带有文化优越感的交流给双方带来的一定是不美好的结果。那么文化优越感是如何形成的,这就要考察什么样的民族、国家有如此的表现了。

第一,就乾隆年间马戛尔尼来华事件与鸦片战争诸事来分析,就会发现那时的中国有着莫名其妙的优越,戴逸先生称为"自我封闭,虚骄自大,故步自封,陶醉于天朝上国的迷梦中"③。可以初步得出,交流的封闭造成了文化的封闭和文化

---

① [美]特拉维斯·黑尼斯三世、弗兰克·萨奈罗著,周辉荣译:《鸦片战争:一个帝国的沉迷和另一个帝国的堕落》,生活·读书·新知三联书店 2005 年版,第 15 页。
② [美]克拉克·威斯勒著,钱岗强、傅志强译:《人与文化》,商务印书馆 2004 年版,第 150 页。
③ 戴逸:《乾隆帝及其时代》,中国人民大学出版社 1992 年版,第 460 页。

的故步自封。乾隆年间的事情，在现在看来，犹见其荒唐，颇似夜郎自大的故事。至于此时的中国为何会拒绝交流，而欧洲的英国为何会渴望交流呢？又是很陈旧的答案：中国农耕社会，可以自给自足，完全不需要交流；而英国资本主义兴起，资本扩张，所以出现了四处寻求贸易的要求，并且时时伴随着战争。社会结构之复杂，我们过去的史学研究远远没有深入肌理进行分析，一句"自给自足"远不足以解释悠久而复杂的古代中国。是否可以从"礼"下的政治稳定性结构来进行分析，①可否从农耕与游牧的互补来进行分析②。其实这样的分析同样也适用于资本主义，是宗教信仰促使了资本主义的兴起与扩张呢，还是宗教的封闭所导致的呢？③是否可以从哲学的角度进行解读？④还可以从社会阶层与社会结构方面去分析，如美国学者西达·斯考切波(Thead Skocpol)撰写的《国家与社会革命：对法国、俄国和中国的比较分析》中的若干阐释就是如此。⑤

第二，文化的封闭可以导致文化优越感的产生，其实文化的开放也同样会造成文化优越感。唐代即是如此，英国殖民者亦是如此，只是二者的性质、意义与结果截然不同。美国外交官何天爵(Chester Holcombe)这样写道："正是在这种形势下，中国从她的闭关状态中被拖了出来，去正视近代的西方世界，并被迫与之建立新的、她根本不情愿接受的关系。从中国的立场出发，她痛恨在她看来西方毫无道理的侵略是非常自然的；她会误解和曲解那些真诚地希望为她的最高利益服务的人们，这同样也是可以理解的。她的统治者对于近代的国际法原则和其具体内容毫无所知，支配平等独立国家间交往的准则对于他们也如同天方夜谭。由

---

① 可参阅甘怀真：《皇权、礼仪与经典诠释：中国古代政治史研究》，华东师范大学出版社 2008 年版。

② 可参阅王明珂：《游牧者的抉择：面对汉帝国的北亚游牧部族》，广西师范大学出版社 2008 年版。

③ 可参阅马克斯·韦伯著，康乐、简惠美译：《新教伦理与资本主义精神》，广西师范大学出版社 2010 年版。

④ 可参阅李泽厚：《实用理性与乐感文化》，生活·读书·新知三联书店 2005 年版。

⑤ [美]西达·斯考切波著，何俊志、王学东译：《国家与社会革命：对法国、俄国和中国的比较分析》，上海人民出版社 2007 年版。

于这种懵懂无知,清朝统治者总是把他们的政府置于错误的位置上。"①我们可以从字里行间中感受到那种强烈的优越感在作祟,认为自己的侵略行为是有道理的,而且认为其他国家应该理所应当地接受其输出的原则。

美国人类学家克拉克·威斯勒揭示了文化优越论的来源与表现,并且集中批判了其危害性。她以德国文化优越论的持有者做了例子,"我们也应当看看对这种德国文化献身的强烈激情。他们不仅认为它是世界上无比优越的文化,而且这种激情是如此强烈,他们认为每一个日耳曼人都应该把向整个地球传播德国文化作为自己的首要任务。任何对此持有不同看法的人都要受到铁和血的惩罚"②。

第三,经过以上的讨论,会有一个显而易见的结论,每一民族或国家都会归结为文化的封闭或者开放的类型,或者说每一文化都会是其中之一,那就是每一文化的拥有者都会有文化优越感。也可以说,文化优越感是文化的固有品质,存在于每一民族、每一地域、每一类型的文化之中。

用明显具有文化优越的文化去证明,已经没有必要,如隋唐时期的中国、殖民时代的英国、二战之后的美国、明治维新后的日本皆是如此。欧洲中心论者、亚洲中心论者都这样认为。众所周知,摩尔根曾长期考察的美洲印第安人的原始部落,以此推论人类发展是由低到高的进化的,他所持的是"文明人"的角度与眼光。但是其中有对易洛魁人的一段评论,很值得注意:

> 易洛魁人是一个生气勃勃而聪明颖悟的民族,其大脑体积接近于雅利安族体积的平均数字。他们在演说时雄辩滔滔,在战争中勇于报仇,性格坚强不屈;他们已在历史上占有光辉的地位。如果说他们的军事成就由于野蛮战争的暴行而失去光彩,那么,他们在彼此之间的关系上却体现了人类某些最崇高的美德。他们所组成的联盟应被视为英明智慧的伟大结晶。组

---

① [美]何天爵著,鞠方安译:《真正的中国佬》,中华书局2006年版,第10—11页。
② [美]克拉克·威斯勒著,钱岗强、傅志强译:《人与文化》,商务印书馆2004年版,第152页。

成联盟的一个公开目的就是维持和平;先将他们的部落联合于一个政府之下以消除战衅,然后再结合其他同名同系的部落以扩大联盟组织。他们曾敦促伊利部和中立部参加联盟,因这两部拒绝参加,才将它们驱于境外。对于最高级的政治问题具有这样的见识,其智慧殊堪钦佩。他们的人数并不多,但他们把大批有能力的人选上了显要的地位。这一点也证明了他们是人类中的优秀分子。①

这样的文字所传达出来的感觉,绝不仅仅是作为"文明人"的摩尔根的观察,而是易洛魁人表现出来的文化优越感促使摩尔根写下了这样的文字。

二、文化的强烈体味

西方人一踏上中国土地,接触到了中国人,对中国最强烈的体味是什么? 这也就是完全不同文化类型的载体进入到其他文化境地的感觉,而初来乍到、扑面而来的就是最强烈的体味,这就是文化相碰撞时最激烈的"交汇",犹如一粒石子落入湖中,犹如两辆汽车相向呼啸而过,这或许可以称为"文化涟漪"。"文化涟漪"的形成有两种途径:一种是初来乍到的突兀型体验,就是文化进入的最初较为短暂的时刻,这样一种体验讲究的是感觉,纯粹的感觉;另一种是文化进入之后,在相融的过程中长期生活品味后得出的。第二种不同于第一种,有可能是最深层的解读,着眼于文化的结构、内涵及精神。

1958 年春季的一天,在广州至北京的快车上,一位乘客正起劲地谈论着新中国的奇迹。这是他在这一国度的第一天。透过车窗向外望去,看到一个又一个篮球场,他用手不停地指点着,激动不已。……在他心目中,篮球

---

① [美]路易斯·亨利·摩尔根著,杨东莼、马雍、马巨译:《古代社会》,江苏教育出版社 2005 年版,第 118 页。

场是表明一个国家文明程度高低的一个标准。①

第一,第一印象是什么呢? 就是打眼一看的初步印象。我们先来看一位美国中国问题专家的视角:

> 中国人另一个被西方人批评的缺点是不讲卫生。个人的整洁倒在其次。衣服的款式使他们无法去经常洗涤,在他们的家庭中很少使用桌布、床帷,因此,皮肤病十分流行。有些西方人确实提到了中国城市中的卫生设施——浴室。中国的城镇在卫生和清洁方面远远落后于西方。作者们经常描写中国街道的肮脏情况。尽管事实确实如此,但中国人依然活得非常健康。对欧洲游客来说,中国人居然不得传染病,这真是不可思议。②

卫生问题成了西方人踏上中国土地最强烈的体味之一,包括两个方面,一是个人卫生,二是公共卫生。关于个人卫生早在乾隆年间来华的马戛尔尼就记录了这样一段文字:"他们穿的是小亚麻布或白洋布做的衣服,非常脏也很少洗,他们从来不用肥皂。他们很少用手绢,而是随地乱吐,用手指擤鼻涕,或是抹到身边的任何东西上。这种行为很普遍,更令人憎恶的是有一天我看见一位鞑靼人让仆人在他脖子里找虱子,这东西咬得他难受……"③马戛尔尼的眼中与笔下对中国人的个人卫生记录相当真实,一种极其苛责、批判的眼光。那可以想象得到,当马戛尔尼目睹了这一切的时候,他是如何评判我们这个民族的,以及此类感觉对之后的中西关系起到了什么样的作用,这有待于进一步的研究。关于公共卫生也有记载。一位来华英商的妻子,立德夫人,用细腻的文笔这样写道:"我们必须小心选

---

① [英]雷蒙·道森著,常绍民、明毅译:《中国变色龙——对于欧洲中国文明观的分析》,中华书局 2006 年版,第 1 页。
② [美]M.G.马森著,杨德山译:《西方的中国及中国人观念 1840—1876》,中华书局 2006 年版,第 192 页。
③ [英]约·罗伯茨著,蒋重跃、刘林海译:《十九世纪西方人眼中的中国》,中华书局 2006 年版,第 65 页。

择路径，否则就会陷入那些肮脏的中国房屋的包围之中。这些房屋靠街的一面都有一条污水沟，在肮脏和臭味上可与北京媲美，只是规模较小罢了。中国的城镇都不大，但大多又脏又乱，而且都有中国特有的气味———一种人们饥饿时最不想闻的气味———这气味像蚂蟥一样紧紧缠住我们。我们四处奔逃，最后像欧掠鸟一样哀叹'无路可逃'。"[1]也有人看到了中国人的卫生弊端，但是会与日本相比，这样的对比研究值得注意。"在日本的村庄，人们看不到在中国大多数乡村随处可见的这些街景：成堆的垃圾，粪堆，污水池，泥坑，下陷的屋顶，倒塌的墙壁，腐烂中的草屋以及散乱的碎石。在日本，一旦屋顶、墙壁、围栏、树篱、水坝、桥梁、小路等受到损坏，立即会得到修复。只有新英格兰人和美国侨民居住的地方的环境堪与日本相比。"[2]

我们再来看一位近代学者的日记，他是这样写的：

　　余闻笃生言北京人向来在街上出恭，庚子各国联军占领北京乃禁之，如有人在街上出恭，警兵即捉其人，以其身上之衣拭去粪秽；自此以后，北京人乃不敢在街上出恭。此乃应用斯宾塞尔训育上之自然应报主义，不得不叹服西人处置之妙。北京人数千年恶习，乃自联军扫荡廓清之；亦可快亦可痛也。[3]

我们暂且不说八国联军的侵略暴行，单杨昌济先生的日记里就可以看出，八国联军侵占北京城之后，在烧杀抢掠的同时，还致力于治理城市卫生。从中可以得出，八国联军对于当时北京城的卫生印象如何？"亦可快亦可痛也"此句值得深思。另外曾看到过八国联军在北京城建造厕所，并用武力逼迫老百姓使用的文字，但不能提供确切出处，故存疑。

---

① [英]阿绮波德·立德著，刘云浩、王成东译：《穿蓝色长袍的国度》，中华书局 2006 年版，第20页。
② [美]E.A.罗斯著，公茂虹、张皓译：《变化中的中国人》，中华书局 2006 年版，第4页。
③ 杨昌济：《达化斋日记》，湖南人民出版社 1978 年版，第23页。

我们引用了如此多的史料来讲中国人的卫生问题，作为西方人对中国的第一感觉。那么，这些西方人为何会对卫生如此关注，而且是如此强烈呢？这与西方人的习惯与认识有关。19 世纪初的欧洲经历了文艺复兴和蒸汽机革命，资本主义生产关系已经确立，社会阶层与社会结构变动整合，开始追求一种更为文明的生活方式，正如伏尔泰所倡导的那样。在这样的生活与认识背景下，他们才看到了中国人的卫生问题，也就是说，他们同时也看到了中国和他们的差距，而如此大的差距会给双方的交流带来什么样的暗示，其实在西方人的心里已经有了明确的答案。

第二，在 19 世纪末 20 世纪初，有一位特别的美国传教士，名叫明恩溥（Arthur H.Smith），此人在中国生活长达 50 年之久，对中国的研究深得鲁迅、潘光旦的肯定。明氏在研究中国的作品《中国人的气质》中第一个问题讲的就是"体面"。

> 面（Face），人皆有之，今也执人人共有之面而为支那人气质之一，人孰不笑之？然支那人所谓（Face）者，体面也，不但谓其头之前面而已也，其意味颇广，不说明之读者不知也，故此特设一章。……今若于村内起纷争，执调停之劳者必勉为两造求体面（Face）之平均，宛如欧洲之政治家不可不保国势之平均无异。故于斯时也，调停之主义，不以公平为目的，而在以关系各人体面（Face）之相当为目的。于诉讼之时，亦多行此主义。故其大半，以不分胜负而结局。
>
> 若赠人以美物，其人必当受纳其一部分，而决不可全行拒绝，以全其人之体面。于左犹有二三之例，以说支那人保其体面之热望。有过失而失体面之事，必思设法以保其体面，无论其证迹如何显著，亦必不可不匿其过失。[1]

这就是生活在中国多年的西方人品味出来的中国人与众不同的气质，我们

---

[1] ［美］明恩溥著，佚名译，黄兴涛校注：《中国人的气质》，中华书局 2006 年版，第 1—2 页。

先且不论面子的好恶问题，只说面子对于中国文化意味着什么？并且明氏多次提到"西方人不但以为不必，且极以为可笑"，"西洋人视之，漠然不可捕"等，①也就是说，面子于西人，无法理解，更无法接受，那就谈不上使用了。西方人既然无法洞知，那就说明中国人的"面子"较为特别。由明氏的描述与国人日常生活经验得知，"面子"与"维护面子"减少了冲突，缓解了争斗，使原本尖锐的形势可以减弱，这就是中国人"面子"的功用。这与中国的家族居住与村落居住形式密切相关，人际关系过于紧密，冲突易于发生，面子成为人际关系的润滑剂与缓冲。面子是一种距离，这是解读中国古代文化较为重要的方面。正如英国传教士麦高温观察到的一样，"人们不仅仅出于维护自己的体面而极力去挽回'面子'。把眼光放宽一些，我们就会发现，人们并不是只关心自己的尊严或只想使自己避免出丑而不顾其他。这个民族的特性使人们彼此之间在感情上有一种微妙的影响。人们对任何有碍自己体面的事情都很敏感，同时也热衷于维护其邻居的面子，使他们不蒙受羞辱"②。相比明恩溥，麦氏的视野显得更为宏大一些。

面子，其实在每一个民族文化中都存在，不能成为区别中西文化的关注点，更不能成为讽喻中国人的话题。这一问题已有学者进行了探究。

> 中国人当然不是唯一注重"面子"的民族。任何民族的人要想适应任何社会并良好地生活，都不能漠视别人对自己表现的评价。……因此，所谓"面子"概念只能用于中国，而不能用于西方社会的说法，只是将个人主义在社会科学中造成的盲点暴露出来。要突破社会科学中已有的知识框框，就应更留意不同文化中，与"面子"相关行为的不同面貌。换句话说，面子行为在西方社会中的客观存在，表明了个人主义并非西方社会价值的全部。③

---

① [美]明恩溥著，佚名译，黄兴涛校注：《中国人的气质》，中华书局2006年版，第1—2页。
② [英]麦高温著，朱涛、倪静译：《中国人生活的明与暗》，中华书局2006年版，第289页。
③ 何友晖、彭泗清、赵志裕：《世道人心——对中国人心理的探索》，北京大学出版社2007年版，第102—103页。

八十二年前，鲁迅写下了这样的文字："他们以为这一件事情，很不容易懂，然而是中国精神的纲领，只要抓住这个，就像二十四年前的拔住了辫子一样，全身都跟着走动了。"鲁迅在说"面子"，但是他更多谈论的是"要面子"和"不要脸"。①

第三，还有一类现象，毫无疑问是中国的短处，或者说是至今无法言说的社会现象——乞丐。来华西人不约而同发现了这一现象，如"招致西方人诸多评论的中国社会又一特征是普遍的极度贫困，乞丐到处可见"②，"在中国的各阶层中，西方人最常提到的是乞丐"③。然后大书特书，带着蔑视和歧视，他们是这样看待的：

> 在我们的印象中，中国的乞丐算是这个国家中最悲惨的一类人了。这一点是再清楚不过的。同他们相比，英国的乞丐有着高贵的身份，衣着华丽而生活奢侈。而他们的中国同行的处境却截然不同，他们身份卑贱，一眼就能看出是个乞丐，他们形貌丑陋，以便能引起公众的恻隐之心。④

可见西方传教士是戴着有色眼镜看中国的，就连中国的乞丐也比不上英国的，这一点是我们在阅读此类书籍时必须要知道的。但同时也不得不佩服这些传教士的洞察力，他们所发现的问题确实是当时中国社会最显著甚至是无法解决的痼疾。乞丐，显露的不只是社会救济或者社会阶层的弊端，是全社会的折射，是缩影，所以西方人的笔下留下了这样的场景："大量乞丐死在广州：我不想老调重弹，而他们确实是死在露天里：许多人死在大街上；但在西郊有一所为此而设的

---

① 鲁迅：《说"面子"》，见《且介亭杂文》，载于《鲁迅全集》第六卷，人民文学出版社 1981 年版，第 130 页。
② [美]M.G.马森著，杨德山译：《西方的中国及中国人观念 1840—1876》，中华书局 2006 年版，第 191 页。
③ [英]约·罗伯茨著，蒋重跃、刘林海译：《十九世纪西方人眼中的中国》，中华书局 2006 年版，第 57 页。
④ [英]麦高温著，朱涛、倪静译：《中国人生活的明与暗》，中华书局 2006 年版，第 274 页。

应急用的院子⋯⋯"①

他们继续观察,发现了乞丐还有除乞讨之外的行为。

> 每当富人家在山上葬人,或是清明节扫墓时,乞丐们常常为了索取食物和金钱而横加干预。⋯⋯在这种场合下,丧主一般都给乞丐们相当可观的钱财,否则他们便不让葬礼或祭祀进行。⋯⋯1857 年,在此地举行的一位当地基督徒的葬礼上,一群乞丐和无赖围住墓穴,索要两万钱,作为允许棺材下墓的条件。有个无赖竟躺到墓穴里,阻止下棺。葬礼一直延误⋯⋯到天黑的时候,⋯⋯他们还是高高兴兴地接受了八百钱而分之。下棺后葬礼遂告结束。②

这是乞丐的正当行为吗?乞丐应以乞讨为生。可罗伯茨看到的却不是这样,而是"索取食物和金钱",加之以后的情节,就是赤裸裸的敲诈了。更有甚者,乞丐还有组织地进行如此的活动,而其组织者竟然与官府有着千丝万缕的联系。"乞丐们全都要受那个官府授权的头领的控制。如果头领让乞丐们在营业时间内对商店进行骚扰,由于他们的出现势必会减少顾客的光顾,从而影响到店主的生意,于是这个头领就同每个店主签订了一份契约,要求他们按月交给他一份钱。"③如果店主没有及时缴纳份子钱,头领就会指派乞丐大军骚扰店家,直至目的达成。最后,麦高温先生作了这样的总结:

> 对乞丐进行研究是非常有趣的,尤其令人感兴趣的是那些精到的伎俩,它能使乞丐头领从与乞丐一样穷困潦倒的手中榨得钱财,其所得之物不仅可供全家人过上相对富足的生活,而且还能使他买地建房留给子孙后代。凡是在中国生活过一段时间的人,对此都不会觉得奇怪。在这个伟大的

---

① ② [英]约·罗伯茨著,蒋重跃、刘林海译:《十九世纪西方人眼中的中国》,中华书局 2006 年版,第 63、62 页。

③ [英]麦高温著,朱涛、倪静译:《中国人生活的明与暗》,中华书局 2006 年版,第 276 页。

帝国中,上至皇亲国戚,下到沿街乞讨的乞丐,人人都在运用这种榨取钱财的伎俩。①

这样一种评论,就不是写乞丐了,矛头直指问题的中心——中国人都是如此。这就需要从中国文化的深层中去探究、挖掘,是否就是孙隆基所说的"未开化的利己主义"②。

还有一个问题需要进一步探讨。上文引用了英国传教士麦高温的若干观察,此人常年在上海生活,记录的也是上海的事情。有专家对上海的此类活动有着深刻的研究,此类人称为"囤头"或者"罗间","其实也是一些土恶地棍,时常以当差为名,把持勒索。如当时上海西城廿二铺杜家湾混堂桥一带罗间,就很凶顽。他们一般与衙门中的差役熟识,又与拆梢党相勾结",做些索要勒索强凌之事。③这与麦高温所记之事吻合。

三、文化的多面性

文化是多面的观察,亦是多面的表达,更是多面的归纳。"我们开始研究文化概念中特别容易引发争议的方面。莫里斯认为,通过各种标志,当我们接触到文化的一个方面时,这个方面就会引导我们怎样去看待该文化的人们,并且非常礼貌、理智地说出我们的看法,然后适时地做出评价。难怪文化这个词在马克思主义者看来是一场斗争,或者换一种我们更为熟悉的说法:文化是个敏感的话题,绝对具有争议性。"④我们将"西方的中国形象"的作者进行分类,有三种类型:一是传教士,二是专家学者,三是兼有型。不同职业的人所积累的知识体系以及持有的价值观是完全不同的,于是形成了迥异的观察点,也就归纳出了相异的结

---

① [英]麦高温著,朱涛、倪静译,《中国人生活的明与暗》,中华书局 2006 年版,第 282 页。
② [美]孙隆基:《中国文化的深层结构》,广西师范大学出版社 2004 年版,第 294—298 页。
③ 陈宝良:《中国流氓史》,上海人民出版社 2008 年版,第 300—301 页。
④ [英]弗雷德·英格利斯著,韩启群、张鲁宁、樊淑英译:《文化》,南京大学出版社 2008 年版,第 22 页。

论。而需要注意的是,这个结论就是"就会引导我们怎样去看待该文化的人们"。所以,文化这一概念具有特别广义的内涵,尤其异域文化眼中的中国文化。借用韦森的话说,"文化是人之成为人以区别其他动物的主要标志和方维, 也是一个民族区别于其他民族的'逻辑坐标'"①。

下面我们就来看一下来华西方人眼中中国的"逻辑坐标",而需要进一步指出的是,因职业不同,"逻辑坐标"也随之发生了变化。

第一,列入传教士类的有两位,一位是英国的麦高温,还有一位是美国的明恩溥。明氏有两部著作——《中国人的气质》和《中国乡村生活》。

先来看明氏的《中国人的气质》,他在此书第 26 节中探究了"多神教、万有教、无神论",想要探讨出中国人如此的信仰现状,能否信仰基督教,尤其注意到中国人的鬼神信仰问题。在第 27 节《支那之实状及现时之必要》中,则重点讨论如何改善中国之法,在书的末尾写道:

> 思改革支那者,必当溯其品行之本源而纯洁之,使良心实为实际上之帝王,且勿如彼日本维新以前之诸帝,恰如幽闭于宫内。于支那所必要者,诚实也。得此诚实,以认上帝,则可一新人之观念。故人不可不知人与上帝之关系。故于支那所最要者,在一新各人之精神,并一新家族及社会之关系是也。果然,则支那凡百之必要,均得总括于此唯一最大之必要之中,此最大唯一之必要何也? 即基督教是也。支那者,不可不由基督教文明以完全之,且永久改革之。②

克拉克·威斯勒在谈论文化的有组织的扩散时讲道:"只要提到传教士这

---

① 韦森:《文化与制序》,上海人民出版社 2003 年版,第 23 页。
② [美]明恩溥著,佚名译,黄兴涛校注:《中国人的气质》,中华书局 2006 年版,第 234 页。另,明氏另一部著作《中国乡村生活》(陈午晴、唐军译,中华书局 2006 年版),最后一节《基督教能为中国做些什么?》则从家庭关系、幼儿教育、择偶问题、婚姻制度、社会生活与习俗、人际关系等方面做了较为详细的探讨。

个词,我们自然就会想到近代那些个人的和有组织的'使异教徒改变信仰'的活动。……所有这些人只不过是无数不同种类的文化传教士而已。……因为他要让'异教徒'遵照传教士的伦理和产业观念去生活",他进而指出,"所有这一切背后的动机是不难确定的,商人和传教士的直接愿望也许都是自私的,然而他们内心也有一种感情,即为了异教徒自己的利益而改造异教徒。换句话说,我们是为了人道的原因才努力传播我们的文化的。"①看得出,克拉克·威斯勒是站在传教士的立场上的。但是必须注意,传教士在踏上异域土地进行传教活动、观察社会的同时,体会到了与己文化完全不同的特质,所以会形诸文字,这就是我们今天所看到的文本。但是传教士的关注点与目的是不一样的,关注的是异教徒的"异",此"异"是否利于传教,此"异"是否可以顺利改造? 此"异"的特质往往就成了所传之教的本土化的内容, 这也就是宗教传播过程中的变异问题。②

传教士的"逻辑坐标"是发现并找出中国社会的弊端与问题,然后思考如何用基督教来改善,最后坚信基督教能够在中国运作起来。但是传教士们忙活了多年,却发现中国人对于他们所宣扬的宗教并不热情,于是多方寻求答案。一百年前一位叫作辜鸿铭的老人回答了这一问题:"事实上, 他们往往更多地求助于想象力而不是求助于心灵。……实质上,中国人之所以没有对于宗教的需要,是因为他们拥有一套儒家的哲学和伦理体系,是这种人类社会与文明的综合体儒学取代了宗教。"③

第二,还有一类人,就是作为专家学者的来华西方人,有美国研究中国问题的专家马森、美国麻省理工学院政治学教授伊罗生、英国哈德菲尔德大学教授罗伯茨、美国威斯康星大学教授罗斯、英国牛津大学教授道森等。他们眼中、笔下的中国与中国人、中国文化显得截然不同,多了一些理性,多了一些思索,更为稳

---

① [美]克拉克·威斯勒(Clark Wissler)著,钱岗强、傅志强译:《人与文化》,商务印书馆2004年版,第147—149页。

② 可参阅蔡鸿生:《读史求识录》,广东人民出版社2010年版,第20—21页。

③ 辜鸿铭著,黄兴涛、宋小庆译:《中国人的精神》,海南出版社1996年版,第40—41页。

健。（当然并不能说传教士的观察就没有专家学者的细致，思考就没有专家学者的深刻，这样的区别只是一种不同视角认识方法的讨论。）

传教士多是一种感受的记录，看到的、听到的、略有感触的，落笔记载，这些近代的传教士、明末的利玛窦都是如此。有大量的描写性文字，较为感性一些，如麦高温先生写道："我们继续和这些出家人坐在一起饮茶。渐渐地我们彼此开始了解了，我发现我的心不再和他们离得那么遥远，反感的情绪也渐渐消散了。……他们眼神中的恶意也逐渐消失了，原先那令我们反感的傲慢神情也变得温和起来，变得富有人情味了"。[1]而专家学者落笔就要谨慎一些，如资料的收集与分析，对看到的生活现象加以研究，如伊罗生教授在讨论美国的中国形象时，对调查对象的观点进行了不厌其烦地罗列，这样就会对"陈词滥调"有所认识。[2]

对于中国人及中国社会现象的观察，其实是为了进一步认识中国文化，探寻一些中国文化的特质，这是传教士与专家学者的共同目的；但是传教士还有另外一个目的，而这一目的是与其使命相联系的，就是我们上文中提及的——传教。对于专家学者而言，没有了这一使命的束缚，那么其观察、记录就多了研究的性质。马森在其著作的结语部分综述了中西文化的比较，其中尤可注意的是发现并探讨了18世纪中国的停滞现象，这是颇为深刻甚至是超前的观点。他说："两位清朝皇帝——康熙和乾隆统治了中国差不多一个半世纪的时间，……在这两代皇帝统治时期，清朝达到了它的权力鼎盛阶段，同时也开始进入衰落状态，确切地说，这个19世纪都处于这种状态。……也就在这一时代，中国开始进入停滞和倒退，而欧洲人和美国人正在取得特别是物质文明方面的巨大

---

[1] [英]麦高温著，朱涛、倪静译：《中国人生活的明与暗》，中华书局2006年版，第117页。
[2] 伊罗生教授对明恩溥的文章也提出了批评："这些微弱的幽默感和尊敬感，几乎完全浸没于恼怒和愤怒的弥漫基调之中，这种恼怒和愤怒针对的是不可理解的邪恶和恶劣，以及对中国人行事方法和中国人性格的迷惑，就像卫三畏指出的那样，这种感情看起来只能被基督教徒们那些最神异的忍耐偶尔所抑制。"见[美]哈罗德·伊罗生著，于殿利、陆日宇译：《美国的中国形象》，中华书局2006年版，第131页。

成就。"①罗斯教授也注意到了："的确,中国文化在后来的某些发展阶段上处于停滞不前的状态。在绘画方面,他们从来没有掌握正确的方法;在音乐方面,他们从未达到某种和谐的境地;他们的语言缺乏关系代词,句与句之间缺乏关联词。他们的文字还停留在古巴比伦和埃及的象形文字水平上。……如今,中国人的思想明显处于一种停滞不前的状态,这不是由于社会发展造成的,而是他们囿于某些宗教般的信条或观念。"②

第三,有一本特别的著作,是立德夫人的《穿蓝色长袍的国度》。从女性的角度出发,她关注了一些也是男性角度无法仔细体察的角落——裹脚。在她的描述中,有两个细节值得注意,并对裹脚这一习俗有进一步的认识。一是她为了推进放足运动而见到了李鸿章。中堂大人说了这样一段话："你知道,如果你让妇女都不裹脚,她们会变得很强壮,男人已经很强壮了,他们会推翻朝廷的。"③李鸿章作为朝廷一品大员,是从维护封建统治的角度阐发的,具有极强的政治意义,实在值得注意,这与我们长期以来对此历史现象的解读是不同的。按我们平常的理解,妇女缠足是宋明以来理学宣扬所致,为了使妇女足不出户,在家相夫教子。即使在专家的研究中,集中分析了妇女缠足的六大原因:审美观念、礼教理念、心理变态、婚姻促使、权贵的推动、文人的倡导等④,也是缺少李鸿章所讲的原因。二是立德夫人积极推动放足运动,收效甚微,就在其一筹莫展之时,一些突发的事件巧合般地使事情有了转机,当然代价是惨痛的。"在中国开展废除裹脚工作时,我们尽量节省经费,花费巨大的欧洲军队(八国联军)无疑推进了我们的工作,在疯狂的团民及肆无忌惮的俄国和法国士兵面前,裹脚的妇女根本没有机会逃脱,柔弱妇女的死亡,给幸存的男性亲属惨痛的教训。……在太平天国起义中,中国很

① [美]M.G.马森著,杨德山译:《西方的中国及中国人观念1840——1876》,中华书局2006年版,第311—312页。
② [美]E.A.罗斯著,公茂虹、张皓译:《变化中的中国人》,中华书局2006年版,第32—33页。
③ [英]阿绮波德·立德著,刘云浩、王成东译:《穿蓝色长袍的国度》,中华书局2006年版,第188页。
④ 参阅高进兴著:《缠足史》第三章《缠足的原因》,上海文艺出版社1995年版。

多地方的男人们都发誓再也不让他们的女人裹脚，很多裹脚妇女集体自杀或被屠杀……"①这些细节给了我们重新解读历史的机会，"缠足"不失为一种较好的切入点。

四、文化的自在、比较与他者的评判

文化本质是自在的，也就是自本自根的，主要关乎文化的起源与发展。除起源与发展之外，还隐约指向着文化特质的奠定与系统的养成，综合起来才可称为文化的自在。文化的自在还有自生自灭的意思，就是在鲜活的文化机体中，文化在空间下的生长是自由的，有着生命周期。起源是由本土人在本土发生，即使有外来因素，也不起主导作用。②文化的发展也是自有规律，自成系统，随着自我的历史进程而发生着变化。文化发展的过程中，不可避免地与他者文化发生联系，或是异域，或是异族，有的相隔万里，有的近在咫尺，但联系是永远存在的。交往中的文化、联系中的文化可以有比较，即使没有交往、没有联系，也可以有比较。比较是文化存在的理由与价值，文化非比较不能凸显。文化比较，讲究的是阶段性的比较，如起源、发展、终结，还讲究特质的比较、形态的比较等。比较为了争出高下，也就是优劣，只不过现在学界为了避免纠纷，不再谈及文化优劣的问题，其实事实上是存在的。近年的文化比较更多的是为了讨论文化发展道路的不同，争论谁才代表人类文化发展的正确路径与方向。比较是他者的眼光，犹如王铭铭在其近作中谈到了他者对于人类学研究的重要作用，"在'他者'中探索不同文化中的'异己'观念如何内在各群体中，使人类学有可能更加真挚地面对他人，摈弃其将'他者'对象化为等待着被解释、被理解以至被拯救的、从来没有过世界活动的'封闭的野蛮人'的做法，在他者中获得有益于理解世界想象与人文关系的

① ［英］阿绮波德·立德著，刘云浩、王成东译：《穿蓝色长袍的国度》，中华书局 2006 年版，第211 页。
② 此观点可参阅《中国文化概论》第二章《论中国文化的十大特征》之第一节《独创性》，见韦政通：《中国文化概论》，岳麓书社 2003 年版。

启迪"①。如果一文化永远有一他者在旁边观察着、评判着,那此文化的发展便有"他者"内在机体之中,"他者"成为了文化生长的参与者,甚至成为动力,而不再是评头论足的角色。

第一,有一篇文章中谈到了清朝的灭亡,却是另外一个角度,"1911 年 8 月 20 号,几乎全北京所有掌权的人们,没有一个人想到他们快完蛋了,没有一个。我看过那个时代所有掌握大权的人留下来的日记,包括他们的回忆和书信,没有一个人说自己在 10 月 10 号之前就想过大清朝快完蛋了。从上到下都没有。我看他们的日记里整天记录的就是吃饭送礼,真是盛世"②。这就是一种文化的自在状态,一种旁若无人的存在。与来华西方人眼中的残破、凋敝,满是问题的社会完全不同,与"后历史"中的回望也不同,我们需要探究其中的理性的东西,而不是从历史的回望中得出文化的宿命。这里只指清朝的文化,而非中国文化或中华文化。

清朝时期文化一如既往地"生活着",并且在生活中寻求着突破,这是一种自在走向自觉的理性。先来看看清史学者高王凌的论断。

> 过去认为,传统中国"封建"、"落后"、"老旧不堪",从文本的角度看来,恐怕就不是了。当十八世纪,中国即与世界上现代化的早发国家"一同"(或略早于他们)面对了一些"现代问题",以及做出了若干"现代努力"。如此看来,中国并不一定只有一个被谁人"打断"的,或由外力"提升"了的历史。甚至也无所谓再区分什么"内因"、"外因",更不必在意"东方"、"西方"孰为中心。或者,它就是以中国为中心的,在逻辑上岂不也能成立?或许,中国具有自己的并不输于他人的"理路",只因一向受限于传统观点,或"现代化"的固

① 王铭铭:《西方作为他者——论中国"西方学"的谱系与意义》,世界图书出版公司 2007 年版,第 169 页。
② 《辛亥百年解——大清朝如何脱轨?》,载于严彬、马培杰编《临渊》,广西师范大学出版社 2014 年版,第 82 页。

有模式,使人难以看清罢了。①

可见"自在"更是一种不输于他人的"理路",美国汉学家孔飞力教授最重要的作品《中国现代国家的起源》就论述了这一问题。这位出生于英国的美国汉学家,主要研究清史,或许他的头脑中没有储存更多的后知后觉的论断,于是对清朝的研究有了突破性的进展,正如他在该书中文版序言里写道的那样:"从世界范围来看,'现代'国家之间的差异和区别是由什么造成的? 难道只有在经历了工业化的西欧和北美才会形成可以被称之为'现代'的国家功能、政治结构和社会体系吗? 这其实是一种文化上唯我独尊的判断。"他找出了清朝的"现代化"之路。在盛世中发现危机倒不新鲜,但是"历史的吊诡之处在于,正是由于危机根源所包含的超越中国帝制时代的性质,这又成为中国走向现代国家的历史起始点"②。自如的文化总是有自己发展的规律,孔飞力也是为了证明这一点。

第二,我们在上文提到大量来华西方人对中国文化的看法,这些看法或浅或深,或局部或全面,或理性或感性,我们可以批判,但是有一点希望大家注意,就是要重视这些看法,重视"他者"的目光,这才是文化研究的合理态度。

文化需要比较,没有比较的文化是无法凸显价值与意义的。文化比较需要有一定的理论与方法做指导,张岱年就说过:"近代以来中国学者所谓的中西文化比较,虽然范围很广,但重点是中国封建文化与西方近代文化的比较。本文所谓的中西文化,也主要是指中国封建文化与西方近代文化。关于这两种文化的时代差异,这里不准备讨论,只讨论二者的民族差异。我们在导言中指出,文化的民族差异可以从人与自然的关系、民族关系、家庭关系、宗教关系等方面来分析。"③显然文化的比较不是随意的对比,正如金克木所言:"至于'比较

---

① 高王凌:《乾隆十三年》,经济科学出版社 2012 年版,第 235—236 页。
② [美]孔飞力著,陈兼、陈之宏译:《中国现代国家的起源·译者导言》,生活·读书·新知三联书店 2013 年版,第 13 页。
③ 张岱年、程宜山:《中国文化论争》,中国人民大学出版社 2006 年版,第 43 页。

文化',更有各种说法,也不一致,不过都指的是着眼于不止一种的不同文化的研究,所谓'跨文化的研究'。文化既有古今中外之异,而一个民族、一个地区、一个时期内,也有阶级、阶层、社会集团、氏族等各不相同的文化。大概认为人类有各种不同文化并以此为背景进行研究都可以算是比较文化研究吧?这并不是专指两两相比。"①需要有一定的可比性,重点在于民族性与时代性。封建与近代是时代性,中国、西方是民族性。庞朴,这位著名的文化学者,曾专门就文化的民族性与时代性做了多次阐发。他认为任何一种文化既是民族的,又是时代的。

> 关于文化的民族性问题,涉及文化的发生学,人类文化是怎么产生的,怎样起源的。……在文化发生学里面,有另外一种理论,认为文化是多源的。认为不同的生活方式,造成不同的风俗习惯,形成不同的心理状态,产生不同的物质文明。……一切历史认识本身都是历史的,这是文化时代性所决定的。但这并不意味绝对相对主义,每一时代的文化里面都有绝对的内容,每一民族的文化里面都有人类性的成分。人类性寓于民族性之中,永恒性寓于时代性之中,普遍性寓于特殊性之中。②

庞朴对此问题有更深入的认识,他进而说道:"探讨文化的民族性和时代性,有一个不能不回答的问题——传统问题。假如你要回答中华文化的民族性,你就要回答中华文化的传统。谈时代性,也有一个传统问题,存在新时代和旧时代的问题。"③

第三,我们再回过头看来华西方人对中国文化的理解,其实都或多或少地触及到文化的传统问题,有的特别深入。

如生活方式方面。何天爵观察到:"他们局限在陈规陋俗的老一套中,对于我

① 金克木:《文化的解说》,中国人民大学出版社 2007 年版,第 160 页。
②③ 参阅庞朴:《文化的民族性和时代性——在中国文化书院第三期讲习班上的讲演》,载于氏著《文化的民族性与时代性》,中国和平出版社 1988 年版,第 43—49、50 页。

们所说的很正当普通的一般交往，他们却视为很荒唐的行为。这里的交往就是男女两性之间的共同相处。在中国的社会交往中，男女接触视为至关紧要的大防，绝对不允许这种现象的存在。在大清帝国之内不存在任何形式的社会活动或者集会，以便使男子和女子能够像朋友一样在一起交往和娱乐。"①这仅仅是传教士和学者们观察到的其中的一种现象，但却很具有代表性。男女之防，是中国文化中大有争议的方面，在五四时期大受批判，认为是阻碍中国迈向近代社会的障碍，是旧传统的代表，与此相关者有女子的地位、当时的婚姻制度、教育制度、娼妓问题等。有学者对此进行了专门的研究："在日常生活中，男女防嫌的原则仍然必须顾忌……如此则不仅限制了妇女行动的自由，也限制了男女交往的自由……"②

还有一些传统的生活方式被注意，如最普通不过的饮食，"中国的大众饮食总的说来比较简单，甚至在家境允许全年享用美食的地主家中，我们也不会经常见到他们如此奢侈。有一种情况是，男性长辈纵情吃喝，但女人和孩子们则不被允许，在食物上的代代节俭可以说是中国人的显著特点"③。不奢侈，讲究节俭，这确实是中国人一贯被教导与倡导的特性，尤其倡导"耕读传家""勤俭持家"。但如遇到请客等关乎"面子"的场合，就会大肆铺张浪费。

对于风俗习惯，西方人则更容易观察到不同，尤其以单一的宗教眼光看的话更是如此。何天爵讲到了中国人的风水信仰，"中国人整个民族的思维结构和精神心态似乎都浸透着迷信观念。迷信在每一位中国人的日常生活中都占有十分重要的位置。不管做正经事还是休闲玩乐，迷信都影响着一个人的计划。它既会使愿望变为现实，也会使之化为泡影；既能使人大发横财，又可使他倾家荡产"④。他用了同治帝、朝廷官员和老百姓的事例证明了自己的看法。

在风俗习惯中，最典型的还是婚丧嫁娶，集中体现了一个民族的传统。"婚礼

---

① ④［美］何天爵著，鞠方安译：《真正的中国佬》，中华书局 2006 年版，第 77、115 页。

② 徐秉愉：《正位于内——传统社会的妇女》，载刘岱总主编：《中国文化新论》社会篇《吾土与吾民》，生活·读书·新知三联书店 1992 年版，第 169 页。

③ ［美］明恩溥著，佚名译，黄兴涛校注：《中国人的气质》，中华书局 2006 年版，第 154 页。

是最令人注目的部分。但中国婚礼赖以进行的原则与我们所熟悉的原则完全不同,因此,西方人一般说来很难认可中国人有关婚礼的理论和实践。对我们来说,婚姻不仅要求生理的成熟,而且要求能力的获得——即能够处理好各种新形成的关系。我们将丈夫和妻子看作是一个新家庭的基础和中心,并恪守他们应当离开父母这一古老而适当的信条。中国的情况却完全相反,男孩和女孩结婚后不组成一个新家庭,而是成为一个高大树干上的一个新发树杈——不依附于树干,树杈就难以存活。"①真是极其形象的比喻——树杈与树干,一语道破了中国婚姻的实质所在,这也就是中国家族何以存在的原因。西方社会的细胞是家庭,每一个独立的家庭,而传统中国则是家族。一位妇女,"在她去世之后,按照清朝的法律规定,儿子们必须为她披麻戴孝,一百天之内不准剃头刮脸。但是,如果她的丈夫也效仿儿子们的做法,或者表现出一些哀伤的样子,那么他就是自找麻烦:他就会因此成为众人冷嘲热讽的对象、鄙夷唾弃的靶子"②。配偶离世,作为丈夫却不能公开表示哀伤,这是一位传教士兼外交官看到的情形,他或许永远都不能理解,中国文化中的"含蓄"之意。

心理状态也是文化民族性的表现之一。外国人想探知中国人的所思所想还是有些困难,不过长时间的生活再加上细致入微的观察,总会有一些收获。"中国人的神经总是绷得很紧。他们会像法官和陪审团那样对所得到的信息进行分析、权衡,从中得出事实真相。例如,一个人满脸神秘地走进你的房间,他先看看四周是否还有人,接着走到窗外向外张望一番,再踮着脚尖走到门口向两边的过道里看看有没有人藏着,接着又像猫一样悄悄地走回来察看一下烟囱,最后指指天花板,指指地,指指你,再指指他自己说,'现在我说的事情只有天知、地知、你知、我知。'接下来他又小心地向门口瞥一眼,把嘴凑到你耳边,将一个你非常信任的人的事告诉你,使你好似触电一般震惊"③。中国人如此的心理状态主要有两个原因:一是政治的严酷,"莫谈国事"即是明证。政治蔓延至日常生活,造成了心理的

---

① [美]明恩溥著,佚名译,黄兴涛校注:《中国人的气质》,中华书局 2006 年版,第 194—195 页。
② [美]何天爵著,鞠方安译:《真正的中国佬》,中华书局 2006 年版,第 59 页。
③ [英]麦高温著,朱涛、倪静译:《中国人生活的明与暗》,中华书局 2006 年版,第 298—299 页。

紧张。二是儒家教育的结果。儒家要求讷言明行，不得"巧言令色"，正如钱钟书描写的那样，"男子无口才，就表示有道德，所以哑巴是天下最诚朴的人。也许上够了演讲和宣传的当，现代人矫枉过正，以为只有不说话的人开口准讲真话，害得新官上任，训话时个个都说：'为政不在多言'，恨不能只指嘴、指心、指天，三个手势了事"①。

立德夫人这样记录到："最使我惊奇的是中国人对法规的漠视，这一点在旅居中国的欧洲人身上也滋长起来了，充分地表明了这种漠视多么符合人的本性。"②立德夫人有着特别细致的观察力，中国人确实如此。古代中国人对于"法"有两层理解：一是以礼、以人情治理，将法律置于较为次要的地位，所以国人对法律不重视，也就酿成了对法规的漠视。二是法律就是刑罚，就是惩罚杀人，"正是从这种意义上讲，法才被历代人们视为'不祥之器'，被视为'治病之膏石'、'针药'，被视为'盛世所不废，亦盛世所不尚'的万不得已才用的东西。……正因如此，古代中国人一听说'法律'二字就如履薄冰，如临深渊，如临悬斧"③。罗斯教授以工业社会的眼光看待中国，他发现了这样的一种心理状态，"实际上，中国人不幸的过去无论在当代人的心灵上还是品格上都留下了抹不掉的阴影。中国民族精神的振奋、民族力量的展现有待于一代新人的产生，他们必须接受新式教育，养成高标准的礼教习俗。或许，当中国人不再为生存而不顾一切地拼搏的时候，他们的心理状态就会达到一种新的境地"④。其实美国的这位罗斯教授对中国文化的民族性有着一种更深刻的见解，一是必须放下沉重的过去，否则过去会成为包袱；二是寄希望于新一代中国人；三是最重要的，"新礼教、新习俗"，以新观念改造旧礼俗，颇有远见。

关于物质文明，这也是文化民族性的重要表现之一。庞朴先生在提出这个概

① 钱钟书：《围城》，人民文学出版社1991年第2版，第195页。
② [英]阿绮波德·立德著，刘云浩、王成东译：《穿蓝色长袍的国度》，中华书局2006年版，第3页。
③ 范忠信、郑定、詹学农：《情理法与中国人》，北京大学出版社2011年修订版，第8—9页。
④ [美]E.A.罗斯著，公茂虹、张皓译：《变化中的中国人》，中华书局2006年版，第81页。

念的时候,肯定是将文明包含于文化之内的。物质文明,我们最先想到的就是某一民族创造的成为人类的共同的享有物,如金字塔、长城、艾菲尔铁塔等,标志着人类进步的脚步,据此可以观照人类的兴趣、爱好以及审美、艺术的痕迹。好多西方人都发现了中国大地上的一类的物质文明的存在——城隍庙,可以肯定地说,这一物质文明只可能存在于儒家文化圈的国家里。

> 这个国家的每座城市内,都建有一座城隍庙,这些寺庙巍然矗立,彼此遥相呼应。不同于其他寺庙的俗气与单调,这类寺庙肩负着非同寻常的职能,它们专门对犯下各种欺诈、卑劣行径的人加以惩治,而那些受人尊敬的人,甚至诸如仁慈的菩萨、战争之神这样的神灵与此是毫无瓜葛的。举例来说,染有疾病的人去任何一座普通寺庙都可求治,这种寺庙随处可见;但像疯癫、中风、瘟疫这类被视为因恶魔缠身而导致的疾病,就应来向"帝王"请愿方能治愈了。①

麦高温看到了城隍庙的功能与意义,城隍庙是古代乃至现代中国民间信仰的重要组成部分,是城池或者城市的守护者,对解读中国文化具有重要的价值。②何天爵也看到了这一现象,"在中国,各路大神当然都有自己单独接受祭祀的寺庙。但是,那些诚惶诚恐的中国人想到,可能还有数量众多的被忽视了的小神,不管怎样还是应该给它们一席之地。于是中国人便将那些小神们一一列出,建了上述的小庙将他们供养起来。这种想法和做法虽然很是体贴周到,却很荒诞不经,让人难以理解"③。供奉民间信仰的诸庙宇,是中国文化最坚强的组成部分,其意义与功能被长期忽略以至于边缘化,应该努力挖掘其价值。④

---

① [英]麦高温著,朱涛、倪静译:《中国人生活的明与暗》,中华书局 2006 年版,第 112 页。
② 关于此,日本学者滨岛敦俊有较深入的研究。[日]滨岛敦俊:《总管信仰:近代江南农村社会与民间信仰》,其主要内容见蒋竹山《宗教史研究的文化转向:近代宋至清代的民间信仰研究再探》,载于复旦大学文史研究院编《"民间"何在 谁之"信仰"》,中华书局 2009 年版。
③ [美]何天爵著,鞠方安译:《真正的中国佬》,中华书局 2006 年版,第 104 页。
④ 关于民间信仰庙宇的研究可参阅李亦园的《民间寺庙的转型与蜕变——台湾新竹市民间信仰的田野调查研究》,载氏著《宗教与神话》,广西师范大学出版社 2004 年版。

还有一类民族的创造物，很多人是不以为然的，觉得不可以物质归入文明一类的，就是饮食。孟子曰，饮食男女。可见，饮食之重要，既与人相连，又在人之先，共同构成了人伦社会。学者孙隆基由"吃"论及"食"，由"口腔化"而及"身体化"，别有洞天。① 而在罗伯茨教授引用了对中国的食品这样的描写：

> 但是，由于蒸煮猪肉、烤猪肉、猪肉腊肠（真可怕）以及猪腿肉冻很容易倒我们未经开发的西方人的胃口，我们被迫对这种日复一日的中国佳肴提出抗议。我们与厨师展开了激烈的斗争，但他也只是用干鸭和咸蛋换下猪肉菜。不过，他还是没把中国人喜欢的皮蛋给我们吃，鱼翅和燕窝当然是稀罕的菜，我们没有福气品尝。
>
> 不过，说正经的，中国食品绝不像西方人想象的那样糟糕透顶。这种坏名声有失公正。国内的人对这个问题的看法仅仅与人们津津乐道的取笑中国的荒唐说法相一致。英国人根深蒂固的看法是中国人的家常菜便是小狗、猫、鼠等。这当然是荒诞不经的。②

---

① 孙隆基：《中国文化的深层结构》，广西师范大学出版社 2004 年版，第 43—50 页。
② ［英］约·罗伯茨著，蒋重跃、刘林海译：《十九世纪西方人眼中的中国》，中华书局 2006 年版，第 116—117 页。

第三章　文化是什么？

　　在上文中我们用了大量的笔墨与篇幅讲述了与文化相关或是相近的内容，从历史研究、理论建构、他者的目光等多角度入手来探究文化。文化是特别不容易一下子言说清楚的概念，我们只能通过多角度、多学科的论述去接近它，了解其相关的信息，才有可能最大的了解。文化一词自从诞生之日起，就被各种语文、各种民族、各种社会、各种学科所解读，至今日有几百种之多，估计还会继续解读下去。

一、初步结论：历史、思想与他者

（一）史家从历史或历史研究的角度解读文化

　　史家的解读一定有所本，就是依据历史典籍以及由此做出的历史研究而进行文化的探讨，所以史家对于文化的解读尤为特别，不像人类学或者社会学家是基于活生生的现实的为材料，也不似思想界是进行的理论推演，而是依据已经成为足迹的"过去"，将历史抽象出"历史精神"或"时代精神"或"时代风气"：

　　　　我们只有放在历史里面、归于实践的观点，始能见出历史的"光明面"。这个光明面是理解历史、判断历史的一个标准。历史不是漆黑一团，亦不是自然对象。……

　　　　这个观念形态就是这个民族的"文化形态"之根。由文化形态引生这个民族的"文化意识"。是以在实践中，同时有理想有观念，亦同时就是文化的。这个文化意识,在历史的曲折发展中,有时向上,有时向下,有时是正,有时是反是邪。这种曲折的表现就形成一个民族的"历史精神"。此亦叫做"时代精神"或时代风气"。"①

于是,史家视野下的文化便具有了更多的"选择"性的主动成为"历史"的文化。

第一,史家关注的是文化的延续性。也就是说,史家研究文化,是从历史的不间歇、不中断中得出的,就是延续性。无论中外,皆是如此,犹如布罗代尔的"总体史"观念与作为地理时间的"长时段"。②所以,翻检时史书,无不以人类起源开始,清朝灭亡终了。吕思勉曾说过:"但就文化的各方面加以探讨,以说明其变迁之故……"③其文化史的编排与讲述,无不以人类起源为开端,以清朝灭亡为结尾,还是依据历史的发展进行的。钱穆先生在其撰写的《中国文化史导读·修订版序》中说:"本书写于民国三十年中、日抗战时期,为余写成《国史大纲》后,第一部进而讨论中国文化史有系统之著作,乃专就通史中有关文化史一端作导论。故此书当与《国史大纲》合读,庶易获得著者写作之大意所在。"④文中多讲的是"国家凝成与民族融和""古代观念与古代生活""古代学校与古代文字" 等专题式的讨论,但依然是以历史的方式进行的,时间、断代等。在刚才提到的法国年鉴学派里,有一位历史学家埃马纽埃尔·勒华拉杜里撰写的《蒙塔尤》(Montaillou),其实是一部社会文化史著作,"是日后所谓'微观历史学'的一个早期典范。作者借助一粒沙子研究整个世界,或是用他自身的隐喻说,通过一滴水研究整个海洋"⑤。请注意,是以"微观史学"来研究社会文化。

---

① 牟宗三:《历史哲学》,广西师范大学出版社 2007 年版,第 4 页
② [英]彼得·伯克著,刘永华译:《法国史学革命:年鉴学派,1929—1989》,北京大学出版社 2006 年版,第 36 页。
③ 吕思勉:《吕著中国通史·自序》,华东师范大学出版社 2005 年版,第 1 页。
④ 钱穆:《中国文化史导读·修订版序》,商务印书馆 1994 年版。
⑤ [英]彼得·伯克著,刘永华译:《法国史学革命:年鉴学派,1929—1989》,北京大学出版社 2006 年版,第 76—77 页。

翦伯赞说过:"历史的一定性,规制着文化之质的构成;同时,文化的质,又特征着历史的一定性。前者决定后者的内容,并不断变革其内容;反之,后者也反作用于前者之变革并从而变革其自己。这种作用与反作用,便是意识与现实或理论与实践之辩证的统一,亦即历史发展的规律。"[1]文化在历史中不断地、持续地演进发展变化,并形成自我的形态与特质,还需要用历史的眼光去看待、审视它,这就是文化的变迁,于是文化具有了规律性。朱维铮在谈到杨东莼的《本国文化史大纲》时说:"提出打破王朝体系,把历史分成经济、政治和智慧三大块分别叙述,并且以为历史事实的因果联系需要用经济的解释才能明白,它虽对文化史范畴的理解过于宽泛,却成了后来中国通史著作的一种雏形。"[2]突破王朝体系,进行历史的因果构建。但是在如此的文本研究中,还涉及历史与文化的叙述关系,历史最主要的是时间的先后,以时间解读事件,以时间展开生活,而文化是形象式的、群体式的,甚至带有风潮一样的表现,二者有"纵横"的关系,也有"主次"的关系,毕竟文化在历史演进中有一定的从属性。

第二,史家一定会关注文化的阶段性。阶段性是指历史演进中的节奏感,吕思勉是这样认为的:"人类以往的社会,似乎是一动一静的。我们试看,任何一个社会,在以往,大都有个突飞猛进的时期。隔着一个时期,就停滞不进了。再阅若干时,又可以突飞猛进起来。已而复归于停滞。如此更互不已。"[3]钱穆将历史的节奏成为"历史的风韵"。无论吕氏的"动静说",还是钱氏的"风韵说",无不将历史鲜活灵气化,犹如王国维在点评词时所说:"无我之境,人惟于静中得之。有我之境,于由动之静时得之。故一优美,一宏壮也。"[4]特别强调历史的"演进",看重历史的阶段性,"任何一社会,经历某一段时期,无不需变"。[5]

中国历史的阶段性主要表现为王朝政权的递嬗,就是梁启超所说的一家一姓之天下。从王朝史可以看出文化发展的若干规律与特点的,但是吕思勉所说的

① 翦伯赞:《中国进步的文化》,见《中国史论集》合编本,中华书局 2008 年版,第 282 页。
② 朱维铮:《音调未定的传统》,浙江大学出版社 2011 年修增订本版,第 288 页。
③ 吕思勉:《吕著中国通史》,华东师范大学出版社 2005 年第 2 版,第 7 页。
④ 王国维:《人间词话》,中国人民大学出版社 2004 年版,第 2 页。
⑤ 钱穆:《国史新论》,生活·读书·新知三联书店 2001 年版,第 57 页。

一动一静,绝不仅仅是指每一个朝代,而是一个历史时期,如秦汉、明清等,将相同或类似表现的时期放在一起进行研究,略似"宏大"史学的叙事方法。许倬云也说:"每一个阶段,'中国'都要面对别的人群及其缔造的文化,经过不断接触与交换,或迎或拒,终于改变了自己,也改变了那些邻居族群的文化,甚至'自己'和'别人'融合为一个新的'自己'。"①许倬云也讲的是文化的阶段性,也就是每一阶段都有特别的内容与表现。

在一般性解释"文化阶段性"之外,还有另外一种需要关注的观点,是对其更深层的理解。葛兆光谈及思想的连续性时说:"连续性发生在受到外来的知识与思想剧烈的冲击,习惯于历史传统的人们为应付变局,反身寻找自己原有的知识和思想资源,对新的知识与思想重新进行理解和解释的时候。在这种理解和解释中,外来的知识与思想融入了传统也改变了传统,在看似'断裂'中,知识与思想在延续着。"②这种看似"断裂"的时期,其实就是另外一种表现形式的"阶段性",正如庞朴所讲,"发展不仅是决裂,还是连续"③,这样的阶段性的演进,好似长途跋涉之后休息的阶段,在恢复体力准备开始新的征程。而余英时赋予了更特别的含义,他在谈到中国思想的轴心突破时,将其看作中国的一次精神觉醒,并认为是一种"超越","'突破'是出现了,但是并非与突破前的传统完全断裂"④。

第三,文化的积淀,这是文化最为可称道的地方。史家探究文化,着眼点是历史的进程,在历史的进程中寻求文化,那么文化就具有了历史最根本的性质——悠久。悠久有三个含义,一是起源早,二是时间长,三是传承久远。历史如此,文化亦如此。关于起源,有文明起源与文化起源两种诠释。文明的起源侧重于物质领域,如文字、器物、建筑等,而文化起源则更多的是指思想。一位美国汉学家牟复

① 许倬云:《万古江河——中国历史文化的转折与开展·自序》,上海文艺出版社 2006 年版,第 3 页。
② 葛兆光:《思想史的写法——中国思想史导论》,复旦大学出版社 2004 年版,第 67 页。同样内容见葛兆光著《七世纪前中国的知识、思想与信仰世界》,复旦大学出版社 1998 年版,第 64 页。
③ 庞朴:《蓟门散思》,上海文艺出版社 1996 年版,第 248 页。
④ 余英时:《天人之际——中国古代思想的起源试探》,台湾联经出版事业有限公司 2012 年版,第 22—23 页。

礼(Frederick W.Mote)这样探究起源,"在中国悠久的历史中,有什么可以解释她卓异的特质,有什么可以解释她举世无双的源远流长而又生机不辍?她的过去之于今天又有何重要? 欲回答这些问题,我们就要转向中国思想发轫的悠远上古。不过我认为:我们要想了解中国文明何以屹立得如此持久稳固,就必须理解奠基于文明底下的思想根基"①。而与世界其他民族过国家相比,中国文化起源是非常早的。时间长,也是文化悠久的体现之一。中国文化之时间长,所指为历史中演进过程之长,而且不间断,很大程度上指的是历史记载之不间断。

冯天瑜曾谈到中国文化的五个特质:人文传统、伦理中心、尊君重民、中庸协和、延绵韧性。第五个特质"延绵韧性",也是从时间与空间以及内容发展的阶段性来讲的:

> 中国文化是从"农业—宗法"社会的土壤生长出来的伦理型文化。农业—宗法社会提供一种坚韧的传统力量,伦理型范式造成顽强的习惯定势,而前秦已经形成的"自强不息"和"厚德载物"精神,使中国文化的认同力和适应力双强。"认同"使中国文化具有内聚力,保持自身传统;"适应"使中国文化顺应时势变迁,不断调节发展轨迹,并汲纳异域英华,如此,中国文化具备无与伦比的延续性。②

因历史的绵延不断,于是文化也呈现延绵不断之势。在此势之中,中国文化在完成文化自身的蹒跚前行的同时,以民族相融、异域来访之际,更有吞故纳新之举,这不能不说是中国文化的最大特质。此特质还有另外一种表达方式,就是"历久不变的社会,停滞不前的文化"③这是要进一步了解的。凡是研究中国历史与文化之人,必将此特质作为探究之重点,但是当探究之方法以及探究之关键已

---

① [美]牟复礼著,王立刚译:《中国思想之渊源·序言》,北京大学出版社 2009 年版。
② 冯天瑜:《中国文化史纲》,北京语言文化大学出版社 1994 年版,第 12 页。
③ 梁漱溟:《中国文化要义》,上海人民出版社 2003 年版,第 16 页。

不再新鲜的时候,讨论也味同嚼蜡,此问题后文还会谈到。

文化积淀,还要讲究文化的厚度,就是文化之博、之广、之深、之厚,可以自本自根,可以自我发展,可以传播,还可以对外来挑战应对自如。梁漱溟所讲的"中国文化个性殊强"的七个方面亦是如此,尤其第一、三、六点最值得关注:

一、中国文化独自发展,慢慢形成,非从他受。反之,如日本文化、美国文化等,即多从他受也。

三、历史上与中国文化若后若先之古代文化,如埃及、巴比伦、印度、波斯、希腊等,或已夭折,或已转易,或失其独立自主之民族生命。惟中国能以其自创之文化绵永其独立之民族生命,至于今日岿然独存。

六、中国文化在其绵长之寿命中,后一大段(后二千余年)殆不复有何改变与进步,似显示其自身内部具有高度之妥当性、调和性,已臻于文化成熟之境者。①

梁漱溟认为中国文化的积淀就是独自性、妥当性、调和性,自成一体,最终形成为"文化成熟之境"。韦政通提出中国文化有十大特征,其中第六到第七点为崇尚和平、乡土情谊、有情的宇宙观、家族本位、重德精神,可以归为文化的表现;而前五点依次为独创性、悠久性、涵摄性、统一性、保守性,则为文化的特质,其中悠久与涵摄可为文化之积淀。②而文化有积淀之民族或国家,最大的特点就是可以保持文化系统,可以影响他人,在重大的危机挑战面前,文化会发挥巨大的作用,抟结一致,完成自卫乃至"蜕变"。但是需要特别讨论强调,是常说的"文化包袱",就是文化的积淀会形成的负面作用。这其实是近代以来的看法,应该如何理解,需要反思这一命题。③

---

① 梁漱溟:《中国文化要义》,上海人民出版社 2003 年版,第 10—12 页。
② 韦政通:《中国文化概论》,岳麓书社 2003 年版。
③ 可以借鉴孙隆基的说法,他在谈及英国历史学家霍布斯鲍姆(Eric Hobsbawn)时说,传统之被发明,并无凭空捏造之意,乃指某一历史场合为其自身需要而对过去的挑选与重新叙述。"文化包袱"亦是如此,见氏著《历史学家的经线》更新版,中信出版集团 2015 年版,第 3 页。

（二）思想界或理论界从哲学的高度进行文化的解读

这一类的解读是从文化学本身出发，可以依据历史学，依据人类学、社会学田野调查，但最终关注的是绝对的精神层面。对人类的文化现象进行了抽象的归纳与演绎，最终得出文化的基本理论。这种理论是真正关于文化学的，类似"放之四海而皆准"的真理，希望可以借以对人类各个地域、各个时期、各个内容的文化进行科学的分析。

第一，提炼为文化。殷海光曾经说过，研究中国文化的人或以历史与文化相连，或以道统、理学解释文化，①这就是从中国文化的发展中提炼出的"文化"概念，如以此解，则文化为"大一统"、为"正统观"、为"三从四德"等。还有一种更为精到的提炼，就是辜鸿铭说的，"我所指的中国人的精神，是中国人赖以生存之物，是本民族固有的心态、性情、情操。这种民族精神使之有别于其他任何民族，特别是有别于现代的欧美人。将我们的论题定为中国式的人（Chinese type of humanity），或简明扼要地称之为'真正的中国人'，这样或许能更准确地表达我所说的含义"②。美国的文化批评家萨义德说：

> 如马修·阿诺德（Arnold Mstthew）在 19 世纪 60 年代所说，文化这个概念很微妙地包含了一种使人美好、高尚的东西，每个社会中被认为是最优秀的因素。阿诺德认为，文化如果不能使一种现代的、具有侵害性、商业性和野蛮的城市生存状态消失的话，至少也能使之减弱。一个人阅读莎士比亚和但丁，是为了获取人类优秀的遗产，也为了了解自己、同胞、社会和传统中最美好的东西。在某一个时候，文化积极地与民族或国家联系在一起，从而有了"我们"和"他们"的区别，而且时常是带有一定程度的排外主义。文化这时就成为身份的来源，而且火药味十足，正如我们在最近的文化和传统的"回归"中所看到的。③

---

① 殷海光：《中国文化的展望》，上海三联书店 2002 年版，第 26 页。
② 辜鸿铭著，黄兴涛、宋小庆译：《中国人的精神》，海南出版社 1996 年版，第 29—30 页。
③ ［美］爱德华·W·萨义德著，李琨译，《文化与帝国主义》，生活·读书·新知三联书店 2003 年版，第 3—4 页。

文化就是这样被提炼出来的,或从社会中,或从文学中,还可能是从"需要"中。

第二,表现为文化。就是任何的历史现象或者社会现象都归因为文化,以文化为最终的解释,文化成为最显著的表征。例如,民族间的差异与区别可以表现为文化,这样民族文化的含义就广泛了许多。陈序经在谈到匈奴与塞人不同之时说道:"匈奴与塞人二者所占之土地较广,历史上的地位又均较重要。在地理位置上,一在东,一在西。距离虽远而相同处却很多,这说明二者足以代表游牧民族的文化。二者于文化上相同处既如此之多,则究竟是由前者传播到后者,还是后者传播到前者?"他讲到文化的相互影响问题,匈奴与塞人不仅相同之处在于文化,而且之间的差异也是由文化传播形成的。紧接着他又从时间、文化特征以及婚制上论述了二者的不同。①

此外还有,就是成败亦表现为文化。这里说的成败不只是民族意义上的,也有国家或政权的成败,但这些成败最后都归结为文化的解释。无论这样的解释能否揭示答案的全部,但至少是一种探寻的路径。成败是生物意义上存在的一种状态,决定着一种开始与另外一种终结。鸦片战争之后,中国人都在思考一个问题:为什么中国打不过西方? 各方的声音都有,有的认为是武器不如人家,有的认为是教育上的落后,有的则坚信是政治制度出了问题,纷纷拿出了对策,而更多的则是将目光投向了文化的层面。更深入的思考则是,"但从两种文化碰撞与冲突的角度来看,人们自然会思考这样一个问题:作为传统儒家文化的主要体现者,中国近代的正统士大夫是怎样认识、理解和对待西方资本主义文明的?他们为什么不能成功地应付来自西方文化的挑战?他们应付过程的种种失败,对民族危机的形成和发展,究竟产生什么样的影响? "②关于此问题的探究,从鸦片战争一直延续到了民国初年,出现了新文化运动,文化的探究也一直在延续,问题更为深入,视野也更加广阔,这也是近代以来第一次出现文化热。人们希望从文化中找

---

① 陈序经:《匈奴史稿》,中国人民大学出版社 2007 年版,第 158—159 页。
② 萧功秦:《儒家文化的困境:近代士大夫与中西文化的碰撞·序言》,广西师范大学出版社 2006 年版。

出中国之所以被动挨打的原因。

此外,先进、落后亦表现为文化。从民族与国家平等的角度讲,文化不讲优劣,其实优劣在一定程度上代表着先进与落后。陈垣在研究元代西域人华化的问题时,说过:"既限于元西域、故蒙古、契丹、女直诸族不与,亦以蒙古等文化幼稚,其同化华族不奇,若日本、高丽、琉球、安南诸邦,则又袭用华人文字制度已久,其华化亦不奇。惟畏兀儿、突厥、波斯、大食、叙利亚等国,本有文字,本有宗教,畏兀儿外,西亚诸国去中国尤远,非东南诸国比,然一旦入居华地,亦改从华俗,且于文章学术有声焉,是真前此所未闻,而为元所独也。"[1]就民族而言,文化的先进与否决定了能否生存,或者决定了在族际的交流中立于不败之地。梁漱溟就说过:

> 我们所看见的几乎世界上完全是西方化的世界,欧美等国完全是西方文化的领域,固然不须说了。就是东方各国,凡能领受接纳西方文化而又能运用的,方能使他的民族、国家站得住;凡来不及领受接纳西方化的,即被西方化的强力所占领。前一种的国家,例如日本,因为领受接纳西方文化,故能维持其国家之存在,并且能很强胜的立在世界上;后一种的国家,例如印度、朝鲜、安南、缅甸都是没有来得及去采用西方化,结果遂为西方化的强力所占领。而唯一东方化发源地的中国也为西方化所压迫,差不多西方化撞进门来已竟好几十年,使秉受东方化很久的中国人,也不能不改变生活,采用西方化。几乎我们现在的生活无论精神方面,社会方面和物质方面,都充满了西方化,这是无法否认的。[2]

梁漱溟不就中国、西方而论,将整个人类文化分为东方文化、西方文化进行论述。很显然,梁氏认为西方文化先进,而东方文化落后,于是领受了先进文化的

---

[1] 陈垣:《元西域人华化考》,上海古籍出版社2000年版,第2页。
[2] 梁漱溟讲演,陈政、罗常培编录:《东西文化及其哲学》,商务印书馆1930年版,第3—4页。

地域、国家则会强盛、会立得住，而没有及时领受的，则会备受西方之压迫，甚至坚船利炮的侵略。

第三，作用为文化。这需要从文化的关注以及文化功用去考察。文化应该如何被关注？是在文化非常显著的地方，也就是文化有了突破，显示出了文化的力量，这样文化才会被关注。那么文化的价值与意义如何体现，就是文化的功用问题。文化的功用在于文化内容的社会展示，就是成为社会观察点，可以成为与他者文化比较的对象。

李亦园长期从事人类学研究，他发现人类学研究必须借重于田野调查，而这一方法可以了解"当地人的观点"，进而与西方视角下的现象做一对比，"如西方人看中国的祭神，总觉得中国的宗教以食品来贿赂神明的作法很现实而俗气，但是从中国文化的脉络来；理解看，却可以发现所谓的祭品，对中国人而言，其功用不是现实的贿赂，而是表达我们对超自然世界秩序的一种手段"①。李亦园摘出的是祭神这一显示文化功用的现象或者内容，同时也可以看出不同文化背景下的不同解读。

我们可以来看中西文化视角或者文化研究视角下对于"巫术"的明显不同的定义与解读，一位是法国的人类学家马塞尔·莫斯（Marcel Mauss），还有一位是中国的学者宋兆麟。莫斯这样说道：

> 于是，我们可以暂给巫术现象下一个比较恰当的定义。跟任何有组织的教派无关的仪式都是巫术仪式——它是私人性、隐秘的、神秘的，与受禁的仪式相近。在这个定义的基础上，再把我们已经提到的巫术的其他要素加进来，我们就会得到其特殊性质的第一条线索。值得注意的是，我们并没有用巫术仪式的结构来定义巫术，而是用巫术仪式得以施展的环境来定义它，这些环境决定了巫术在社会习俗的总体当中所占的位置。②

---

① 李亦园：《人类的视野》，上海文艺出版社 1996 年版，第 13 页。
② ［法］马塞尔·莫斯、昂利·于贝尔著，杨渝东、梁永佳、赵丙祥译：《巫术的一般理论　献祭的性质与功能》，广西师范大学出版社 2007 年版，第 33 页。

莫斯是在与宗教仪式的比较中讨论巫术的,认为具有私人性、隐秘性、神秘性。而宋兆麟是这样认为的:

> 巫术是史前人类或巫师一种信仰和行为的总和,是一种信仰的技术和方法,是施巫者认为凭借自己的想象,利用直接或间接的方式和方法,可影响、控制客观事物和其他人行为的巫教形式。

他接下来指出了巫术的五大特点:

> 第一,巫术都有一定的目的。
>
> 第二,绝大部分巫术都有一定的仪式或反映形式。
>
> 第三,巫术一般都配合一定的口头巫辞。
>
> 第四,巫术必有主持人。
>
> 第五,巫术的目的在于影响和改变客观事物。[1]

我们可以看出,两位学者对巫术的分析完全不一样。莫斯几乎没有价值与意义判断,而宋兆麟则具有更多的哲学分析意味。二者各有千秋,结合起来则更为完美。王明珂在谈到羌族文化展演时,提到了"端公"[2],可见,"端公"的巫术在文化展演中对羌族历史记忆进行了选择,而有了新的诠释,"借此展现羌族认同,及

---

[1] 宋兆麟:《巫与祭司》,商务印书馆2013年版,第203—204页。

[2] 关于"端公",王明珂虽然没有将其明确定位为"巫术"的范畴,但是他在解释"毒药猫"不是女人巫术传统的时,做了如下注释:"相反地,在当地男人中却存在一些传统的咒语、巫术,那便是端公与做索子的人。前者是羌族宗教信仰、生命祭仪的主事者,驱邪去灾除病的专家,以及神话、历史的讲述与诠释者;后者则是设陷阱并辅以巫术(如黑山法)捕猎的猎者。他们中都有一些巫术与咒语师徒相传。"见王明珂《羌在汉藏之间——川西羌族的历史人类学研究》,中华书局2008年版,第95页。

羌族与其他民族间的区分"①。

（三）他者目光中的文化评判

上文用了大量的笔墨，引用了大量的资料来说明晚清民国时期来华的西人对中国的印象、对中国文化的感觉，目的是想通过异域的目光或者是带有色眼镜的目光来展现中国文化的某些方面或者因素，使得我们这些"庐山人"能有机会重新审视这些折射过来的文化光线，不再盲目地觉得祖先的文化无端地"源远流长"，对自己赖以生存的文化认识"科学"一些，也可以捕捉到平常不太注意的地方。

第一，文化是一种宗教。在西人看来，文化是可以从宗教的角度来加以区别的。来华西人无论是传教士或者是专家学者，皆是如此，用宗教的目光审视一切，用宗教的标准来评判一切。

这样，文化总是不一样的。文化本身就意味着差别，没有差别的文化是不存在的，也没有两种完全相同的文化存在。如很多学者都谈到"儒家文化圈"，可细究起来，它和新加坡、马来西亚、中国大陆、中国台湾诸文化中的"儒家"一样吗？一定不一样。杜维明就谈到儒家是跨文化的，他说："理解跨文化的儒家，需要观察者带着开放的心态，而不是局限于一种固定的角度，或者陷入到某种不自觉的地方主义之中。从历史上看，儒学不仅仅是曲阜的地方文化，也不仅仅为中原文明，儒学也属于整个汉字文化圈，属于东亚文明。在日本，在韩国，在越南，儒学都有很大的影响，而且都有自己的特色，自己的发展。"②跨文化，就是儒家被地方化了。2014年我到香港岭南大学讲学，时至清明节，我发现街道边有大铁桶和铁槽，观察了一会儿才发现，铁桶是用来烧纸的，而铁槽是用来上香的。这就是儒学的地方化，其实还不仅仅是地方化，而是高度现代化下的儒家礼制的留存，至于留存的形式肯定会发生变化。所以这样看来，文化是有差别，但是文化不一定就在差别中贴上了优与劣的标签，烧纸上香就是落后的？鞠躬花环就是先进的？故

---

① 王明珂：《羌在汉藏之间——川西羌族的历史人类学研究》，中华书局 2008 年版，第 302 页。
② 杜维明：《二十一世纪的儒学》，中华书局 2014 年版，第 5 页。

而,是真的要反思我们关于历史上的一些认识和结论了,事实并没有那么简单,也不是理论也论断一切问题的。在这方面,史学研究应该向人类学学习。

那么,有宗教的文化与没有宗教(没有主导性)的文化有什么不一样呢? 这也是使得欧洲人最有优越感的地方。有宗教信仰,就意味着有着道德的绝对控制:

> 人类的宗教信仰可包含两个不同的层次:第一个层次是较属于观念的层次,那就是探寻如生死问题、人生意义、宇宙存在的终极关系,以及伦理道德、社会正义等相关的问题;第二层次则是较具体的层次,那就是涉及我们信仰的超自然对象如神明、上帝等等以及其与信仰者相关互动关系。在人类宗教信仰的这两个层次上,属于观念层次的终极意义、终极关怀追寻,在无文字的社会中,可以借传说、神话、口语文学甚或符咒等形式,而在文明社会中则更借教义、经典、戒律种种,用以导引、解答、满足人们对人生、宇宙、存在与道德意义等问题的困惑,这是无论原始或文明的宗教都或多或少具备的因素,否则就难于成为一种宗教信仰。①

西人眼中中国人的宗教就属于非文明社会的信仰,麦高温就观察到:"实际上,中国人日常一般的信仰就是崇拜神像,这种信仰既纯粹又朴素。无疑,掩藏在中国人内心最深处的是对祖先的崇拜,然而这种崇拜过于深奥也不太具体……"②麦高温就发现了中国人信仰的是祖先,是完全的祖先崇拜。罗伯茨教授也说:"从某种意义上说,在中国,所有的人都是儒教徒,或者说都是道教徒……佛教徒。……这个现象或许根源于对这几种宗教的缺陷的认识。人民群众迷信他们所熟悉的诸种教义和他们崇拜的神灵的威力,这使他们接受所有神灵和教派,以便当某一种不灵时,可以转而依靠另一个。他们好像溺水者,只要力所

---

① 李亦园:《宗教与神话》,广西师范大学出版社 2004 年版,第 80—81 页。
② [英]麦高温著,朱涛、倪静译:《中国人生活的明与暗》,中华书局 2006 年版,第 100 页。

能及,就会抓住任何一根稻草。"①

所以,这些来华西人确实观察到了中国信仰最本质的东西,多宗教信仰的形式,祖先崇拜的核心,这也是欧洲人宗教视野下的比较得出的。论述至此,不能不感慨外国人的认识之深,也不能不佩服外国人细致入微的观察、分析能力。当然,为什么会有如此深刻、细微的体察呢? 我们不得不说,这些都是他们在刻意寻找中国宗教的过程中得到的,所以,几乎来华的西人的著作中都无一例外地谈论到中国的宗教,这一定是有着极明显的目的的结果。作为中国的学者,李亦园也有着类似的客观的认识:"其实我国传统的宗教信仰是一种复杂的混合体,其间固以佛道的教义为重要成分,但却包括许多佛道以外的仪式成分,例如民间信仰中的祖宗崇拜及其仪式,就是最古老的信仰成分,比道教教义的形成早很多,其他又如许多农业祭仪,也都与佛道无关,所以说我国民间宗教是融合了佛道以及更古老的许多传统信仰成分而成,因此我们无法像西方人称一民族的宗教为某某教一样来说明,只能称之为'民间信仰'吧。"②

第二,我们应该探究他们这些观察和分析底下的隐藏,发现更有价值的东西,以帮助我们更清楚地认识自己的文化,虽然"认识"或"认清"是一个有可能永远达不到的目标。

在西方人论中国文化的这些人中,很明显有两类人,一类是蜻蜓点水式的,来华时间较短,大约是 10 年以下;另一类是生活时间较长的,大约是 10 年以上。(初步统计:麦高温在华 50 年,立德夫人在华 20 年,美魏茶牧师在华 14 年,斯卡思在华 8 年,科勃尔德牧师在华 8 年,道森在华半年,明恩溥在华 50 年,何天爵在华 17 年。)可是罗斯教授这样说:"那些对中国的情况了如指掌的人肯定会这样认为:在中国,任何一位西方人仅仅通过 6 个月艰辛的旅行与采访是不可能了解中国人的。一位高级工程师说:'我在这儿生活了 30 年,但住得越久

① [英]约·罗伯茨著,蒋重跃、刘林海译:《十九世纪西方人眼中的中国》,中华书局 2006 年版,第 34—35 页。
② 李亦园:《宗教与神话》,广西师范大学出版社 2004 年版,第 115 页。

越觉得不了解这儿的人们。'一位商人说:'我原以为在这儿生活几年后,会了解他们的,但生活得越久越觉得他们不可理解。'"①如此看来,对于外国人来讲,要了解异域文化的第一条件就是要亲自实地去生活、去观察,不可纸上谈兵。我们必须要肯定,时间长短可以对了解情况会有所帮助,但确实是不可或缺的条件,也不是决定性的因素。

但无论如何,谁若试图了解一种文化,谁就会有"初来乍到"的感觉,随着生活的长久,就会或深或浅浸透其中,那感觉就与初来乍到的"文化涟漪"的时刻完全不同了,更期冀探究微妙的中国人灵魂深处的文化因子,如面子、风水、祖先崇拜等,更注意仪式背后潜藏的意义,如明恩溥在《基督之王》中谈到的对中国的认识,"在中国,贫穷从不被认为是一件羞耻之事乃一个重要的事实",认为贫穷"甚至是了解中国的一把关键钥匙"。②作为外国人,能理解到如此之深,真的需要特别的文化交流素质。传统文化中关于贫富,确实有很多模糊的认识,如可以"羡富",亦可"嫉富",乃至于"杀富",但对于"贫",常常曰"安贫乐道",却从未鼓励、提倡过"脱贫"。

其实,"文化涟漪"形成的印象并不见得就比"文化浸透"的肤浅。初次相见的感觉,是有最强烈的触碰产生的,可以迸发出最本真、最直接的文化气息,这气息是相投还是相悖,会一下子就知道结果,就会决定下一步的认识和行动了。的确,"文化涟漪"感受到的更多是表面、仪式类的存在,但这些存在会影响我们之后对此文化整体的判断:

> 当我们形成对别人的印象时,首因效应就发生了。因为我们最初所了解的情况首先将我们的注意力引向了某种新的信息,其次会影响我们对所知新事实的理解。其结果就是我们不能以一种不带偏见的、全面的方式来

---

① [美]E.A.罗斯著,公茂虹、张皓译:《变化中的中国人·前言》,中华书局2006年版。
② 黄兴涛:《美国传教士明恩溥及其〈中国人的气质〉——一部"他者"之书的传播史与清末民国的"民族性改造"话语》,见[美]明恩溥著,佚名译,黄兴涛校注:《中国人的气质》,中华书局2006年版,第12页。

处理信息。我们已经存在的想法(不管是刻板印象还是仓促的第一印象)影响了我们怎样接近和处理新的信息(在这方面,我们对别人的看法更像我们对自己的看法。请记住,已经存在的自我判断会影响我们想听到的和愿意相信的信息)。①

人与人之间的关系,就是初步印象直接决定其后该不该交往、该如何交往,这是人际关系的必要条件。当人成为了不同文化的载体与表现者,那么其接触亦如同文化接触一般,初步印象就显得非常重要。人类社会的历史,其发展变化应该一如人之生命变化一般,有开始、幼年、青年、暮年直至生命的终结,也应该如人之生命绽放之时,有喜怒哀乐等情绪表现,可该如何定义历史的情绪,该如何进行研究呢？需要进一步地探索。

第三,文化交流的不同方式与目的。可以肯定地说,传统中国在与异域文化交流的过程中, 不同时期具备不同的交往形式,而且交往的内容与目的也不一致。可是有学者在研究中外关系时,将中外关系混同成了"中西关系",以为中西关系就可以代表一切,这明显是有问题的。中外之"中",在不同历史阶段就有不同的疆域、政权、人口,所以其"外"便也有了不同的解释,有可能是"西域",也有可能是"高丽",也可能是"琉球"。

在汉与西域的双向交流中,双方都获得了丰富的物质,而对于汉朝来讲,还获得了比物质更重要的观念,那就是对"天下""世界"的认识。②这时候,西域诸国对于汉朝而言就是"外国",西域人就是"外国人"。其实,这样的观念与认识一直到鸦片战争才彻底改变。从两汉年间的西域人到隋唐时期的西域人,直到近代西人入华,其间虽也有与印度、中亚、罗马等的往来,但影响甚微,都不足以影响中国人的对于"世界"的认识。直到鸦片战争爆发,中国人才明白了"世界",才有了

---

① [美]莎伦·布雷姆、罗兰·米勒、丹尼尔·珀尔曼、苏珊·坎贝尔著,郭辉、肖斌、刘煜译:《亲密关系》(第3版),人民邮电出版社2005年版,第93页。
② 张詠:《"天下"与"统一":汉与西域关系的再认识》,载于《宁夏社会科学》2013年第1期,第106—110页。

睁眼看世界的林则徐，才有了总理衙门的成立，这一切都说明了中国人真正认识到了什么是古代的"文化交流"，什么是近代的"国家外交"。可以想见，文化交流和外交其实就是个一民族或者一个国家的眼界与格局，有了什么样的眼界与格局，就会有什么样的内政民生。

古代中国的文化交流，犹如汉与西域，重在物质的交流，即使后来与日本的关系，也是日本向中国学习文化典籍，也不是反向的。无论物质还是精神文化，古代中国就是如此，皆认为是汉匈般的民族交往，皆认为是"榷场"边关贸易，这就是古代世界，抑或称之为"古典时代"。这看似不同的时代转换，看似有很多不同质地的因素存在，其实究竟不同在什么地方，还没有更好地研究清楚，如古代也有盟约、条约，为什么近代的条约却成了每一国家必须遵守的铁律？二者间应该不仅仅是时间、内容上的不同吧，不能简单地一句"时代变了"就应付了事。古代的文化交流，没有确定的目标，只是简单的贸易，而且是有明确生活需要的贸易，不以改变世界秩序为目的。近代则完全不然，以改变世界为目的，以欧洲的需要在重建世界秩序。这一过程到现在都没结束，持续了近 180 年之久。近代欧洲要建立一种什么样的世界秩序呢？我们谈论且承认更多的是"资本主义"和"殖民主义"，似乎这两个关键词可以解释一切。如果再进一步，则是"蒸汽机革命"和"工业的兴起"，从而导致全球市场的开拓，这就是近代中国遭遇欧洲列强的链条式解释。问题在于欧洲的市场需要一定满足不了其工业发展的速度与规模，而促使去海外寻找市场吗？而为什么开拓市场的方式一定是殖民主义呢？而建立殖民地则采取签订条约的形式？这一切不能单用经典作家的理论分析来回答，需要强有力的数据和合情合理的理由。还可以这样理解，以供讨论。就是我们夸大了近代的变革，认为比历史上任何一次变革都重要，而且完全不同。其实，商周鼎革，对于周代时的中国人也是特别重要，统治者换了，并且统治思想也发生了变化，以"礼"治天下。到了秦之统一，中国为之一新，也是重大变化。即使是明清易主，中国人的感受也是强烈之极。"戾气充斥"，"暴力传染"，"礼"流落民间，就如杨念群研究"江南"时谈及的那样，"其实，晚明到清初的转折可以说是全方位的，并非断取某个局部的思想和场景予以分析就能说明。'残山剩水'的哀思与描摹不仅是一种群体心理的悲情独吟，还可看作是物质文化层面发生巨大改变的心灵投射"①。陈寅恪何以费时十年撰写《柳如是别传》？其中一个非常重要的原因，就是他在书中更多地关注了明清嬗变、江山易主。这位史学大师的研究目光，值得我们深思，让我们重新审视明清之际的历史意义。我们研究自己的历史，也是设置了太多的局限。

我们刚才提到了，古代社会的文化交流（外交）的目的是互通有无，也就是物质交换，是为了生活需要，这其实也是一种"学习"，对于中国尤其如此。在学习中完成文化交流，完成自己世界观的认识。"学习"是古代文化交流的重要特点与模式。但是时至近代，目的发生了变化，方式随之亦变。翻检来华西人所著诸书，只有走马观花式的游览，指手画脚的评点，却丝毫不见"学习"的向往。可见，在近代欧洲人的眼中，世界除了他们，皆无可学习之地，也无可学习之处，拥有古老文明的中国也不例外。近代的文化交流中，外国人不想学习什么，是其文化交流的一大特点。

二、文化定义的分类：以韦政通的研究为基础

文化的定义有很多种，众说纷纭，不一而足。为了更确切文化的定义，由此产生了对目前出现的文化定义进行归类的方法。这样的定义归类，其实是理论研究与历史研究的重要方法，相近或相似的划归一类，有助于更清楚地认识研究对象。在此，我向读者介绍一些对文化的分类与界说，以及由此产生的讨论与分析。韦政通搜集了许多关于文化的定义，然后分门别类进行了整理，主要有以下几个方面：一是着重文化内容的定义，二是着重文化传承的定义，三是着重文化效用的定义，四是着重文化差异的定义，五是着重文化普遍性的定义。②下面我们逐一来看：

---

① 杨念群：《何处是"江南"？——清朝正统观的确立与士林精神世界的变异》，生活·读书·新知三联书店 2010 年版，第 36 页。
② 参阅韦政通：《中国文化概论·绪论》有关内容，岳麓书社 2003 年版。此部分中的文化定义与文化分类皆引自此书，不再注明。

（一）着重文化内容的定义

韦政通在进行这样的分类时，所用的资料都是转引自美国人类学家克鲁伯（A.L.Kroeber）和克罗孔（Clyde Kluckhon）合著的《文化，关于概念和定义的检讨》（*Culture,A Critical Review of Concepts and Definition*）一书，①但是没有表明诸位定义者的国籍与学术身份，这给使用者带来了极大的不便。

关于着重文化内容的定义，就是文化由那些方面或者部分组成。英国人类学家爱德华·泰勒（Edward Burnett Tylor）在《原始文化》中最早提出人类学是研究"文化的科学"，他认为："文化，就其在民族志中的广义而言，是个复合的整体，它包含知识、信仰、艺术、道德、法律、习俗和个人作为社会成员所必需的其他能力及习惯。"②此定义中有两个方面，一是人的社会性，二是社会的内容，其说举的知识、信仰、艺术、道德、法律、习俗等皆为社会内容，而且是社会成为社会的必需。而美国人类学家克罗孔则认为：

> 当着我们把一般的文化看做一个叙述的概念时，意即人类创造所累积起来的宝藏：书籍、绘画、建筑等。除此以外，还有我们适应人事和自然环境的知识、语言、风俗、成套的礼仪、伦理、宗教和道德，都在文化的范围之内。③

与泰勒相比，克罗孔的定义则明显减少了"法律"一项，这一点我倒是更倾向于克罗孔。文化是人的自由意志产生的结果，而法律则不然，其产生是为了限制、惩罚人的行为，是权力维护的需要，也是小众对大众的控制，与文化之基本自由精神完全相悖。英国哲学家霍布斯就如此定义法律，"国内法律约束所有臣民，那些规则是由政治实体通过命令、文件或充分表现意志的其他东西发命于他的，用以区分正当与不正当；也就是说，什么违反规则，什么不违反规则"④。法律与权

---

① 见韦政通：《中国文化概论》，岳麓书社2003年版，第20页。

② ［英］爱德华·泰勒著，连树声译：《原始文化》，广西师范大学出版社2005年版，第1页。

③ 转引自韦政通：《中国文化概论》，岳麓书社2003年版，第2页。

④ ［英］霍布斯著，黎思复、黎廷弼译：《利维坦》，商务印书馆1995年版，第216页。

力、统治、命令等相连用，具备了更多的意志意味。

但是英国文化功能学派的马凌诺斯基则强调了文化的真正单位——社会制度，他说："制度显然是混合着多种功能的。事实上，我们早已见到制度的综合性质。因为文化的迫力总是彼此相依相联的。生殖现象——特别是关于母性方面——便引到吸乳和抚养等的事实。由这些事实所造成的亲密生活，又势必产生经济合作、家中威权及法律规定。"①在这里马老师的"法律"与吸乳、抚养等生殖现象相联，更多指向了自然法。但是在《自由与文明》中，马老师专门讨论了文化与法律之间的关系，他肯定了文化与自由的关系，承认自由对于文化的产生有着极大的作用，但是无拘无束的自由则显得天真而没有意义，"相较之父母的权威，同伴的权威常常会更加迅速而直接地表达出来，从另外一个方面再次确认必须遵守社会律法才能享受社会意义上的自由"②。

殷海光在《中国文化的展望》中了列举了一些文化的定义，但比较可惜的是，他和韦政通依据的都是同样的书，其中提到了赫尔柯维兹（Herskovitsde）的定义：

> 文化根本就是一种造型。我们借着这种造型来记述全部的信仰、行为、知识、制裁、价值，以及那标志任何民族的特殊生活方式之目的。这也就是说，虽然文化可作客观的研究，但毕竟是一般人所有的资产，是他们所做的事情，以及他们所想的念头。③

请注意这一定义中的一个内容——"制裁"，极有可能指的就是法律和战争。现在再来讨论法律和战争到底能不能包括在文化的内容里？ 传统中国的法律是自有特色的：

① ［英］马凌诺斯基著，费孝通译：《文化论》，华夏出版社 2002 年版，第 101—102 页。
② ［英］布劳尼斯娄·马林诺夫斯基著，张帆译：《自由与文明》，世界图书出版公司 2009 年版，第 119 页。
③ 殷海光：《中国文化的展望》，上海三联书店 2002 年版，第 30 页。

　　"情理法兼顾"或"合情合理合法"，这两个常用语正表达着一个十足的古代中国式的观念：情、理、法三者合起来，通盘考虑，消除互相冲突处，才是理想的、真正的法律，才是我们判断人们的行为是非善恶、应否负法律责任的最根本的依据。单是三者中的任何一者，是不可以作为完整意义上的法的。此即三位一体。[1]

　　这就是传统中国法律的特色，不仅仅是法律条文，还有情和理在其中，而近代意义的法律则强调"法律面前人人平等"，不再有"替代"与"隐匿"，排除了"礼"与"亲属"入法。既然每个民族的法律各自不同，呈现特色，那么就是民族文化的表现了，也就是一种民族的特殊生活方式。可见，法律也在文化之中。

　　那么，文化应该包含哪些内容呢？应该是具有民族特色的创造，可以是物质的，可以是精神层面的，物质的亦可以体现其精神审美与心理情趣。还必须注意，还必须包含人类基本情感的，如同情、善良、嫉妒、仇恨等，应该还有一定的价值判断，如反面的文化是要批判的，如沙文主义等。

　　(二)着重文化效用的定义

　　这一定义重在揭示文化的作用，就是文化可以达到什么样的效果。有文化和没有文化的区别就在于此。此定义是对文化的意义的判断，需要考察民族的演进与社会的构成。但是，判断的标准是什么呢？人类的普世价值？还是文化中人自己的感受呢？文化个中之味，其实他者真的是无法体会其中微妙的，如上文中已经提到过的中国人的"面子"问题。外国人来到中国后都知道要给面子，但是只知其一，不知其二，中国人有时候讲究不给"面子"。"给不给面子"就是中国文化的微妙之处。我们继续来看文化的定义。

　　美国人类学家克鲁伯(Kroeber)说：

---

[1] 范忠信、郑定、詹学农：《情理法与中国人》，北京大学出版社 2011 年修订版，第 24 页。

文化是人类在宇宙间特有的性质……文化同时是社会人的全部产品，而且也是影响社会与个人的极大力量。

史谟勒（Small）说：

文化是机械的、心灵的，和道德的技术之全部装备。在某一时期，人用这些技术来达到他们的目标。文化系由人借以增进其个人或社会目标的方法构成的。

潘伦齐阿（Panunzio）说：

文化是一种创造型模的秩序。文化也是概念系统与效用、组织、技巧和工具之复合的全体。人类借着这复合的全体，可以处理物理的、生物的以及人性的因素，来满足自己的需要。

福尔特（C.S.Ford）说：

简单地说，文化是由学习得来的解决问题的方式所构成的。

其实韦政通引用的大部分是人类学家对于文化的定义，所以我们在阅读这些定义的时候，同时还要思考之前讨论过的史学家、思想家等关于文化的定义，想想之间有什么不同。文化的定义清楚了，文化自然也就有了一定的模样，然后再去探究中国文化史，那就有的放矢了。

仔细研读美国学者的这些定义，不外乎三个角度：一是从文化的影响来看文化，二是从手段的处理来看文化，三是从满足的角度看文化。影响、处理、满足都是文化的效用，就是文化能够做什么。其实文化的效用，只能是认识文化的一种途径，并不能完全算作文化的定义。

先看"影响"。一民族文化形成乃至成熟之后,最大的影响在于本民族的人的全部涵化,就是首先也是最关键的影响,影响这一文化的载体——人,会影响到人的情感、心理、审美,乃至于生活心理与民族习惯的养成、表现,还会影响到对本民族的人作为人的基本特性的认识。兹举两个体质人类学的例子进行说明。

大多中国人的门齿都会有凹槽,俗语称为"瓜子牙",意思是常年嗑瓜子形成的结果。这一现象至今没有得到人类学的重视,故而也没有得到解释。这一现象如果在一两个人身上发生,不足为奇,也不值得研究,可是当"瓜子牙"成为大部分中国人的体质特征的时候,就有研究的价值了。经过我大略而初步的观察、分析,这一现象主要出现在 20 世纪 60 年代、70 年代、80 年代出生的人身上(更早出生的人没有机会观察到)。这是为什么呢?这几个年代有一个共同的社会现象,就是"嗑瓜子"成为了一种社会行为,所以导致了"瓜子牙"大面积的出现,这就与当时中国的生活用品的生产与供应有着密切的关系。

还有一个例子。2003 年的时候,我参加宁夏大学举办的一位美国历史学者的座谈会,这位学者做完学术报告之后,主持人请大家提问,进行互动。当主持人点名让我提问时,我提了这样一个问题:中国人生下来后屁股上都有一块青色的胎记,不知道美国人生下来有没有?或许问题涉及身体的某一部位,不好翻译,总之这位美国学者没有回答,倒是引起了在场的中国师生的兴趣,顿时会场兴致盎然,大谈特谈。其实,我的提问是非常严肃的学术问题。其一,不能说成"臀部",更不能翻译成"buttock",只能说成"屁股",因为是婴儿。其二,为何说是非常严肃的学术问题呢? 李亦园这样说过,"蒙古青斑(Sacral spot)是中国婴孩身上常可见到的'胎记',长大之后即会消失。出现部位多在臀部靠近尾椎的地方,色呈蓝黑"[1]。

以上的例子就是为了说明文化对于民族自身的认识的影响,"瓜子牙"可以成为解读一个时代中国社会的钥匙,"蒙古青斑"成为识别中国人的标记。

再来看"处理"。借助于一种文化的力量,可以处理一些问题与事务,不过处

---

① 李亦园:《人类的视野》,上海文艺出版社 1996 年版,第 57 页。

理的手段与方法与其他文化民族相比,要特别一些,其实更多的是表现在"关系"的处理上,因为人类社会最重要的就是"人际关系",于是文化的特别之处也表现在了"关系"上。林语堂写过一部探究中国人民族性的著作《吾国与吾民》,其中举了十五项中国人的特征,依次为稳健、淳朴、爱好自然、忍耐、无可无不可、老猾俏皮、生殖力高、勤勉、俭约、爱好家庭生活、和平、知足、幽默、保守、好色。①之后,林语堂又谈到了中国人一种集大成的特性:

> 但上述一切性质都可以统括起来包容于"圆熟"一个名词里头。……一个老大民族的古老文化,才知道人生的真价值,而不复虚荣以争取不可达到之目的。……所谓"圆熟"是一种特殊环境的产物。……但是中国人的"圆熟"非自书本中得来,而出自社会环境,这个社会见了少年人的盛气热情,会笑出鼻涕。中国人有一种轻视少年热情的根性,也轻视改革社会的新企图。②

"圆熟"作为中国人的文化处理方式,确实不好理解,就像我之前说过的"给面子"与"不给面子",给谁面子? 什么情况下给面子? 那都是有讲究的,也是"圆熟"的最典型的体现。

林语堂提到的"和平""忍耐""爱好家庭生活",也是一种人际关系——邻里关系的处理方式,要以"和"为贵,要邻居和睦相处。《朱子家训》就说:"见穷苦亲邻,须加温恤。"古代中国极其看重邻里关系,将其视为最重要的人际关系,因为涉及"乡评公论"。推及国际事务的处理,也体现了中国文化的这一主旨,"以邻为善,以邻为伴"。在国际社会交往中,"中华文化中倡导的'中庸'、'和为贵'等思想势必为推进全球文明体系内的对话与和谐提供新的认识角度,奠定必要的思想基础"③。运用"中庸"来处理国际事务,确实体现了中国文化最核心的部分,"中

---

① ② 林语堂:《吾国与吾民》,陕西师范大学出版社 2002 年版,第 28、29—30 页。
③ 俞新天等:《国际体系中的中国角色》,中国大百科全书出版社 2008 年版,第 18—20 页。

庸是儒家在修身养性、齐家治国方面的最核心的原则;我们甚至可以以之为方法来认识世界本体"①。

一位朋友去东南亚某国待了几个月,从香港转道回大陆的时候,在海关见到了五星红旗,他说在看到国旗的一瞬间,禁不住泪如雨下。他在给我讲述的时候,仍然是滴下泪来。我当时也被深深地打动了。为什么会这样? 作为国旗的五星红旗,代表了什么? 为何会有如此之大的感召力? 在境内外的穿梭中,国旗就是中国,就代表了中国文化,当看到过期那一刻,心中的文化感情被国旗激活了,瞬间文化象征或文化符号与文化内在相融相生,就产生了文化激荡。这就是文化的满足。

文化满足,是指文化满足了情感,尤其是民族情感,如刚才谈到的触景生情,还有如香港主权交接仪式上,中国人望着冉冉升起的国旗,也是热泪盈眶。此时的文化满足是一种归属,是传统文化深层的情感的回归。中国人的"衣锦还乡""故地重游""叶落归根"皆是如此,尤其叶落归根,具有很强的代表性。改革开放之后,海外华人纷纷回国投资,目的非常明确,就是为祖国发展贡献自己的一份微薄之力。相较之下,印度人回国投资的就少,这也是印度人不明白的地方,其实与中国的传统文化情结密切相关。任大援教授是这样说的:

> 中国文化的强大生命力还表现在它具有历久弥坚的凝聚力。这种凝聚力具体表现为文化心理的自我认同感和超地域、超国界的文化群体归属感。……正因为如此,直到今天,数以千万计浪迹天涯的华侨华裔,有的已在异国他邦生儿育女,传宗接代,但他们的文化脐带,仍然与中华母亲血肉相依,在他们的意识与潜意识中,一刻也未曾忘记自己是中华儿女,炎黄子孙。②

至于中国文化中故乡情结的形成,有两大历史来源:一是血脉延续,家族庞

---

① 庞朴:《中国文化十一讲》,中华书局 2008 年版,第 133 页。
② 张岱年、方克立主编:《中国文化概论》,北京师范大学出版社 1994 年版,第 354—355 页。

大,家国一体,由此形成的故土依恋;二是农业立国,日出而作,日落而息,对土地产生了感情,安土重迁,由此依恋故土,依恋家乡。

(三)着重文化传承的定义

韦政通列举了洛维、萨皮尔、梅德、雅各斯和史特恩的定义,只有一个中心词,就是"传承",意即文化是代代相传形成的,也就是我们中国文化中的"文化传统"的概念,关于此,后文还要专门谈及。

我们在说了这么多的文化的定义,目的也是使文化更明晰,我想到了有清一代的大学者章学诚说过的话,"《易》曰:'仁者见之谓之仁,智者见之谓之智,百姓日用也不知。'然而不知道而道存,见谓道而道亡。大道之隐也,不隐于庸愚,而隐于贤智之伦者纷纷有见也"①。也就是说,能够提出文化定义的人,虽不见得都是贤智之人,可肯定是在此方面有所思有所想,仁者见仁,智者见智,然后见山见水,始见真面目。

没有人可以一句话说尽了"文化",也不可能有一个人一个定义就道清了"文化"。我们继续讨论文化传承的问题。文化传承是每一个民族经历了多少代的传递之后回过头看的时候,才发现沉淀了一些物质,而这些物质恰恰就是构成文化的最主要的特质,于是传承就形成了。传承的是什么呢? 就是"统"。《说文》:"统,纪也。"就是丝的头绪,就是一脉相承,就是有源头、有发展。

文化传承需要一些条件做支撑,首要的是民族的延续,而且是血脉不断的延续。这一点非常重要,无此妄谈传承。世界历史中,有多少民族灿烂过,辉煌过,但犹如昙花一现,很快就消失了,这样的民族传承了很短的时间,但是可惜没有传承至今。中国文化在其中独树一帜,如果以历史学算起,就有近五千年的文化了。《史记》是从五帝记起,一直到《清史稿》帝制终结,绵延不尽。在谈及此问题时,卜宪群这样说:

中国是远古人类起源的重要地区, 中华文明是人类最古老的文明之

---

① [清]章学诚:《文史通义》卷二《内篇二·原道中》,上海世纪出版集团 2008 年版,第39页。

一。黄河流域、长江流域、珠江流域、辽河流域和北方草原文化区,都是中华文明的摇篮。中华文明多元一体,源远流长。早期文明形成于龙山时代,其后生生不已地发展与传承,从未中断,至今已有五千多年的历史。考古发现证明,中华文明的起源具有本土性、多元性,展现出自身道路的特点与风格。①

民国史家王桐龄感慨道:"虽此等土地屡易国主,为中国几经革命易世应有之现象;而其间犹有通古今之汉文化,能流传至于今日,不可谓非一大奇迹也!"②王氏所谓之汉文化,实为中国文化之代称也。

其实在说血脉延续时,还有一至关重要的问题,那就是中国人的起源与延续问题,之前略有谈及,在此只需重申即可。血脉延续,首先必须要中国人的起源是自本自根,就是本土起源,而非外来人种,然后才可以谈到"血脉延续"。人类学家李亦园这样回答:

历史时代的中国,显然有很多次民族的大混合,其间应该有不少的体质变迁。不过根据专家们的意见,从新石器时代中期以后,中国人的基本体质特征就一直延续到现代,例如著有《华北人的体质》一书的许文生博士(Paul Stevenson),以及研究新石器时代人骨遗骸的步达生氏(Davidson Black)都有这样的意见。哈佛大学虎藤(E.Hotton)教授以及孔恩教授曾提出现代蒙古种人的体质特征,包括八个主要特点及五个次要点,这也正是中国人的基本形象所在。③

文化传承的另一个条件就是知识的传承,是指在这一民族内所起源的哲学、

① 中国社会科学院历史研究所《简明中国历史读本》编写组:《简明中国历史读本·绪论 中国历史的发展道路》,中国社会科学出版社 2012 年版,第 1 页。
② 王桐龄:《中国史》,江西人民出版社 2008 年版,第 1 页。
③ 李亦园:《人类的视野》,上海文艺出版社 1996 年版,第 56 页。

历史、文学、艺术、科学等门类的延续,是这一民族的人以供认识世界、分析世界的武器。这也是世界上各民族、各人群的区别所在,已成为共识:

> 各地人群,除了谋求生活之外,总会对自身所处的宇宙及宇宙中其他人群与自身的关系充满疑问,不断探寻其存在的意义及价值,提出这些超越于求生的问题——期待突破浑浑噩噩的生活,开创文明。各地人群各有其提问的方向,因此决定了其解答的可能范围。①

各民族对于自我生存的世界、生存的空间以及星空产生了疑问,这个世界是什么?提出了一些本源问题,在此问题的促使下,积极寻求答案,并由此形成了一整套的知识体系,随着时间的延续,这套体系不断地得到完善。如古希腊与中国先秦时期对此问题探究也是如此,并形成了完全不同的体系。古希腊知识的开端是哲学,是从哲学的角度去思考问题并且进行实践,苏格拉底之死就是最典型的例子。苏格拉底被控犯有教唆青年罪,他的朋友劝其逃跑,但是苏格拉底甘愿赴死,为了证明自己的清白,更为重要的是他觉得应该遵守城邦的法律,可见他对于法律的看重。②与苏格拉底不一样,春秋时期的孔子,在周游列国时遭遇了多次危险局面,如在匡地的围困事件就很极端,但是在这样的危机面前,孔子选择的不是面对,而是逃脱。韦政通曾经总结了苏格拉底和孔子的六点相同和四点不同之处,其中第二点不同是说孔子是一救世的人物,苏氏则是一爱智者,第三点不同则是孔子重反省,以求生活的合理性,苏氏重定义,以求思想或知识的确实性。③这两点总结也是苏氏殉道而死,孔子遇难而逃的最佳解释。这两位哲人面对生死而做出的截然不同的选择,不仅是个人的生命特色,也奠定其身后了欧洲、中国知识体系中的哲学基础与特色。

---

① 许倬云:《历史大脉络》,广西师范大学出版社 2009 年版,第 30 页。
② 参阅[美]罗伯特·所罗门著,张卜天译:《大问题:简明哲学导论》,广西师范大学出版社 2004 年版,第 41 页。
③ 韦政通:《先秦七大哲学家》,江苏教育出版社 2006 年版,第 3 页。

知识体系的特色形成之后,人类有过一段"口耳相传"的时期,就是我们所称道的"述而不作",其实这不是孔子的谦虚,而是那个时代知识传承的特色。重"立说",而非"著书"。大约在西汉时期,中国的知识界出现了撰写书籍的热潮。后代所依据的书籍大多出自此时,也就出现了中国人的知识载体——典籍。典籍也是知识传承的重要组成部分,一是经典的形成与确立,二是对经典的不断诠释,围绕着经典形成了庞杂的解读体系。这两者相辅相成,就形成了民族典籍层面的知识传承,冯友兰的"照着讲""接着讲"的说法就是非常形象的概括。[1]照着讲就是照着古人的典籍讲,接着讲就是接着古人的典籍讲,可见典籍的重要性。我们以《论语》为例进行说明。《论语》成书于多人之手,但大体应该是孔子的学生记录的孔子的言行。此书是汉代成书,自成书之后,便有不少人注解,杨伯峻说,关于论语的书,真是汗牛充栋,举不胜举。[2]那为什么要注解呢?就是为了学习,为了知识的传承。宋朝人读不懂了,就有朱熹的注解,清代人读不懂,就有刘宝楠的注解。《史记》也是如此,要不然就不会出现"史记三家注",刘宋裴骃的集解、唐代司马贞的索隐、张守节的正义,就是为了解决那个时代的人读不懂《史记》的问题。印顺法师在讲到如何弘通佛法的时候说,"佛法的流行人间,不能没有方便适应,但不能刻舟求剑而停滞于古代的"[3]。这是对知识传承最好的定义。

其实在文化传承中传承什么最重要呢? 庞朴说:

> 我们所谓文化传统一般是指民族的、支配千百万人的这样一种观念和力量,那样一个习惯势力或者说那样一个惯性,它是人们在日常生活当中所遵循的那么一种模式,人们遵照它而行动,但是又不能意识到它的存在的这样一种精神力量。说得最抽象的就是那个"道","形而上者谓之道",有那么一个力量、那么一个观念、那么一种东西,它在支配着你而你自己不知

① 冯友兰:《新理学·绪论》,三联书店 2007 年版,第 1 页。
② 参阅杨伯峻:《论语译注·导言》,中华书局 1980 年第 2 版,第 33 页。
③ 释印顺:《佛法概论·自序》,中华书局 2010 年版。

道,你万变不离其宗,你逃不出它的如来佛的掌心。①

庞朴说的特别玄妙的这一东西,就是文化传承中最值得传承的。请大家记住庞朴的这一说法,我们在后面还会不时提到。

(四)着重文化差异的定义

韦政通在谈到着重文化差异的定义的时候,例举了戴维斯(Davis)和达拉德(Dollard)、班纳特(Bennett)和杜明(Tumin)、克次(Katz)和施恩克(Schanck)的定义,其中班纳特和杜明的值得关注:

> 文化是一切群体的行为模式,我们把这些行为的模式叫做生活方式。生活方式是一切人群之可观察的特色。文化事实乃一切人所有。这一群体与那一群体各有不同的文化型模,这不同的文化型模,将任何社会与所有其他的社会分别开。

此定义含有两个方面的意思,一是差异在于生活方式的不同,二是文化型模的出现。但是作者没有告诉我们生活方式与文化型模之间的关系,据定义可推知,生活方式是文化型模的核心要素。我们之前就说过,文化本身就意味着差异,而这差异恰恰就决定了文化的魅力。我们在此需要进一步探讨的是文化差异何以形成,如何以文化差异来定义文化。

我们在前面谈到了"不一样的文化",是从他者、异域的眼光中谈论的,而文化的差异是讨论此一文化定义的基本问题。可以从三个方面进行讨论:一是一方水土养一方人;二是十里不同风,百里不同俗;三是江山易改,本性难移。

先说一方水土养一方人。从人类起源的角度来看,必须有一定的地理基础,也就是人类的生命必须是从自然界中获取的,才有可能去发展人类文化,这是人类生存的基本条件,也是文化的必要条件。从目前人类生存的环境条件可以分析

---

① 庞朴:《蓟门散思》,上海文艺出版社 1996 年版,第 304—305 页。

得出,人类生存需要满足以下几个条件:一是必须有淡水资源,可以利于取水,但还不至于形成洪涝灾害;二是有一定的植被覆盖,并且有一定的活动空间;三是有一定数量、种类的植物与动物。

这就是我们所说的"一方水土",必须同时具备以上条件才能孕育出"一方人"。黑格尔在《历史哲学》中的"历史的地理基础"中也谈到了这一问题,不过他更在意人类文明中心形成的地理基础。[①]鲁西奇教授在《中国历史的空间结构》中论述了中国历史与文化的空间结构,以地理为基础进行了论述,主要是从核心——边缘、村落与城市等方面展开的。鲁西奇笔下的"历史空间"其实就是人类产生的自然环境之后随着历史的演进逐渐形成的中国的那"一方水土"。[②]但是必须注意,可以孕育"一方人"的"一方水土",在地球上不可能只有一处,也绝不可能处处皆有,这样就在不同洲域产生了不同的"一方水土"。陈序经在《文化学概观》中详细地论述了文化地理基础的不同,非常详细,可以参阅。[③]

"一方人",从最广泛的意义上讲,是指人种的不一样,这也是由水土养成的,这个世界上有黑种人、白种人、黄种人等各色人种,都是由一方水土养成。人首先就长得不一样,这是最关键的不一样,由此才影响了其他的不一样。人类的很多文化都是按照人种的样式打造的,我们一般不讨论因人种不同而带来的其他问题,但事实上的不同是存在的。"一方人"更多是指地域意义上的居民,在一地域中,可以有不同的人种的存在,所以只谈人种的区别太有局限性。如热带地区的居民与温带、寒带地区的居民生活方式就完全不同。热带地区居民的服饰就不一样,以简约、薄、遮光为主,而温带的因寒暑分明,可以多项选择,寒带则选择性更少。再如饮食,则温带居民有更多的选择,烹饪花样也繁多,寒带与热带则无法与之相比。由此形成了许许多多的不一样。

十里不同风,百里不同俗,是说地域造成了文化习俗的不一样,不说人的不同,而说文化的不同。吃的、穿的、用的,以及由此构成的生活方式、风俗习惯都不

① 参阅[德]黑格尔著,王造时译:《历史哲学》,上海书店出版社 2001 年版。
② 参阅鲁西奇:《中国历史的空间结构》,广西师范大学出版社 2014 年版。
③ 参阅陈序经:《文化学概观》,中国人民大学出版社 2005 年版。

一样。有一年我去天津开会,在出租车上看到了结婚的车队,当时已经下午 6 点多了,这在宁夏是不可能的,宁夏讲究中午 12 点之前结婚,之后就不好了。我问了出租师傅,他说天津就这一个区是下午结婚(这个区的名称我记不清了)。这给了我一强烈的感觉,同一行政区划,习俗竟然如此不同,之后我就更关注"风俗"的不同了。

风,在此可以指声音,就是说话的声调,也可以指风气,就是形成的氛围。就是指地域文化的不同,造成了文化差异,这一差异是主体文化的重要组成部分,也是整体风俗的组成。依托具有一定封闭性的自然环境,或者是历史形成地理单元、或历史形成的文化单元,还有就是行政区划所导致的地域的"孤立",这些都是风俗形成的前提条件。风俗是一种氛围,更多地是指一种沉淀、一种聚合。地域文化是横向的文化划分,而时间是纵向的,风俗特色的形成既有横向的,又有纵向的,是一种综合体。在历史上,人员的流动会造成不同文化在某一地域的聚合,如历史上"侨州侨县"的出现就是例子,其结果就是文化的移植,混合文化的形成。而历史的演进,则会出现不同性质不同阶段的文化,有时候这些文化会成为一股"风",而此风过后,不会了无痕迹,而会有一些遗留,这些遗留就是"风俗"形成的主要来源。如中国历史上流行过信仰基督教,但是其后因为一些原因没有形成大规模信仰基督教的局面,但是此番信仰不会如风吹过,而是留下了东西,如我们口头上的"礼拜天"就是例证。

从另一个角度讲,风俗就是文化,就代表了地域中最本真的东西。文化不见得非得是阳春白雪,孔子喜欢韶乐和武乐这些古乐,不喜欢当时流行的一种叫作"郑声"的音乐。《论语·卫灵公》说,"郑声淫",但《礼记》中记载魏文侯就说自己听古乐就瞌睡,而听郑乐就不知疲倦,也就是《孟子·梁惠王下》齐王所说的"世俗之乐"。下里巴人代表的是最本真的文化。

江山易改,本性难移。文化差异就意味着文化之间交往与交流,需要交换一些文化因子,在交换中完成各自文化的型模。但是,可以交流,可以交换,甚至可以交换知识与典籍,但有些东西则无法交换,更形成不了交流。中西文化交流中,中国人可以用刀叉、可以吃西餐,可以口味不会就此变换,有朋友从美国回来,刚下飞机就打电话问哪个面馆好,这就是改变不了的。

历史上,和中国交流最频繁的莫过于日本与韩国了,但是其后却形成了迥异的文化风格,让人困惑。尤其日本,向中国学习了典章制度、科学知识、思想宗教等,可以说是无所不学。但是到了"明治维新"之后,按一般说法是日本向欧洲学习了,抛弃了历史上学习中国的文化,那就是"本性可移"了。这一问题没有那么简单,日本能完全改换了文化所本,全部移植了欧洲文化?这是对日本认识不清造成的,正如我们对于欧洲"文艺复兴"的认识一样,认为是资产阶级思想文化的崛起,而忽略了古希腊文化在其中的作用,没有古希腊文化的"本根",就没有欧洲的文艺复兴。"明治维新"以后的日本,其科学技术层面是采用了西方先进的经验,可是政治制度呢?哲学思想呢?这个问题值得深思。

难移的本性是什么?就是一民族中最强烈的感受,这一感受使得你能强烈地发觉你与他文化民族的不同,还不仅仅是饮食、着装、长相,而是一种犹如庞朴所说的那么一种精神力量在支配着你。中国历史绵延几千年,"本性"变化吗?如果没有变化,是什么?如果变化了,怎么变的?

首先要理清一个问题,就是延续时间长并不等于"本性"没变、"精神"没变。"本性"与时间长短有关系,但时间并不决定"本性"的变化状态。但就中国的历史事实而言,时间绵延是无法回避的问题,更是中国文化精神形成与存在的重要条件。另外,如果传绪中断,是否会影响"本性"。这涉及中国古代史上对于元、清的认识,有专家认为元朝建立是外国人入侵,所以中国历史中断了,中国文化也中断了。但是,我们看元朝的建立,用的是《易》之义,其时的统治者觉得自己是"后代帝王","好访问前代帝王事迹",老百姓也没有此感觉,所以元也好,清也罢,根本没有中断中国文化的传绪,至于"明移民"的出现,是对于一个政权的依恋与怀念,属于情怀,而非文化情结。我们从元文化可以看出其对于唐宋的接续,从明代文化可能看出其对于元文化的接续,从清代文化可以看出其对于明代文化的接续,我们现在的文化对于清代文化的接续,无不证明中国文化的一脉相承、一脉相传,正如元史大家萧启庆在论述了蒙元对于中原文化的冲击之后说:

但是,整体言之,中原文明在蒙元时代虽经历空前严峻的考验,却能浴火重生,而且并未偏离原有的发展主线。在蒙元覆亡之后,中原文明的核心特质如儒教国家、君主专制、官僚组织、士绅社会、士大夫文化以及以汉族为中心的族群结构等皆无根本的改变。宋、明之间文化发展的延续性大于中断性。[①]

(五)着重文化普遍性的定义
韦政通引用了汤玛斯关于文化的定义:

> 文化是任何一群人之物质的社会价值,无论野蛮人或文明人都有文化。

毫无疑问,人类具有共同的文化性质。凡是族群,一定有文化存在,而且此文化有自身孕育,也有外来传入。文化的共同性决定了文化交流的基础,也决定了这个世界基本的认识与看法,所以有相同的审美、趋同的价值观,更有人类本性滋生的同情、善良等存在,成为文化普遍性的基础。

中山大学的刘节教授于 1948 年 5 月撰写过一篇历史哲学方面的论文:《历史论》,今日重读,大有深意。他谈到了"发展文化":

> 所以文化的意义,是指心智上、道德上之开明,及学术、宗教、道德等等之发达。……因此,我的意思以为,文明是人类在学术制度上的逐渐新贡献;文化,是把这新贡献普及到一般人民,使令在一般生活上相溶合提高人类文化水准,真正普遍地由野而文。换而言之,能够使一般人都能由愚昧到自觉,由被动到自动,由他律到自律,由无主到有主。一部文化史,即是人类用自身的力量,促令理性逐渐实现的过程。[②]

---

① 萧启庆:《内北国而外中国:蒙元史研究》,中华书局 2007 年版,第 60 页。
② 曾宪礼编:《刘节文集》,中山大学出版社 2004 年版,第 152—153 页。

先说明一个小问题,刘节教授所说的"野人""文人"和汤玛斯的"野蛮人""文明人"有着很大的区别。《论语·先进》记录了孔子的一段话:"先进于礼乐,野人也;后进于礼乐,君子也。如用之,则吾从先进。"[①]孔子眼中的野人,是指没有经过礼乐熏染过的人,此处"野人"与"君子"相对应。周代的阶级对立较为明显,就居住地域而言,分为国、都与鄙、野之别,前者居住在"国"中或城堡,后者居住在远郊之地。所以,孔子所说的野人,从地域上讲是郊外之人,从文化上讲是没有经过礼乐熏染的,或者是没有受过教育的人。相对应的,"文人"就是受过教育、懂礼乐的,有一定社会身份的。

而西方人类学视野中的野蛮人与文明人所指何谓呢?按照摩尔根的说法,蒙昧、野蛮、文明是人类社会演进的阶段,其中野蛮较之蒙昧低级,较之文明高级,这也就是文明高低之分。虽然他也肯定了野蛮阶段的四项非常重要的事迹,家畜的饲养、谷物的发现、建筑上的使用石材、铁矿熔化术的发明,但是仍然是未进文明的门槛。[②]王铭铭进而论述道:"上面引的那段话提到的'蒙昧人'、'野蛮人'和'文明人'分别是不同阶段的主人,人类学家依据对他们的研究,由将他们的文化性质用来形容这些阶段,将历史的时间定义为蒙昧时代、野蛮时代和文明时代从低级向高级'进步'的过程"。[③]

从以上的分析我们看出了西方与东方,孔子与摩尔根对于野人、文人的不同认识,确实有着很大的区别,但是,我们同时还要看到一点,就是还有着很大的相同之处,那就是进步,只有进步,才是人类文化发展的方向。从这一角度讲,野,是指开化不够,或者说理性不够;文,是指可以建设一定层次的精神享受,并以此进行社会划分,礼乐即此。

人类文化普遍性的表现也是如此,进步是永远追求的方向。进步的第一步就

---

① 杨伯峻:《论语译注》,中华书局 1980 年第 2 版,第 109 页。

② [美]路易斯·亨利·摩尔根著,杨东莼、马雍、马巨译:《古代社会》,江苏教育出版社 2005 年版,第 33 页。

③ 是指《古代社会》序言中提到的"如果可能,我们想要知道……而另一些仍然停留在蒙昧社会?"。见王铭铭:《西学"中国化"的历史困境》,广西师范大学出版社 2005 年版,第 152 页。

是征服自然。在由野而文的过程,就是征服自然,变自然为我所用的过程。征服自然,是一定意义上的征服,如可以改造一定的地貌、地表,可以植树,可以适当建设堤坝,防止洪涝灾害等,而不是"人定胜天"的同义词。在人类征服自然的活动中,最先的也是最为重要的一环就是对火的征服。依据不同的文化遗存与演进阶段所示,人类对火的利用主要经过了使用、管理、生产三个阶段。火为人类所用之后,所谓的"为人类所用"指的是随时、随地、随人使用。关于火对于人类的作用,有人归纳为御寒、防兽、熟食等,不如蔡美彪老先生一言以蔽之,"生产的进步是从用火开始的"[①]。

人类文化产生的根本动力是需要,是人类生存的需要而催生了文化,人类发展的需要而催熟了文化。有了需要才有了生活,也正是生活使得需要成为文化的动力,这也是人类文化的普遍性之一。在需要中,怕没有比生活之必需——吃饭更重要的了。农业即产生于此需要。许倬云比较了古代中国与两河流域农业的起源与发展情况,"古代中国的农业是北方的粟黍稷(小米)与南方的稻作农业;两河地区的农业是麦类耕作(包括大麦、小麦、黑麦与燕麦)。这三种农业,作物不同,耕种的方式不同,都是独立发展,彼此没有文化传播的亲缘关系"[②],可见,虽然互不往来,但同时都进行了农业革命,这说明人类有些需要是共同的,这就是文化普遍性的表现。同时,也要注意,古代中国农业有自己的特色,两河流域也有自己的特色,可见普遍性基础之上也有特色表达。

陈星灿通过详细考察中外的考古资料与民族志,发现了如此众多的捕鱼方法,"网捕法最为普及,也最有效。手网、粘网(dip nets)、铲网(scoop nets)分布最广。但是拖网(seines)和刺网(gill nets)在有些地区也不能见到",还有打围堰,用矛、箭射鱼,毒鱼法,古代东北嫩江流域使用骨鱼镖与骨枪头捕鱼。[③]而台湾学者许进雄通过研究古文字而得出:

---

① 蔡美彪:《中华史纲》,社会科学文献出版社 2012 年版,第 3 页。
② 许倬云:《万古江河——中国历史文化的转折与开展》,上海文艺出版社 2006 年版,第 35 页。
③ 陈星灿:《考古随笔》(二),文物出版社 2010 年版,第 89—92 页。

捕鱼的一些方式可以从字形看出。甲骨文的渔字有几种写法：一作鱼游于水中之状，一作手拿着钓线钓到鱼之状，一作以手撒网捕鱼状。此外应还有更原始的方式，如用木棍棒打或以鱼镖投射，甚至空手捕捉的。……7000 年前的武安磁山遗址有鱼镖。撒网是很进步的捕鱼法，上述磁山遗址也有网梭，表明 7000 年前也已进步到以网捕鱼了。[1]

就捕鱼这一生产技术而言，比较起来就有相同的方法，可以看出文化普遍性的存在，同时也呈现出民族性与地域特色，这是在普遍性的基础上形成的不同。物质上的普遍性有可能更好理解，我们举个完全精神领域的例子，来说明人类对世界的认识有着共同的思考。何驽研究古人的精神文化考古，他谈到了西方该领域研究中对时间（四季）的认识，日本人也有对于时间的认识（日出、日入），而他也讨论中国古人的计时文物。[2]相隔重洋的人类，竟然有着相同的探索与追求。

从生存、生活到物质需要，从捕鱼到家畜饲养，再到国家的创制，人类都在永远地追求，这一追求无止境，也不知归处。但是，在这所有世界上的人，无论民族、地域，都在追求两点："生活更美好，需要更满足。"

---

[1] 许进雄：《中国古代社会——文字与人类学的透视》，中国人民大学出版社 2008 年版，第 57 页。
[2] 何驽：《怎探古人何所思——精神文化考古理论与实践探索》，科学出版社 2015 年版，第 2、4、77 页。

第四章　精神、风气与格局：中国文化史之构成

讨论了如此之久的文化。终于有了一些眉目，也会有一些感觉。我们必须要对文化下一个定义，不论这个定义能否得到认同，都必须做出。在本章中，我们除了下定义之外，还要讨论中国文化史的一些问题，不是总体的呈现，而是问题的综述。其实这样的讨论是有一点问题的，就是我们在讨论"文化"时，尽量使用的是人类普遍性的角度，避开单一的民族或者地域，以免染上狭隘的因素，但是在讨论关于中国文化史的时候，肯定是从中国的历史与中国的社会出发的，一定带有了民族与地域的色彩，但是又不能从中国的角度出发给文化下定义。这一矛盾，在所有的文化研究中都不能避免。

一、文化与文化史

文化、文化史和中国文化史，是一组相联的研究对象。文化具有四维性，直线、平面、立体、时间都具备，是相当宽泛的概念，包罗万象，可以是民族的，也可以是地域的，还可以是某一时间段的。文化史，是限定了时间的坐标，强调文化的发展轨迹，就是文化的进程，也是文化起源、发展、消亡的过程。在这一限定下，文化显得扁平化了，也更具体、更有指向性了。中国文化史，加上限定词"中国"，具有了更强的指向，中国是一个集民族、时间、地域于一体的概念，较之"文化"，"中国文化史"的内涵不是弱化、简约了，而是丰富、加强了。概念愈加限定，那对于概念的讨论就不会无的放矢，空乏无味，而就会具有极强的针对性，在名词的限定中更深刻地讨论诸方面，抽离出更为普遍的特点，这样的讨论只会使概念明晰

化,而不流于空洞的说理。

(一)我之文化的定义

鉴于前人关于文化的定义与论述,我形成了自己的文化定义。

文化,在人类普遍性的基础上形成的自我特色,这一特色包括生活、感情、交往以及处理这些的方式,更是一种心理感觉,可以成为不同族群接触的强烈区别。文化就意味着差别,文化永远无法趋同,具有极强的坚韧性。

文化首先是个人的文化,每个人都有自己的文化表达,都有自己的文化禁忌,甚至形成了自己的文化模式。上述定义中的文化要素,在个人的感情行为体系中都存在。很多人强调个人文化的形成是由于社会人的原因,这是更多关注了集体文化。美国学者克拉克·威斯勒专门讨论过个人与文化的关系以及个人文化的获得,他认为个人文化的获得完全是文化传统或者集体熏染的结果,也就是说,"一般而言,每个人都会同意:婴儿是后天获得自己的文化的——即他恰巧在其中降生的群体所具有的文化",叫作"参与文化"①。文化是社会化的结果,但是文化可以通过个体表达,所以,文化首先是个人的。

个人的文化由语言、体貌、性格、气质综合组成,语言表达中词语的选择、断句与语气,甚至神情、手势的配合,都带有极强的个人色彩。体貌更是个人化,世界上没有长相完全相同的人,即使孪生,也仅仅是神似,也有很多不同。性格虽有生理性的因素,但每个人的性格直接决定了他的为人处世,也就是"人际文化"的特点。气质其实是个综合体,每个人有着与他人截然不同的气质,举手投足、言谈举止,都是气质,甚至有的人吸烟的姿势"迷人",归根结底还是气质在起作用,而不是吸烟本身。

威斯勒强调,文化一定是集体的养成、集体的濡化、集体的形成,离开了"集体",文化就失去了土壤,失去了赖以生存的基本条件。集体有多种含义,家庭、家

---

① [美]克拉克·威斯勒著,钱岗南、傅志强译:《人与文化》商务印书馆2004年版,第234页。

族、单位还有族群，甚至是"乌合之众"，集体一定是多个人的组成，可以是实际的，如班级教室、单位同事，也可以是虚拟的，如网络群体、微信群，都可以形成一定的文化。集体文化的形成，和这一集体的传统有关，亦和抟成此集体的某种主要因素有关，如大学的院系文化，一定与学科相关，音乐学院显得活泼好动，浪漫明朗一些，不怎么关心俗事，也更为雅致，这就是音乐学科决定的；历史系显得沉稳深思；中文系文采华然。皆是如此。也和组成这一集体的身份有关，同学微信群则畅所欲言，没遮没拦；同事微信群则欲言又止，谨慎再三。法国学者古斯塔夫·勒庞（Gustave Le Bon）的名著《乌合之众——大众心理研究》集中探究了个人聚集成群体时的心理变化，将群体性格与心理揭示得淋漓尽致。他认为：

> 种族的气质对群体性格有着重大影响。它是一种决定性力量，限制着群体性格的变化。因此可以认为，一条基本定律就是，由于种族精神的强大，群体的次要性格相比之下并不十分重要。群体状态或支配群体的力量类似于野蛮状态，或者说是向这种状态的回归。种族正是通过获得结构稳定的集体精神，才使自身在越来越大的程度上摆脱了缺乏思考的群体力量，走出了野蛮状态。①

据上下文我们可以看出，勒庞所说的"种族"，是指俄国人、法国人、西班牙人、中国人，其实就是文化民族，他所说的"集体精神"，解释成文化精神则更为恰当。

我们讨论了个人文化与集体文化，个人文化可以由集体濡化，集体文化由个人结构而成。但是请注意如果个人文化过于强大的时候，就可以改变集体文化，如韦伯创造的概念"卡理斯玛型领导"（Charismatic Leadership）就是这样，"由于卡理斯玛型领导在紧急状态中出现得最频繁，它就与一种集体亢奋（Collective

---

① ［法］古斯塔夫·勒庞，冯克利译：《乌合之众——大众心理研究》，广西师范大学出版社 2007 年版，第 159 页。

excitement)有关,大众以这种亢奋对某种异常经历作出反应,并以此将他们自己交付给一位英雄般的领袖人物"①;而勒庞是这么说的:

> 只要有一些生物聚集在一起,不管是动物还是人,都会本能地让自己处在一个头领的统治之下。
>
> 就人类的群体而言,所谓的头领,有时不过是个小头目或煽风点火的人,但即使如此,他的作用也相当重要。他的意志是群体形成意见并取得一致的核心。他是各色人等形成组织的第一要素,他为他们组成派别铺平了道路。一群人就像温顺的羊群,没了头羊就会不知所措。②

在这些集体文化中,有一种文化非常特别,就是单位文化。这是 1949 年之后中国独有的文化现象,由制度形成的。新中国成立,在 50 年代公私合营完成,彻底消灭了私有制之后,所有的中国人分为三类:工人、农民、干部,农民固着在土地上,工人与干部则在单位"上班",都是"公家人"。单位有多重要呢?从上班第一天起,就将终生交给了单位。有编制,拿着国家俸禄,辞职非常罕见,结婚、生孩子、出差得由单位开证明,生老病死、婚丧嫁娶都是单位包办。退休之后有单位发的退休工资,自己心理上还视自己为"某单位的人"。终生与单位相伴,单位是对个人影响最深的。这样的制度下,单位文化就显得至关重要,几乎是成就个人文化的唯一要素。单位文化,是传统文化中"家国一体"最到位的现代诠释。

我们讨论个人文化、集体文化,就是想探究"大文化"的组成部件,大文化是指民族文化或者地域文化,"中国文化""中原文化"等,但是在明确了文化的定义之后,我们发现事情并没有想象的那么简单。文化的组成除了个人文化、集体文化这些必须的部件之外,还有一些不可缺少的"重音",如外来传入的、历史上沉

---

① [美]莱因哈特·本迪克斯著,刘北成、刘援、吴必康、刘新成译:《马克斯·韦伯的思想肖像》,上海人民出版社 2002 年版,第 320—321 页。
② [法]古斯塔夫·勒庞,冯克利译:《乌合之众——大众心理研究》,广西师范大学出版社 2007 年版,第 124—125 页。

淀的等等，名目众多，都是重要的组成部分，但是这些部件一旦组成完整的一部"文化机器"之后，就会消弭一些部件的"低音"，呈现的、感觉的是那最重要的色彩，而这色彩已是被整合过或被糅合过的。

那么，文化究竟应该包含哪些内容呢？关于这一点，我们与西方文化研究者的选择是有一些不一样的，我们是历史类型的文化，这一点我们后面还要谈到。历史文化更看重历史演进形成的传统，也就是历史的积淀，还是将眼光投向了古代；这并不是忽略了近现代，而是近现代的文化还没有形成，导致我们解释社会现象使用的仍然是古代的文化思维模式。西方的文化研究所关注的一些文化论题或者文化现象，我们似乎永远不去关注，抑或是促使我们关注的时代还没有到来。

1997 年前后，加拿大华裔学者谢少波和中国学者王逢振与国外的理论家进行了书面访谈，共设计了 33 个问题，涉及非常广泛，其中有我们比较熟悉的话题，如历史、文化、意识形态等，但也有一些话题我们似乎有些陌生，如：

> 正如后现代主义被宣称是历史的终结一样，它也是个"意识形态终结"的世界。但是按照特里·伊格尔顿的看法，这当然只对后现代的理论家才真实。对美国的福音派信徒，对埃及的原教旨主义者，对反爱尔兰自治者的英国人或英国的法西斯分子，这很难说是真实的。虽然有些意识形态可能已经破产（如新斯大林主义），但仍有一些不断蔓延（尤其是种族主义、新殖民主义、自由市场竞争等）。请问，你如何考虑这些不寻常的反讽：在一个由强有力的意识形态控制的世界上，知识分子却断言意识形态政党已经过时？如果权力、欲望和局部利益是现实的实质，那为什么谈到意识形态时仿佛有某种超越它们的东西，仿佛它们总是可以改变的？①

---

① 谢少波、王逢振编：《文化研究访谈录》，中国社会科学出版社 2003 年版，第 4 页。

　　所以,我们讨论至此,感觉已经非常明显了,西方知识或者话语体系下的文化研究与我们应该说实质上还是不一样的,它们所关注的极有可能是工业革命与海外扩张、殖民主义构成的世界视野中的某些现象,而我们在这一段历史时期是被动的,甚至是被裹挟进入的,这与西方的主动建构是完全不同的历史感受。他们有自己的关注领域,而我们则极有可能永远不会注意,如"倾听国家:哥伦比亚的文化、权力与文化政策","女性主义不体面的垮台及'第一位黑人总统'","说唱乐与风水:关于屁股政治、文化研究以及蒂姆巴兰之音","'板球运动,要有情结':民族主义、板球和散居身份"等。①但是当我们仔细阅读完这些论文的时候,会有一种感觉,觉得自己的视野还是太窄,需要拓宽,需要认真汲取西方的文化理论与文化批评,使得我们的文化研究更宏大一些,而不仅仅是传统文化演进的研究。

　　下面来看一下我们所关注的文化内容,殷海光以研究倡导西学著称,正因为他深入批判传统,才有可能对传统了解最深,所以他所批判关注的文化的内容,应该就是中国文化所包含的内容了。他在《中国文化的展望》中是这样例举的,家、中国社会的基型、社会的层级、我族中心主义、离隔和心性凝滞、合模要求、长老至上、地位与声威要求、两性分别森严。他在关注中国文化本位的同时,更关注了"体用关系",并以此来提示中国文化最本质的存在。

　　　　中国妇女一向是在严格的"礼教"笼子里装着的。在"礼教"笼子里装着的妇女,是不许和一般男性接触的,一般男性也不许和她接触。如果在六七十年前,妇女被陌生的男性妇科医生在身上摸索敲打,这"成何体统"?可是,现在却是司空见惯了。为什么有这样的态度改变呢?因为妇女们及其关系人觉得健康比礼教更重要。

　　　　…………

　　　　下车二人抢着付钱,上馆子双方抢着会账,虽然大家并不一定十分热

---

① [美]托比·米勒著,王晓路、史冬冬译:《文化研究指南》,南京大学出版社 2009 年版。

心。在婚姻问题上，"父母之命"的伦范，老一辈的人常坚持，年青的一代人常反对。现在，这一伦范在新旧二力的对拉之下，被"弯曲"得快要折断了。①

　　殷海光抓住了中国文化最主要的层面，也是近代中西文化交会时反应最强烈的领域，就是"礼教"，"礼教"不仅是一种明文颁发的制度，更是深藏于内心的感觉，两性关系、朋友付账、婚姻恋爱，都是一种人际关系，而"礼教"就是限制了人际交往的边界，是涵盖中国文化最全面的内容。

　　殷海光引用许烺光的说法，"我们可知一个非西方的文化在与西方文化密切接触时并非全面抗拒变化。这个文化是会发生改变的。不过，它的改变不一定要全盘的，而是有选择的"②。但是我们必须知道，异质文化相遇时，第一反应一定是抗拒，文化越强大，抗拒越激烈，绝没有趋同的可能。在相遇中双方都会有一些改变，被动的改变会大，发出者则有可能没有改变，而改变的大多是较为表层的东西，如穿着、词汇等，内核则不会改变。中西文化的相遇就证明了这一点。

　　于个人而言，文化体验的是一种感觉，但是对于一族群而言，文化更代表了一种精神，钱穆就持这种说法，"文明偏在外，属物质方面。文化偏在内，属精神方面。故文明可以向外传播与接受，文化则必由其群体内部精神累积而产生"③。钱穆将文明与文化分开论定，实在高明。文化是族群内部产生与累积的，是自我生成的，具有极强的内化力，同时也对族群内的个人产生约束与刺激。这种精神是抽象出来的，一般会在族群的危机时刻表现出来，成为一种号召力，成为这一族群的巨大感召的文化符号、精神象征。其实问题的关键在于，这一精神的象征通常没有什么具体内容，能产生巨大的号召在于植根于内心的文化感觉：你是这一族群的一分子，现在这一族群处在生死存亡的时刻，它要灭亡了，你赖以生存的也就没有了，所以你要为它奋斗。

---

① ② 殷海光：《中国文化的展望》，上海三联书店 2002 年版，第 379—381、53 页。
③ 钱穆：《中国文化史导论·弁言》，商务印书馆 1994 年 6 月修订版。

(二)什么是文化史？

法国年鉴学派的代表人物罗杰·夏蒂埃(Roger Chartier)就文化史写过一篇重要论文《作为表象的世界》，他认为想要化解当时的史学危机，必须与传统的文化社会史决裂，而恰恰这样的决裂为新的文化史撰写树立了新的标准。他认为应该从三个方面去做：

第一，是不在文化差异(精英文化/民间文化)与社会范畴(富人/穷人)之间画等号。

第二，是关注读者与文本之间的各种历史的、社会的联系。

第三，是必须区分文本的不同形式。①

夏蒂埃的文化史标准显然是对 60 年代欧洲文化史的书写大为不满，只关注某一社会阶层，或富人或穷人，都会有一定的局限，而且不能够揭示文化的阶层属性，而只会僵硬地贴上标签，而文化差异绝不简单地指富人与穷人、精英与民间。文化差异是不同文化之间的区别，这不同文化是指不同的文化形态、不同的文化质地，或者民族文化、国度文化，而非民族文化内部的阶层区别。而后两点则是影响文化认识与文化传播的因素，文化需要认知，而必须依靠读者对阅读文本以达到认知的效果，那么就对读者与文本有了某种要求，甚至可以探究两者之间的联系，历史的、社会的联系，而这样的联系一定会直接影响文化的认知。

正如译者所认识的那样：

通过关注社会如何在表象的观念、象征与实践中被构建，社会不再是史学分析的当然的出发点，而是成为表象实践的结果，而文化成为不同社会阶级、群体构建认同的场域。结果，社会史与文化史已不再是两个独立领

---

① 刘永华：《费雷、夏蒂埃、雷维尔："超越年鉴派"》，载于[英]彼得·伯克(Peter Burke)著，刘永华译《法国史学革命：年鉴学派，1929—1989》，北京大学出版社 2006 年版，第 12 页。

域，而是成了同一过程的两个方面。社会不再是个凝固的社会群体的总和，它本身是在文化实践中不断构建而成的；同时，文化也不再拥有单一的、清晰的意义，它的意义可能随着不同的时空而转换，对文化的意义的解读本身，成为不同社会群体相互角逐权力和认同的一个重要活动。在这个意义上说，社会史同时也应是文化史，而文化史同时也应是社会史。①

夏蒂埃最后将简单的阶层认识与文化识读界定为"表象的观念"，文化被重新界定，文化不再是简单的差异，而是差异角逐的场域，文化成为了更加开阔的视野所在。另外，这样的认识将社会史与文化史交混，那么文化史就是"不同社会群体相互角逐权力和认同的一个重要活动"的历史，这样的"文化史"，不是我们所说的的"社会史"，而类似于我们的"政治史"，我们的社会史是运用社会学的理论与方法研究历史上的社会结构与社会变迁，而他们的社会史则主要研究日常生活。让我们充分感觉到中西文化研究的视野与方法确实不一样，我们特别讲究历史的挖掘。德国学者于尔根·科卡的研究则更为细致，希望廓清社会史与文化史的区别，认为社会史必须既是结构史又是经历史，就是社会史与社会生活史的结合。科卡在研究了社会史的基础上，如此定义了"文化史"：

> 我们必须对一个文化的结构进行钻研，而这一结构在个人的经历中只能得到局部的掌握，"文化"与"结构"既不相互对立又不相互矛盾。文化史与经历史不是一回事。正确的文化史研究无疑要包括经历史，它十分接近当时人们的观察、经历与行为，这也是经历史目前具有吸引力的原因。但文化史研究也需要结构史方法，而且在这一关联下也需要理论。它的方向并不一定是作日常生活经历的描写（更不用说不是"来自内部"的描写）。如果不注意当时人们的文化解释模式，我们当然不能描写其经历。但如果对其

---

① 刘永华：《费雷、夏蒂埃、雷维尔："超越年鉴派"》，载于［英］彼得·伯克（Peter Burke）著，刘永华译：《法国史学革命：年鉴学派，1929—1989》，北京大学出版社 2006 年版，第 13 页。

经历只作注释学的理解性描写,我们还远远不能理解其文化。①

科卡特别强调"结构"与"经历",有这样两段文字来表明他的"结构"与"经历"所指为何?

> 联邦德国的历史研究几乎不声不响、不知不觉地转变了方向:它离开了空气稀薄的办公厅与沙龙,离开了重大的国家行动,也离开了社会整体的结构与进程,走向了微小的生活世界,走向了日常生活的昏暗领域与边缘角落。

这种转变就是"结构"向"经历"的转变,且不论是否需要发生这种转变,我们只需要知道"结构"与"经历"所指就可以了。更清楚一些,"结构"是指"工业资本主义的崛起、初期工业化、民族国家的形成、革命运动与阶级形成",而"经历"则是"人们以前是怎样居住的?他们的吃穿情况如何?他们怎样欢度节日,怎样对待和料理生育、病痛、死亡等问题? "②。

夏蒂埃与科卡都强调了文化史研究的宏观与微观之处,就是要关注历史上的结构性,也要关注历史上的日常生活,还需要知道当时的文化理论与文化认识,这样的文化史研究才会有更强烈的指向,也折射出当时的文化观念。

陈序经在《文化学概观》中对"文化史"有过这样的论述:

> 此外,近代的历史学者而尤其是所谓新史学的史家,对于历史的研究,既不只是以政治史为重心,或对象,而放大其范围去包括了人类的整个文化的历史,他们对于文化的发展的历史上,也有不少的成绩,使我们对于文化在时间上的动态,有较深刻的认识。③

---

① ② [德]于尔根·科卡著,景德祥译:《社会史:理论与实践》,上海人民出版社 2006 年版,第 84、75 页。
③ 陈序经:《文化学概观》,中国人民大学出版社 2005 年版,第 52 页。

沈之兴在编纂《西方文化史》时说道:"每一种文化的起源和发展都离不开一定的空间和时间。这里所指的'西方文化'既是一个历史文化概念,也是一个地理空间概念。作为历史文化概念,它主要指的是从古希腊罗马的古典文化、中世纪的宗教文化、文艺复兴、宗教改革和启蒙运动的理性文化,一直到现代的非理性文化。"②根据此书第四编《西方现代化》,其中有《第三次科学技术革命》《现代西方社会科学理论》《现代西方自然科学成就和理论》以及《现代文学和艺术》等章节,且不论这些现代文化是否是"非理性文化",这一文化线性的进程则给了我们很多启示。如果说夏蒂埃和科卡给我们提供了文化史的方法与横向的内容,那么陈序经与沈之兴则给我们一个启发,文化史需要有内容的选择,而此内容一定是线性进程的。所以,对于文化史的认识,不能简单地定义为"文化的历史"或者"文化的线性发展",而要知道结构与日常经历,还要探究文化的时间动态,还要顾及其与社会史之间的关系,文化是社会运动引起或者造成的"风气",文化史就是研究这"风气"的来龙去脉,这"气场"就是刘永华所说的"场域"。

那文化史该如何定义呢? 文化史是把社会结构与日常经历放在时间的场域中去观察,以期得到动态的变化与意义的揭示。文化史有几个相关的问题需要探讨,一是文化史研究的对象和内容,二是文化史的研究方法,三是文化史对于历史学、文化研究的意义。

上文我们得知了西方几位学者对于文化史的定义与解析,可以给我们一些思路与想法,但是远远达不到我们的目标,夏氏是想透过现象看实质,想确切知道表象背后的存在,而科卡则揣摩两者兼顾,一个都不能少。文化史研究什么?对象不言自明,就是文化的历史。

1999 年 8 月 31 日,刘永华在柏林采访了科卡教授,采访的话题几乎是围绕着"社会史"与"文化史"展开的,殊不知这也恰恰是我们关注的:

文化史重视历史人物是如何经历和解释历史世界的问题, 重视象征性形式

---

① 沈之兴、张幼香主编:《西方文化史·前言》,中山大学出版社 1997 年第 2 版。

与内容,重视解释和文化实践。①

科卡是具有世界视野的历史学家,历史人物通过一定的方式来经历或解释世界,这一方式就是"重视象征性形式与内容,重视解释与文化实践",而展现与记载这些的方法,就是文化史。

第一个问题是,如何成为"历史人物"? 这里的"历史人物",可以是任何一类人物,可以是政治领袖、商人、农民、工人、学生等,这样的历史人物有可能会对历史进程产生影响,也有可能不会,但是一定可以参与历史。那什么样的人可以成为"历史人物"呢? 历史人物具有相当的广泛性,但是其"进入历史"确实不易,该如何界定呢? 用一句最普通的话来回答,就是"历史的选择"。历史的选择的定论具有滞后性,有可能在历史发生几十年上百年之后才会对当时的历史做出结论,做出解释,可以看出什么人对历史有一定的影响,这样的人就进入了历史,成为了"历史人物",而不是写在了历史书上就是"历史人物"那么简单。这涉及对历史人物的评价问题。如对于中国文化而言,胡适和郭沫若作为"历史人物",哪位影响更强烈?

第二个问题,"历史人物"该如何进行文化实践? 就是历史人物通过一定的内容与方式解释这个世界。其实得以成为"历史人物",其文化实践的影响也是评判之一。文化实践有很多种,著述、作曲、绘画、建筑等都是。罗曼·罗兰写过贝多芬、托尔斯泰、米开朗基罗的传记,这些得以成为"历史人物"的人,给世界以绝对的影响,"即使他们不曾把浓密的黑暗一扫而空, 至少他们在一闪之下已给我们指点了大路。跟着他们走罢,跟着那些散在各个国家、各个时代、孤独奋斗的人走罢。……所以不幸的人啊! 切勿过于怨叹,人类中最优秀的和你们同在。汲取他们的勇气做我们的养料罢;倘使我们太弱,就把我们的头枕他们膝上休息一会罢。他们会安慰我们。"②这就是这些享誉世界的历史人物的影响,最深刻的影响莫过

---

① [德]于尔根·科卡著,景德祥译:《社会史:理论与实践》,上海人民出版社 2006 年版,第251页。

② [法]罗曼·罗兰著,傅雷译:《名人传·初版序》,译林出版社 2010 年版。

于深入人的心灵，在失落、遭受挫折之时欣赏这些作品，就会得到慰藉，乃至于得到激励。

第三个问题是衍生的，但也比较关键，就是历史人物是否具有价值判断，即有无好坏之分？如希特勒之类的，在不在文化史研究之列。这一问题的解决得看文化史研究的目的与意义，如果只是偏重于民族精神的倡扬与彰显，那么就只有一些正面人物的出现，但是这样就不能称之为理性的、科学的文化史研究。文化史是包罗万象的，当然也是有选择性、有典型性的，但是不能只宣扬价值的一方面，这一问题在中国文化史中比较突出，在讲述岳飞的时候，秦桧该如何表述？清朝康熙年间成书的《纲鉴易知录》，是一部中国通史，在《南宋纪》中凡提及秦桧必言坏话，"秦桧矫诏下岳飞于大理狱""秦桧杀故少保、枢密副使、武昌公岳飞"等，[1]秦桧为枢密使，岳飞为枢密副使，皆为掌军机要臣，可能相互擒杀？所以陈登原在研究了众多史料之后断言，"岳飞之死，当时固科以所谓叛逆。秦桧阿逢高宗，以成其狱。观其扎知岳氏，可知秦桧之善于作伪也"[2]。陈氏的结论还是有些遮掩，岳飞如此位高权重、声名远播之军事将领，如没有高宗之首肯，秦桧敢将其下狱诬杀吗？所以，在表述岳飞、秦桧这样历史人物的时候，就需要将其还原，还不是在"为尊者讳"的前提下将历史真相掩盖，还需讲述秦桧为国家做的贡献与秦桧个人的文才、技艺，如其独步天下的书法。

文化史的研究方法，就是运用什么样的理论与方式去研究文化史，使得文化史的研究可以凸显出其价值与意义。庞朴认识到，1949 年是中国文化研究的分水岭，之前的研究者是以文化史观为理论基础的，之后是以唯物史观为指导思想，但是在积极挖掘历史本质的时候却又忽略了各个时代的文化部分，他批判了资产阶级的文化史观，认为："他们把文化说成是人类历史中起决定作用的要素，用文明的划分来混淆社会形态和国家的实质，那是不足为训的。"最后他认为还

---

① [清]吴乘权等：《纲鉴易知录》卷八一《南宋纪》，中华书局 2009 年版，第 1200、1221 页。
② 陈登原：《国史旧闻》第二册（下），辽宁教育出版社 2000 年版，第 376 页。

是要运用唯物史观来研究文化史：

> 唯物史观是研究社会和历史的真正科学观点和方法。它捉住了人类生活的基本方面，也不忽视派生的方面；它重视研究单个社会的特殊性，也强调同类社会和各类社会的共同性；它不拒绝描述具体现象，但这种具体已是经由思维掌握了的具体，它相信只有"被理解了的那样的世界才是现实的世界"（《马克思恩格斯全集》第 12 卷第 751 页）。可以肯定，在这样的观点指导下，在对历史的经济分析、政治分析已经作了大量工作的今天，一旦把眼光分向文化领域，我们一定能取得象文化本身一样的五彩斑斓的成就。[1]

中山大学李宗桂教授是这样说的：

> 学习中国文化的方法，自然是辩证唯物主义和历史唯物主义的方法。具体说来有：历史与逻辑相一致的方法；从抽象到具体的方法；归纳和演绎与分析和综合的方法；等等。此外，结构分析法，心理分析法，解释学的方法，现象学的方法，文化人类学的方法，系统论、控制论、信息论、协同论的方法，以及其他自然科学的方法，都可采用。总之，一切能对中国文化做出合理解释，使人能够接受、给人教益的方法，都是行之有效的方法，都应提倡使用。[2]

以唯物史观作为文化史的研究方法，这是毫无疑问的，并且也是本书的研究方法。庞朴是在文化史研究中对唯物史观运用最为得心应手的，并且取得了卓越的成就。庞朴在他的文化史研究中，讲得最多的就是"一分为三"，称之为"认识世

[1] 庞朴：《文化的民族性与时代性》，中国和平出版社 1988 年版，第 11—12 页。
[2] 李宗桂：《中国文化概论》，广东人民出版社 2002 年版，第 34 页。

界的另一种方法"，在关于"一分为三"的论述中，他多次提到了马克思、恩格斯、列宁、毛泽东的说法，可见他对唯物史观的运用。①

当然，无论对于经典作家唯物史观的运用，还是其他思想家、哲学家的理论的使用，都需要吃透其思想，灵活运用，而不是教条主义，经典作家没有论及的绝不敢说，这是禁锢，也不是发展。李剑鸣教授认为"在运用理论和追求理论化的过程中，容易发生以下几种背离史学范式的情况"：

第一，将历史问题转化为理论问题，研究的重点在于阐释抽象的理论或模式，而不是探讨具体的历史过程；

第二，用历史作为证明某种理论或政治观点的工具，把史学论文写成了政论或杂文；

第三，用理论来裁剪史实，走"以经训史"或"抽样作证"的路子，流于穿凿附会；

第四，理论和史实相互分离……

第五，理论和史事之间出现"时代倒错"……②

李剑鸣的担忧其实是有道理的，先入一理论观点，然后寻找材料来进行论述，就是为了证明这一理论观点，岂不是写成了政论文章了吗？史学论文是从历史文献、历史材料中归纳得出一种观点，此观点不但能立得住，而且也站得稳，无所谓与现代主义还是结构主义相吻合，所以我特别推崇严耕望所讲的钱穆研究史学的方法，读一遍《史记》，写出《史记地名考》，然后再读一遍，校补一遍。王永兴在晚年谈到其师陈寅恪的治史方法时，总结了五点：

第一，以史学而论，关于唐史的论述，有他自己创新见解，自称体系，而

---

① 庞朴：《一分为三：认识世界的另一种方法》，见《中国文化十一讲》，中华书局 2008 年版。
② 李剑鸣：《历史学家的修养和技艺》，上海三联书店 2007 年版，第 143 页。

这个体系是符合历史实际的。

第二,着重通识。

第三,朴素的辩证方法。

第四,重视形势对重大历史事件和政策的决定作用。

第五,小处着手大处着眼的方法。①

王永兴道出了陈寅恪治史的真谛——实事求是,就是依据历史文献所展示的材料来说明历史问题,可以称之为"朴素的辩证法",但研究出的结论归根结底是要"符合历史实际的"。胡耀邦就讲过,"要解放思想,首先就是要实事求是,一切从实际出发,理论密切联系实际"②。

文化史的研究对于历史学与文化研究都有着重要的、不可替代的意义。文化研究对于我们来说是舶来品,其主要特征是社会批评、关注底层、跨学科研究:

> 文化研究(Cultural studies)是 20 世纪五六十年代以来英美学界兴起的一股学术思潮和一套批评实践,它以当代大众文化现象为研究对象,尤其是历来难以进入学术研究视线的大众媒体、社会底层的文化趣味、女性问题和少数族裔的文化体验,此间的"文化"不是浓缩在经典文学和高雅艺术里的思想活动和精神时尚,而是形形色色的日常生活方式。③

西方文论中"文化研究"与以文化史为依托的"文化研究"截然不同,如其中的关键词"文化同化",就是非常典型的例子。

在文化史中,"文化同化"是一种"涵摄性","这是用来解释两种以上的文化

---

① 王永兴:《陈门问学丛稿》,江西人民出版社 1993 年版,第 11—12 页。

② 胡耀邦:《胡耀邦文选》,人民出版社 2015 年版,第 132 页。

③ 赵一凡、张中载、李德恩主编:《西方文论关键词》,外语教学与研究出版社 2006 年版,第 558页。

接触时，所发生的吸收和合并的过程"，[①]也就是金克木所讲的两种文化不并存时的一种形式，"是吸收，一个把另一个吸收进去，合而为一，不是混合，但仍能找寻来源"[②]。而西方的文化同化的解读却是：

> "文化同化"起初是一个人类学术语，指由文化的相互作用带来的融合。近年来，文化同化已经广泛用于社会和历史的语境中，尤其是用来描述在主流群体对弱势群体接触时产生文化侵蚀的情形。……大多数当代文化理论更欣赏强调过程而非结果的模式，即把文化变化视为流变的和对话的产物，这涉及了杂交离散形式的相互作用。[③]

文化研究的内容与目的完全不同了，不再是西方物质文化研究，也不关注日常经历，而是一种类似于冲击、挑战主流的意味。他们在借用一些形式传达自己的声音，还有一些争取话语权的含义在其中。美国纽约大学表演研究在读博士候选人兼音乐人贾森·金（Jason King）撰有一篇《说唱乐与风水：关于屁股政治、文化研究以及蒂姆巴兰之声》，就是借蒂姆巴兰来传达一些生意。蒂姆巴兰是说唱乐手，其作品最为突出的特点就是稠密的、多节奏的鼓乐段的层曾分布，而鼓本身就代表了非洲的音乐特色。这种强有力的打击乐使得身体动了起来，所以他的爵士乐成为了一种文化符号，一种为黑人争取权力的文化强音。

> 如果身体是文化研究的符号，也许黑人性就是关于身体的学术成就的问号。灵魂作为黑人的方言实践而被体制化。……部分是由于非洲人那种早于奴隶制的传统的宇宙论，还有中转过程中严酷的条件，以及那漫长的、难熬的、由宗教折射出的不自由的黑人与财产和物质的关系，形而上学的

---

① 韦政通：《中国文化概论》，岳麓书社 2003 年版，第 28 页。
② 金克木：《文化的解说》，中国人民大学出版社 2007 年版，第 31 页。
③ 徐颖果主编：《族裔与性属研究最新术语词典》，南开大学出版社 2009 年版，第 2 页。

东西仍然是对黑人表演传统的受到诅咒的庇佑。①

其实在美国的学者中也有人发现了这种文化声音的存在与影响，并且做出了一些努力想要尽量压低它的影响力，如贾斯廷·刘易斯的《让我们严肃一点：青年文化授课笔记》②，但是我们倾向于保留这种文化研究的存在，让文化的触角深入到"形形色色的日常生活中"吧！

那文化史的研究对于文化研究有何帮助呢？这才是我们对文化研究关注之后需要进一步讨论的问题。可以说，有以下几点帮助。一是文化研究可以借鉴文化史，进行事件的自我推理，而不是简单地呈现。历史研究以时间作为考察事件的基准，"遗传的联系使事物一脉相承，我们本能地要求了解由因果联系所确立的事实，但这并不是说可以完全凭直觉来从事研究"③。这是一种研究方法的借鉴，而这一方法是至今为止人类知识体系中最适用、最合理的方法，用自我历程与轨迹推理或者总结事物发展的规律与某些特点，已经被反反复复证明了的。二是可以借鉴文化史，使文化研究成为有术语、有体系、有章法的知识领域，也就具有了话语权。知识是具有力量的，但是必须是系统的存在，而非零散的。我们根据词典可以检索 350 余个文化研究的术语，但这远远不够，④一知识门类或一门学科，必须形成完整而系统的术语与理论、方法。三是借鉴文化史，可以使得自己沉稳而成为必需的、不可或缺的存在。历史已成为参天大树，不论社会是否需要，或者在一定的时代会被边缘化，但这些都阻挡不了历史魅力的散发，引起研究者的豪情，如高华就直言，他以历史研究为"志业"，而非谋生手段。⑤文化研究则急需摆脱"不严肃"的标签，积极汲取文化史的某些因素，而使自己"正规"起来。

---

①② ［美］托比·米勒著，王晓路、史冬冬译：《文化研究指南》，南京大学出版社 2009 年版，第 364、261—272 页。
③ ［法］马克·布洛赫著，张和声、程郁译：《为历史学辩护》，中国人民大学出版社 2006 年版，第 162 页。
④ 徐颖果主编：《族裔与性属研究最新术语词典》，南开大学出版社 2009 年版。
⑤ 高华：《历史学的境界》，广西师范大学出版社 2015 年版，第 274 页。

文化史研究对于史学研究也非常重要，庞朴就这样认为：

> 但是，应该承认，当我们用唯物史观去战胜政治史观，用前人史料去重新叙说历史的时候，我们的注意力，往往局限于经济和政治两个领域，而对于鼎足而立的文化领域，则缺少应有的重视。常见的情况是，我们在分析一项政策、一次战争、一场政治运动乃至一个学派的兴起和衰亡时，常常只提经济背景和政治背景，绝少谈到文化背景，大有一谈文化便陷入唯心陷阱的隐忧。其实历史事实并不那样简单，唯物史观也并非如此片面。[1]

庞朴认为文化史可以使历史研究更为全面一些，不再是片面的政治或经济分析，有了文化，可以三足鼎立。文化史对于历史学研究有以下几个作用：一是可以彰显文化的力量，提炼民族的精神。如果说文化是一种象征、一种符号，那么放在这里是最恰当不过的。政治或经济都不可能代替文化去成为民族的象征，民族的象征必须由文化承担，即使是人物形象，也是文化人物，如孔子可以，岳飞就不可以，文化具有普世价值，就是这个道理。二是文化史可以充实历史学的研究。历史学研究确实蔚为大观，但长期以来忽略了文化方面，成为了跛足先生，庞朴看出了这一弊端，所以在20世纪80年代大力提倡文化研究。不过，就目前出版的通史著作来看，这一弊端还没有彻底消除。历史研究如果要全面揭示人类活动的过程与规律，必须借助于文化或文化史的介入，只有如此，历史研究才能进入到生活中，进入到精神领域：要是我们不甘于只有此时此刻，我们就应该把蕴含在目前各种状况条件中的过去事情呼唤出来，把过去的事情现实化。我们这个有时而尽的人，我们的精神——只有我们的精神，才有能力将深刻——神的永恒性——赋予刹那即逝的瞬间。我们人，能够借着这一刹那的瞬息，把我们生命最核心的部分，把我们的记忆及期望都投映到我们身后漆暗的既往之中。而期望实

---

① 庞朴：《文化的民族性与时代性》，中国和平出版社1988年版，第11页。

际上也只能反映在我们对过去的理解之中。①

文化史会充实史学的研究,对其内容与方法都是极大的帮助,但是我们在积极肯定这样的帮助的同时,必须注意到,文化不能代替一切。之前我们看到庞朴的批评,他认为关注政治或者经济,会无端地夸大政治或经济的作用,会导致我们陷入某一社会因素决定论的陷阱。而我们明确地知道,社会的变迁、历史的演进是多种因素、多种力量作用的结果,我们如果之关注文化,亦会如此。鉴于此,我们在关注文化史作用的同时,必须将目光投向政治、经济、军事等其他社会要素与文化的互动,这样才能更稳妥地处理文化史对于史学研究的作用。

二、中国文化史的基本内容

相对于文化史而言,"中国文化史"不好界说,因为有了限定词,而上文中我们提到过,"中国"这一概念内涵特别丰富。我们准备探究"中国文化史"的基本内容、历史脉络、研究方法与研究价值。

钱穆先生对中国文化史有着非常独到的见解:"然中国改进,其事亦不易。使中国人回头认识以往文化之真相,必然为绝要一项目。中国文化问题,近年来,已不仅为中国人所热烈讨论之问题,抑且为全世界关心人类文化前途者所注意。然此问题,实为一极当深究之历史问题。中国文化,表现在中国已往全部历史过程中,除却历史,无从谈起文化。我们应从全部历史之客观方面来指陈中国文化之真相。"②钱穆实际上讲了三个问题,一是中国文化对于人类前途与世界格局之重要性,这是当时的"中国向何处去"的历史际遇造成的。其实对于人类前途,中国文化远没有我们想象的那么重要,我们中国只是世界的一分子,无论地域与人口,其实与其他民族文化一样,都一起发挥着作用。二是中国人对于自身文化的认识的途径,是"回头望",就是从历史中发现文化,在历史中认识文化。这是中国独有的知识体系造成的认识方法,但是我们必须得承认,这一认识方法

---

① [德]德罗伊森著,耶尔恩·吕森、胡昌智编选,胡昌智译:《历史知识理论》,北京大学出版社 2006 年版,第 3 页
② 钱穆:《中国文化史导论》,商务印书馆 1994 年修订版,第 5—6 页。

是有局限的。历史与现实相结合，才能真正认识文化。文化必须从沉淀的历史中与鲜活的现实中获得，这样文化才具有规律性，才可以担当精神象征，而且文化必须在现实中激活，文化才有时下性，"文化涟漪"才会出现，也可以识别某些文化的特质。

冯天瑜撰写了多部文化史著作，而我最推崇的还是《中国文化史纲》，大气而流光溢彩。他在《导言》中这样写道，"本书所要探究的'文化'，涉及器用、制度、行为、观念诸层面，其重点则在观念层面。观念文化记录着人类累代的文化创造和文化传播的内容，是不停流逝的广义文化的摹本"。其中"流逝"一词打动了我，也给我以启迪。我们讨论中国文化史，其实就是探究这"不停流逝"的文化创造。冯天瑜认为文化史研究的重点是观念层面。

金观涛、刘青峰夫妇在 2008 年撰写了一部著作，名为《观念史研究：中国现代重要政治术语的形成》。在《导论》中主要解释了为什么从思想史转向观念史研究，足见观念史的重要性。他们认为：

> 顾名思义，所谓观念史就是去研究一个个观念的出现以及其意义演变过程。……简单说来，观念是指人用一个（或几个）关键词所表达的思想。细一点讲，观念可以用关键词或含关键词的句子来表达。人们通过它们来表达某种意义进行思考、会话和写作文本，并与他人沟通，使其社会化，形成公认的普遍意义，并建立复杂的言说和思想体系。[1]

观念，只是一个个独立的名词，是思想的初始，或者是文本的单元，但观念一定不会孤立存在，观念会在社会中运动、拎结起来，观念就具有了完全不同的力量。金观涛、刘青峰继续分析，观念社会化之后，就显示出必思想更为强大的力量，比思想更确定，有更明确的价值方向。

---

[1] 金观涛、刘青峰：《观念史研究：中国现代重要政治术语的形成·导论》，法律出版社 2009 年版，第 3 页。

人类生活中的社会行动十分庞杂,而要将各种社会行动互相协调,组织成整体的改造社会的行动,其前提是需要把各种不同的社会行动的观念整合起来,互相协调,形成某种具有整体结构的观念系统。这种观念系统,就是意识形态。具有整体结构的意识形态,可以指向更高层次的目标,转化为大规模改造社会的行动。只有在这一角度来看,才能理解意识形态的形成,以及它和改造社会的社会行动之间的关系。①

有必要继续介绍论述观念史的研究,研究者通过数据库的建立,选取了近百个现代政治术语进行分析,最后得出了与通行的思想史研究完全不同的结论,突破了以思想家及其著作为代表的分析依据,而以文献中的关键词、例句相替代,这不能不说是一种新方法,纯粹以事实为依据进行研究,使得历史研究成为有先验性的对象。但是因其工作量巨大,且需强有力的工作团队与经费支持,要不然以此法对中国古代文献进行一次大规模的分析,其结果肯定会改写通行的说法与结论。不过还有一问题,就是思潮或者风气,是一种无法感觉的、但无处不在的存在,就像1995年开始流行的陈寅恪热,大家纷纷以谈陈寅恪为时尚,不管是不是学文史的,都非常热衷,陆键东的书确实是个诱因,但仅凭一本书能让陈寅恪流行中国二十年? 有多流行呢? 最后易中天都不得不出来说"劝君莫谈陈寅恪"! 风气怎么来用数据统计、分析?风气一开,才有关于陈寅恪的书籍纷纷出版,也就是说,风气在先,出版物在后。所以,还是需要慎重使用。

三、精神、风气与格局:中国文化史之构成

钱穆强调了中国文化必须从历史中考察,从历史的动态发展中了解。这是钱穆的文化观念,可以称之为文化史观,所以钱穆讲中国文化的所有问题几乎都从

---

① 金观涛、刘青峰:《观念史研究:中国现代重要政治术语的形成·导论》,法律出版社2009年版,第4页。

历史事件、历史人物中得出，这是其特点。梁漱溟则完全不一样，梁氏是从人生与认识中看待文化及中国文化，如《东西文化及其哲学》以及《中国文化要义》皆是如此，尤其是后者，非有大才气者不能为之。所以，讲历史论文化须读钱穆的《中国文化史导论》，从哲学论文化须读《中国文化要义》。

中国文化史应该讲些什么？如冯天瑜所言，应该讲文化的发展脉络或者发展历程，但是这样远不能够尽显中国文化的魅力。即使是中国文化史，也应该在讲述文化脉络的同时，有一定数量的哲学理论的加入，这样文化史才会显得丰满一些，甚至更为立体。有两本书要反复地推荐，一本是张岱年的《中国文化概论》，一本是陈序经的《文化学概观》。其实学历史的应该读一读司马光的《资治通鉴》，尤其开篇之语，基本道尽了中国文化，"臣闻天子之职莫大于礼，礼莫大于分，分莫大于名。何谓礼？纪纲是也；何谓分？君臣是也；何谓名？公、侯、卿、大夫是也"①。这段话也是撰写《资治通鉴》的指导思想，也是《资治通鉴》为什么从三家分晋开场的原因。

（一）中国人的精神世界

既然是讲文化史，就必须从历史的角度去谈问题，精神世界也是如此。《增广贤文》中讲，"观今宜鉴古，无古不成今"，所以说历史也是说现在，说现在也是说历史。中国人以往的精神世界十分丰富，包含了各种内容与心理特征，如宗教、伦理、思想、音乐、美术、戏曲、文学等。其中最为重要的就是孝、祖先崇拜与鬼神观。

仔细考察，中国人自然崇拜、祖先崇拜与鬼神观是密切联系的。自然崇拜就是对天地万物的不解由此而产生的莫名的膜拜，如下雨、刮风、打雷、闪电等，看到这样的自然现象就想知道为什么，所以也是一种探究的手段，只不过现在看来不"科学"而已。人类初始阶段，经常受到这样灾害的侵扰，为了躲避便寻找就解决的办法，于是有了专人进行专门的祈禳，这就是"巫"的仪式。"巫"一经出现，仪式一旦产生，便成为一种解读认识世界的方法，人们开始使用此套方法认识一切现象，犹如我们现在用"科学"解释一切一样。人们在使用这套仪式的时候，感觉

---

① ［宋］司马光：《资治通鉴》卷一《周纪一》，中华书局 1956 年版，第 2 页。

到了安全，更感觉到了对世界和命运的掌握。于是，当亲属倒地死去的时候，人们不理解，只知道悲伤，但不明白为何会这样，人为什么会"死"去，就也用此套方法去解读，于是"祭祀"便产生了，"生死观"也由此产生。这样的解读经过了好多年，直到人类思想的发展到足以将它们分别进行解释的时候。

中国人讲究祖先崇拜、鬼神崇拜，其实就是害怕祖先、害怕鬼神，进而向祖先、鬼神祈福。顾炎武就曾谈论过鬼神的缘起：

> 人之有父母也，鸡鸣问寝，左右就养无方，何其近也？及其既亡，而其容与声不可得而接，于是或求之阴，或求之阳，然后僾然必有见乎其位，然后乃凭工祝之传而致赍于孝孙。生而为父母，殁而为鬼神。子曰："为之宗庙，以鬼享之"，此之谓也。"洋洋乎如在其上，如在其左右"，由顺父母而推之也。①

顾炎武认为鬼神就是人之父母的亡灵，所以既然对父母有孝，那就会对鬼神有敬。鬼神观由父母之孝而致。中国人的鬼神观来自于"孝"，而孝就是对父母之亲，累代而成了祖先崇拜。所以中国人的伦理与鬼神观是一致，并互为因果的。但是探究鬼神观必须得从自然崇拜说起。葛兆光这样论述祖先崇拜：

> 自从男性成为社会的主宰力量之后，这种生育繁殖、作为人类始基的"祖"字，却是指的男性，在古代人心目中，是这些男性祖先的生殖，使人类一一降临这个世上。因此，他们也相信，男性祖先的灵魂，也能护佑子孙的繁荣平安，于是，他们要对祖先的亡灵进行祭祀。②

葛兆光这样解释还是显得较为慎重，有的专家就认为人害怕祖先作祟，于是

---

① [清]顾炎武著，黄汝成集释：《日知录集释》(上)，上海古籍出版社 2006 年版，第 384 页。
② 葛兆光：《七世纪前中国的知识、思想与信仰世界》，复旦大学出版社 1998 年版，第 94—95 页。

祭祀祖先，以求得安宁。至于祖先为何作祟呢？是因为祖先自己死去，而后代在世间享乐，于是产生不满，就作祟破坏后代的幸福生活，后代为了安抚祖先之灵，就祭祀祭拜。葛兆光进而充满激情地论述：

> 对于祖先的重视和对于子嗣的关注，是传统中国一个极为重要的观念，甚至成为中国思想在价值判断上的一个来源，一个传统的中国人看见自己的祖先、自己、自己的子孙的血脉在流动，就有生命之流永恒不息之感，他一想到自己就是这生命之流中的一环，他就不再是孤独的、而是有家的，他会觉得自己的生命在扩展，生命的意义在扩展，扩展成为整个宇宙。①

祖先崇拜就是对父母的亲情，就是对生死的感觉，更是对生命的感悟，有血脉之情，更有生命之义。葛兆光认为祖先崇拜"是传统中国一个极为重要的观念，甚至成为中国思想在价值判断上的一个来源"，这样的认识有失偏颇，其实应该认为是人性所在，全人类共有的生命感悟，而绝不仅仅是中国特有的。

我们再回到刚才提及的顾炎武的认识。我有个直觉，这样的解释是合情合理的，但是"孝"应该重新解读。《说文》曰："孝，善事父母者。"②从古代统治者到现在的人都认为，中国人最重孝道，尤其东汉以后更成为中国人的日常行为规范与道德准则，并以此作为中国人最重要的道德精神世界。可是孝顺父母固然应当，经过历朝历代的宣扬与解读，"孝"的涵义与判断都发生了变化，与真正的、人性的"孝"相去甚远。

我们首先得肯定，报答养育之恩，乃为人子理所应当之事，但是宣扬的内容与行为取向却完全不一样了。二十四孝图至今被奉为教育孝的经典，可是当大家津津乐道之时，有个问题请思考一下，你能做到其中的几"孝"？如王祥卧冰，我曾经在课堂上问过这一问题，当时没有人表示可以做得到，我表示自己也做不到。

---

① 葛兆光：《七世纪前中国的知识、思想与信仰世界》，复旦大学出版社 1998 年版，第 95 页。
② ［东汉］许慎：《说文解字》，岳麓书社 2006 年版，第 173 下。

这是我们怀疑宣扬中的孝的开始。刘再复在谈到孝的时候,进而论述道,"怎样定义'善事父母'?也许可以补充说'善事父母'就是'尊敬并服从父母',但马上又引起对'尊敬'和'服从'的定义。循环定义的困境告诉我们:善恶判断是不存在客观标准的。这可以说是道德本身的局限性。因此人际之间的交往或纠纷,我们可以施以或善或恶的判断,但道德评价不能代替一切,必须有限度地使用"①。以孝或不孝来定义人,或给一人以宣判,如不孝者不予录取工作,不孝者不予升职。孝的定义是双方的,"父慈子孝",这样的关系是合理的,而且是合理的道德关系,那如果"父不慈",子还应该孝吗?我在老家的小区门房,是一对老夫妻,这位老阿姨一只眼睛失明了,有一次她到我家借米为女儿催奶(老家的一种习俗,如女子生育但是没有奶汁,可以借百家米以催奶,借助力量的意思),就聊起了她失明的原因。她说是因为她母亲生下她之后,发现是女孩,就把她扔在荒地里,不要她了,后来奶奶心疼她又把她抱了回来,但是左眼已经被沙子迷住,再也睁不开了。她最后还说了一句话,她一辈子都恨她母亲,她母亲去世的时候她都没有哭。

你听完这个真实的故事作何感想?我们刚才讨论了顾炎武的看法,认为祖先崇拜来自于孝顺父母,当我们知道了有"不慈"之母的时候,这孝的道德铁律的根基已经动摇了。李亦园有一段话我想引用在这,就可以证明一些东西:

> 争议的问题之一是关于中国人观念中的祖先是永远保佑致荫的,抑或也会惩罚致祸于子孙,对于这一问题,人类学家有三种不同的看法:一是认为中国人的祖先是仁慈而从不加害于子孙的;另一端则认为中国人的祖先不但会加害于子孙,而且加害与否有时是很无常的;在这两端之间者,则主张一般来说中国人的祖先是仁慈的,但在某种条件下则亦可致祸或惩罚子孙。②

---

① 刘再复、林岗:《传统与中国人》,中信出版社 2010 年版,第 309 页。
② 李亦园:《人类的视野》,上海文艺出版社 1996 年版,第 214 页。

所以我们常说"天下无不是之父母"，在看了上述关于祖先的话题之后，你又作何感想？

我们上面只是简单探究了中国人精神世界的基本表现，那么文化史要研究什么呢？研究这些表现的变换过程，就是"孝"于何时开始？于何时成为中国人最重要的精神内容？何时成为中国人的道德铁律？

孝这一情感始于中国人心智的开化，这是人类的普遍情感，无论人种、洲域皆是如此，孝被发现应该是在秦汉时期，就是我们常说的"三纲五常"，但是其中孝的意义并不明显，也没有被挖掘出来，单独列为文化的纲目。[1]西汉时期有选拔官员的"孝廉"的开设，两汉之时"忠"的理念也出现，于是"忠孝节义"几乎同时都在这一历史时期出现了，其原因就是东汉时期的"恩主集团"，到明太祖以"孝"治天下，于是"孝"就正式亮相历史舞台了。

鬼神观是一较为宏大且牵扯较多的信仰世界，中国人不但用这一观念解释世界，还用它进行道德评价。外国人初来乍到，经过观察，发现了这一与自己完全不同的信仰。英国的麦高温看到了"神的代言人"与"城隍庙"，前者是中国民间的"神汉"或称为"巫"，借神灵附体治病问命的，后者是老百姓求神问卦，治病消灾的，还可以断案。麦氏看到的仅仅是鬼神观的一部分，还要很多，如美国的明恩溥就看到了求雨，也属于其中。

陈来从哲学的角度探讨了"鬼神观"的起源。他认为春秋时期对鬼神已有一定的认识，基本的要素如"神鬼""妖灾精怪""祀为贵神"都已显现，但是不成体系，没有构建起信仰世界。陈来引入了卡西尔的神话学思想，分析了在春秋时业已出现的鬼神观念，并综合史料对中国信观念世界中的"鬼"做了界定：

中国古代所谓"鬼"，正是这样的"被赋予确定的感性存在和活动的真实力量"，"甚至，灵魂也具有一种物质实在的和物质形式"，"即使生命形式

---

① 参阅王子今：《秦汉史——帝国的成立》，三民书局 2009 年版，第 382—385 页。

超越它的肉体存在,这种形式也只不过是感觉的现世生命的简单延伸。灵魂及其整个存在,他的冲动和需要,都仍然指向并限制于物质世界内"。①

我们仔细考索,会发现在中国人的观念中,"鬼"的说法较为明晰,就是人死亡之后的魂魄,可以有人形,也可以无形,可以是好人,也可以是坏人,各式各样,不一而足。但是对于"神"则认为有三个来源,一是人死后为神,或者死后为鬼,再被封神,如哪吒、关云长等。二是天然地存在一些神,如山神、土地等。三是神话中的人,有名有姓,有过人间生活,后来因为各种原因和机遇成了神。鬼神是中国人的另一个世界,是现实之外唯一存在的世界,绝不仅仅是"鬼"或"阴间",而是"鬼"与"神"共同构建了现实之外的世界存在,但"鬼"是核心。

冯友兰对"鬼神"有妙论,他认为鬼就是过去,神就是将来,"一人若死,即成为一人之鬼;一事若完,即成为一事之鬼;一物若毁,即成为一物之鬼。一切事物若成为过去,则皆成为鬼",②"将来底事物是神。所以称之为神者,将来底事物是方来,方来是神,伸故谓之神。此是神之一义。神之另一义是不可测"。③

冯友兰到底是哲学大家,看待事物、分析事物就是有着不一样的角度,这么一说,"鬼"也不那么可怕了,"神"也不那么深不可测了。我们刚才说到神的三个来源,其中就有人死而为神,还说到构建"鬼神"世界的基础其实是鬼,那鬼、神到底是何种关系呢? 还是冯友兰见解高妙:

一完全合乎其理之事物,如其有之,需经无限底时间方能有。说它须经无限底时间方能有,即是说它在事实上永不能有。此所说无限底将来,正就将来之无限底时间说。说一完全合乎其理之事物,于无限底将来中始有,即是说它在事实上永不能有。但一般人总希望完全合乎其理之事物,是事实上有底而且是已有底。一般人虽已将理作实际底个体而想象之,但若不以

---

① 陈来:《古代思想文化的世界》,三联书店 2002 年版,第 97 页。
②③ 冯友兰:《新理学》,三联书店 2007 年版,第 192、198 页。

之为已有,则仍觉它是空底。必须在实际中已有完全合乎其理之事物,一般人方觉有所抓著而不至于落空。于是有以鬼为神之事。世俗所谓神,即以鬼为神之神。①

"以鬼为神"就是"鬼神观"中鬼神的关系所在,也是理解中国人生死观念的一个角度。我们常说"鬼神观",可以在文献形成的知识体系中看到,其实在民间信仰中也有鲜活的存在,即使历史上也是如此。另外,"鬼神观"如果和儒家思想相提并论,那么就会被认为儒家思想是社会主流,被士大夫、知识分子所青睐,所把持,鬼神观则是下里巴人,是民间的、老百姓的信仰世界。但是,通过历史研究,我们会发现之前的这一看法不太确切,儒家是礼,而礼与刑相对,鬼神是信仰,全民都沉溺其中,不分都鄙。

台湾学者廖咸惠通过对宋代文献的考察,得出这样一个结论:

> 儒学其实并没有像许多以往学者所指称的那样,全盘有力地支配或宰制宋代士人的生活,甚至形成一个与俗众生活不同的"以儒家为中心"的菁英生活。上述的分析清楚证示民间的鬼神信仰、死后世界观和算命狂热,同样在士人的生活中占有一席之地,并且使得士人的生活和庶民大众一样,随时可能受到各种超自然力量的穿透和干扰。②

廖咸惠史学文本的分析值得我们学习,他用相同的文献分析得出了完全不同的结论,实在是让人惊讶。是过去我们忽视了一些信息,还是我们对这些信息就视而不见?选择性的关注,让我们的历史研究出现了真空,这是以后要注意的地方。廖咸惠认为士大夫的参与,直接推动了鬼神信仰的大规模流行:

---

① 冯友兰:《新理学》,三联书店 2007 年版,第 201 页。
② 廖咸惠:《宋代士人与民间信仰:议题与检讨》,载于复旦大学文史研究院编《"民间"何在 谁之"信仰"》,中华书局 2009 年版,第 74 页。

在鬼神信仰的洗礼下，他们不但有着一般人所具有的宗教虔诚与恐惧，同时也产生一些相应于他们的社会和文化地位的信仰领导作用。他们对于鬼神力量的坚定信念，对地方神祇的崇奉，对各种仪式专家的信赖，和透过自身的文笔，将神异事件加以记述与传播的做法，都让民间信仰得以在宋代大行其道，成为与儒、释、道并立而存的宗教信仰。①

最后我要说明一点，很多学者在谈论"鬼神观"的时候，都会不由自主地将其与神话或神话小说相联系，我们需要知道的是，两者有一定的联系，如神话小说《封神榜》就为民间信仰提供了神话人物体系、名录以及等级划分，但归根结底是两个不同的话语体系与映像世界，一是信仰，一是艺术。

（二）中国历史上的社会风气与社会思潮

在中国文化史还要研究中国人所经历过的社会思潮以及营造过的社会风气，这一点非常之关键，了解一时代、一社会，主要看有"什么风"吹过，风过之后留下了什么，这就是历史的沉淀，累代而积，就成了文化传统。金观涛夫妇的观念史研究、王汎森的低音也好，就是为了探究风缘何而起，怎么吹过，吹到了谁，造成了什么样的社会变动。

我们不可能将历史上的风气都过一遍，挑拣重点的来说明历史上的社会风气。多有学者在谈及一些社会风气的时候，用"思想"代替，确为不当，"思想"乃思想家个人专属，最多也只在朋友圈中传看而已，就是有弟子想从，也只是爱好者而已，思想不能代替风气。风气是全社会范围的流播，官僚、士人、三教九流，下里巴人都被裹挟其中，都会受到影响，就如风一般，吹到我，怎么就吹不到你？我们选三段历史时期的社会风气进行分析，先秦、魏晋、两宋。

先秦诸子蜂起，是中国思想最灿烂绽放的时期，中国所有的学问都从此时开

---

① 廖咸惠：《宋代士人与民间信仰：议题与检讨》，载于复旦大学文史研究院编《"民间"何在 谁之"信仰"》，中华书局 2009 年版，第 74 页。

始，如史学、哲学、文学、法学甚至科学技术等。在这样一个思想大解放、学术大发展的时期，作为知识载体的知识分子，其状态可以用两个字概括，就是"游走"。游走的目的是什么？游走的结果如何？这都是我们需要探讨的问题。

在先秦时期，诸子游走，有人说为了求仕，有人说为了救世，也有人说为了传播学术，更有人说"道术为天下裂""礼失求诸野"……这些都在探究士游走的原因，但是无论何种原因所致，"游走"的现象大规模地出现了，也就说，"游走"成为了一种社会现象，成为了一种社会风气。顾炎武就说过：

> 春秋以后，游士日多。《齐语》言桓公为游士八十人奉以车马衣裘，多其资币，使周游四方，以号召天下贤士。而战国之君遂以士为轻重，文者为儒，武者为侠。呜呼！游士兴而先王之法坏矣，彭更之言，王子垫之问，其犹近古之意与？[1]

顾氏所引《国语·齐语》文字，是管仲教桓公亲邻国的手段。据顾氏的论述可知，游士的产生是因为国家要延揽更多的贤才，于是派一些使者出去寻找，这些使者就成为了游士。同时，被延揽的贤才也在国际间往返，也是游士产生的另一根源。到了战国时期，完全以"游士"为治理国家的技术官僚了，所以顾炎武感慨道，"游士兴而先王之法坏矣"。

游士奔走成为了一种社会风气。所有的人都在各诸侯国间走动，希望谋求更好的个人发展，不单是知识分子，就是鸡鸣狗盗之徒，凡有一技之长者都是如此，甚至没有特长的人也在游走。春秋战国，游走成为了谋生求职的手段，也是人才流动的措施，更是各诸侯国延揽人才的有效体制。有各种的推动力在起着作用，如刚才说的齐桓公的措施，还有个人的渴望，更重要的是周朝的式微，控制力日渐消弱，遂出现了资源流动的现象。当然，当时的当权者也为士提供了游走的环境，"合则留，不合则去"就是最适合的政治措施。还有各国对于游士的态度也很

---

[1] ［清］顾炎武著，黄汝成集释：《日知录集释》（上），上海古籍出版社 2006 年版，第 440 页。

重要,李斯的《谏逐客疏》说的就是这个,真正打动秦王的是这几句话——"士不产于秦,而愿忠者众。今逐客以资敌国,损民以益仇,内自虚而外树怨于诸侯,求国之无危,不可得也"①。还有养士的风气,大大助长了游士的发展。

《史记·孟尝君列传》记载:

> 孟尝君在薛,招致诸侯宾客及亡人有罪者,皆归孟尝君。孟尝君舍业厚遇之,以故倾天下之士。食客数千人,无贵贱一与文等。②

《史记·平原君虞卿列传》记载:

> 平原君赵胜者,赵之诸公子也。诸子中胜最贤,喜宾客,宾客盖至者数千人。③

《史记·魏公子列传》记载:

> 公子为人仁而下士,士无贤不肖皆谦而礼交之,不敢以其富贵骄士。士以此方数千里争往归之,致食客三千人。④

《史记·春申君列传》记载:

> 春申君客三千馀人,其上客皆蹑珠履以见赵使,赵使大惭。⑤

魏晋时期中国发生了巨大的变化,整个社会都有乾坤倒转之势,政局、风气皆是如此。社会风气的形成与清议、清谈都有关系,清议是"东汉以来乡里中形成

---

① [清]吴楚材、吴调侯选注,安平秋点校:《古文观止》,中华书局 1987 年版,第 161 页。
②③④⑤ [汉]司马迁:《史记》,中华书局 2005 年版,第 1847、1855、1863、1874 页。

的关于某个人的舆论。魏晋实行九品官人之法，中正就根据清议或乡里的舆论，来厘定、提升或贬低某人的乡品，从而向吏部提供给予或升降他的官位的依据"①。可以看出，清议有三个关键点：一是乡里举行，二是具体到个人，三是和做官有直接关系。这样，清议用现在的话讲，叫作"很接地气"，从最基层、最底层中实行，并且与每个人有关，还决定的是每个人终生渴求之事，所以，清议直接决定或影响了社会的风气，这样的说法非常恰当。清议使得时人有了清浊之分，于是清议与清谈有相同的地方，都是"清人"之雅谈，谈论人物，后来也谈老庄。②在清谈中，知识分子起了不可替代的作用，既是参与者，又是清谈、清议的对象，有的推波助澜，有的妄图阻止，但是无论如何都形成了一股力量，成为了一种社会风气。

到底在魏晋时期形成了一种什么样的社会风气呢？樊树志这样说："魏晋之际真是一个动乱而迷惘的时代，名士们苟全性命于乱世，心态发生了畸形的裂变，摆脱名教而自命通达，成为当时的流行风尚。"③在清议或清谈中起着决定性作用的人士言谈举止都成了时人效仿的对象，如饮酒即是最典型的，北宋人窦苹撰写的《酒谱》就记载了大量的魏晋人的酒生活。其实我一直想探究魏晋的社会怎么就成了这样，男子或涂脂抹粉，或放浪形骸，或裸体，或披头散发，赖以束缚人的礼教成了故意要破坏的对象。其实这样一个极端现象的出现，只有从哲学的高度才能获得解释，就是社会的"反动之力"。西汉以来的"纲常"名教极大地束缚了人们的言行、思维，尤其"名节"的流行更是让人侵蚀人性，于是借政局动荡之际进行了一次彻底的"文化反击"。

其中最大的变化就是女子及男女关系，包括夫妻关系都发生了前所未有的变化。如女子开始走出家庭，并开始参加宴会进行交际，在当时看来确实惊世骇俗，所以《抱朴子》外篇卷二五《疾谬》说：

---

① 周一良：《两晋南朝的清议》，载于氏著《魏晋南北朝史论集》，北京大学出版社 2010 年第 2 版，第 380 页。
② 唐长孺：《清谈与清议》，载于氏著《魏晋南北朝史论丛》，商务印书馆 2010 年版。
③ 樊树志：《历史与文化》，复旦大学出版社 2010 年版，第 50 页。

> 今俗妇女……舍中馈之事,修周旋之好,更相从诣之适亲戚,承星举
> 火,不已于行,多将侍从,晔晔盈路,婢使吏卒,错杂如市;寻道亵谑,可憎可
> 恶。或宿于他门,或冒夜而反,游戏佛寺,观视渔畋;登高临水,出境庆吊;开
> 车褰帏,周章城邑;杯觞路酌,弦歌行奏。转相高尚,习非成俗。①

据余英时考察,男女交际也达到而来不拘行迹的地步,并且认为夫妻间亲密的称呼以及妒妇的记载都证明了"儒家的名教已不复为士大夫所重,无论是在父子或夫妇之间,亲密都已取代了礼法的地位"②。这就是社会风气影响的结果。所以从这一角度来看,唐代社会妇女地位发生变化绝非偶然,也不能仅仅用"胡化"就可以解释清楚,还得考虑魏晋的社会风气。文化史就是要交代清楚一种社会现象以及一种社会风气的来龙去脉,甚至于流转变迁。

宋代的社会风气与隋唐、魏晋也是截然不同,魏晋是一种社会反动,是对纲常名教的挑战,隋唐是一种浪漫、烂漫的文化,两者虽前后衔接,但总是不同。两宋风气有保持,也有变化。冯天瑜在《中国文化史纲》中讲到宋代的文化,有一特点为"市井风采",他认为:"宋词、宋文、宋画、宋代文玩以及宋代理学,构成了一个精致而又森严的贵族世界,而在这一世界之外,别有一种文化形态崛起,这就是在熙熙攘攘的商市生活、人头攒动的瓦舍勾栏中成长起来的野俗而生动的市民文化。"③其实这两种文化形态是共生的关系,相依相偎,这也就是理学构建的同时为什么会出现市井文化的原因。事物都是伴生的,或者说就如硬币的两面。

其实如果细究,我们会发现宋代的文学与艺术都有一个特点,就是关注市民生活,理学也不例外。如周积明就认为《清明上河图》"反映了当时繁盛都市生活的一个侧面"④。理学虽是哲学建构,但最终还是触及了生活最深处,"存天理,灭

---

① [晋]葛洪撰,庞月光译注:《抱朴子外篇全译》,贵州人民出版社 1997 年版,第 531—533 页。
② 余英时:《士与中国文化》,上海人民出版社 2003 年版,第 368—369 页。
③ 冯天瑜:《中国文化史纲》,北京语言文化大学出版社 1994 年版,第 116 页。
④ 张岱年、方克立主编:《中国文化概论》,北京师范大学出版社 1994 年版,第 102 页。

人欲"。宋代的艺术有唐朝的余绪,或者可以说唐朝的烂漫之花在宋代结了果实。其中也有宋代诸位爱好艺术的皇帝的推动,这也是非常重要的因素。

两宋的市井文化,主要表现在三个方面:一是商市繁荣,二是吃穿用等享受型的发展,三是生活情趣的出现。

关于商市繁荣,宋史专家都有论述。陈振从一种别样的角度论述了宋代商业的繁荣,他分析了城市的格局与管理,从开封带江宁,他关注了城市格局的开放与细化,就是片划更小,管理更加具体。开封户口的增加、城乡的分治、"厢坊制"的设立,都促进了城市的工商业发展与繁荣。[①]他进而分析到,汉唐时期,由于商业经济不发达,所以采取的是封闭式的城市"坊市制",可是到了北宋时期,一种新的基层管理制度"厢坊制"开始香出现,后来又出现了"隅坊(巷)制"和"厢界坊(巷)制"[②]。陈振先生是从非常专业的角度论述了两宋商业繁荣的表现,城市是最主要的表现载体,如他讲到开封的消防与治安的重视程度,都说明了开封商业的繁荣。商业的繁荣,还有一个最有代表性的事物的出现,就是"交子"。虽然仅在四川地区使用,虽然使用的地域与人口有限,但是它毕竟是我国最早的纸币,确实在北宋出现了,这就足以说明宋朝经济的繁荣了。

市井文化特别讲究吃穿用,就是市民已经有了比较高级的审美与眼光,所以对日常用度都提出了要求,而供给方——商业和手工业者则为了满足市场需要,就想方设法进行生产。宋代的服装也不仅仅是纺织业,织锦业大力发展,还有宋代的瓷器,钧、汝、龙泉更是蓬勃发展。许倬云就认为宋代中国人的日常生活有两大表现,一是"茶肴烹饪方法与今相当接近",二是"食补与养生"。

从《东京梦华录》、《梦粱录》、《都城纪胜》、《武林旧事》等书所见的饮食习惯看来,在宋代都会地区,不仅有饭店酒肆,供应上门顾客,也有食摊与

① 陈振:《十一世纪前后的开封——附述"厢坊制"》,载于氏著《宋代社会政治论稿》,上海人民出版社 2007 年版。
② 陈振:《从厢坊制到隅坊(巷)制、厢界坊(巷)制》,载于氏著《宋代社会政治论稿》,上海人民出版社 2007 年版。

提篮挑担的小贩,供应饼饵之类的熟食与点心。《清明上河图》中,也能找到这些现象。从各种稗官小说的数据中,宋元的菜肴与今日的烹饪方法,相当接近:煎、炒、炸、烹、煮、炙、烤、蒸……无一不有。大致言之,北方肉食,牛、羊为多,南方猪、鸡为多。蔬果各随土宜,水果之中,柑橘及梨、桃均为常见。宋人种橘,颇为讲究,竟可纂写成谱,其园艺技术的水平可知。①

看到这儿我不禁想起了《论语·乡党》中的话:"食不厌精,脍不厌细。食饐而餲,鱼馁而肉败,不食。色恶,不食。臭恶,不食。失饪,不食。不时,不食。割不正,不食。不得其酱,不食。肉虽多,不使胜食气。唯酒无量,不及乱。沽酒市脯不食。不撤姜食,不多食。"②没有最讲究,只有更讲究。于此看见宋人日常生活之讲究,尤其对于吃穿更是精益求精。陈振写过两篇文章,一个是谈椅子的,一篇是谈轿子的,都是一种享受型生活用具的出现。③法国汉学家谢和耐(Jacques Gernet)专门研究了宋人的日常生活,他认为宋人的居住之所有寒舍,但也有极其讲究的建筑,"最讲究的住宅由许多房屋排列组成,飞檐高扬,回廊百转,显出高度和谐的总体效果。而其中的每一个建筑物又被别处匠心地用来制造出特殊的绘画性效果。"④

关于市井文化的另一表现,就是生活讲究情趣。什么是情趣呢?就是生活必须之外的娱乐、享受。如瓦舍的出现,《东京梦华录》卷五"京瓦伎艺"条就记载了多位京瓦中的女子,以及瓦舍中的一些活动。⑤《都城纪胜》中也记载:"瓦者,野合易散之意也,不知起于何时,但在京师时,甚为士庶放荡不羁之所,亦为子弟流连破坏之地。"⑥一看便知瓦舍是什么样的场所了。其实对于瓦舍妓女这样的社会

---

① 许倬云:《万古江河——中国历史文化的转折与开展》,上海文艺出版社 2006 年版,第203 页。
② 杨伯峻:《论语译注》,中华书局 1980 年第 2 版,第 102—103 页。
③ 陈振:《再谈中古汉人从跪坐到垂脚高坐的演变》《轿子的产生与发展》,均载于《宋代社会政治论稿》,上海人民出版社 2007 年版。
④ [法]谢和耐著,刘东译:《蒙元入侵前夜的中国日常生活》,北京大学出版社 2008 年版,第102 页。
⑤ [宋]孟元老等撰:《东京梦华录》外四种,古典文学出版社 1957 年版,第 29—30 页。
⑥ [宋]灌圃耐得翁:《都城纪胜》,载于《东京梦华录》外四种,古典文学出版社 1957 年版,第 95 页。

现象要认真地进行分析，既然我们承认是生活之外的存在，那就不是生活的必需，而是生活的补充与调节，所以且不论其对社会的危害和对家庭的破坏，从社会学的角度来讲，是得承认其社会价值。

我们既然知晓了两宋时期的市井文化特色，也明白了其内容与主要表现，我们需要更关心市井文化其实是一种社会风气存在。北宋、南宋皆有偏安的感觉，甚至有"偷安"的愉悦，出现这种享乐的情绪就不难理解了。问题在于，当统治阶级有了这样的可怕的情绪之后，会迅速波及感染老百姓，于是就有了所谓的"市井文化"了。所以，可以这样认为，"市井文化"更像是一种及时行乐的"世纪末"情绪。

（三）中国文化的格局

文化格局应该如何进行分析，如果放在文化学中进行分析的话，那么得到的就是文化的格局，或者说文化的横向格局，如内容、性质，最多分析到形态。但是如果以历史为基准进行分析，那么就得到的就是历史的视野与胸襟，结论或许会更为贴近真实。中国文化的格局应该包括什么呢？有形态格局，就是农耕—游牧，也应该有政治格局，就是统一——分裂，也应该包括民族格局，融合—分化。格局是一种历史的视野，也是一种分析方法，更是对历史的一种认识。当然，我们所说的文化格局还是有一定的局限，不能做到与域外，当时的世界相比较，所以是有欠缺的。我们就探讨在于主要的一个格局，农耕与游牧。

农耕—游牧是大家普遍在谈而且大致已经承认的文化格局，这样的划分突出了中国文化中的二元对立，而且这二元对立结构确实存在，并且长久地存在，这样的对立存在对中国历史进程起了重要的影响，其间对立所造成的政治对抗或和平局面，也对中国文化的型塑起到了作用。但同时我们也必须要看到，二元对立是存在，但是在这两种形态对立的格局中，是否就是真空呢？这样的文化格局需要仔细认识。

秦汉以后，中华世界不断南向扩张，南方山岭中的居民，次第承受中华世界的压力，而在中华世界主流核心的眼中，这些人都是"他者"，都是"蛮夷"。一批又一批的"他者"融入了主流,另一批则成为"蛮夷"。南方的这些族群,散处山岭峡谷,地形分割,不能如北方草原民族,易于聚集成为大型群体。由北向南开拓的中国人,又往往挟其组织的优势,夺下了河川湖泊的谷地,地形较为平坦,也较容易发展农耕。两者相比,强弱之势,十分明显。于是,中国南向发展过程中,千百年来,罕见南方有效的抵抗。中国文化是农耕为本,南方诸族,也是农耕为业。两者同化融合,并无困难。于是,一波一波,北方中国南向发展,一次又一次,南方族群分别融入中国,不见痕迹。

上述北方与南方,两种类型的发展,在中国历史上,不断重现,其烙印之深,持续之久,堪为东亚地区中华文化体系扩大的典型模式。①

许倬云是从"他者"入手对中华世界的格局进行分析的,请大家注意几个关键词,一是北方,二是南方,三是强弱,四是南向,这几个关键词汇为几个问题。首先,南方不是一个确定地域的单位。在许氏的叙述中,南方是变化的,中原可以是南方,南方也可以是南方,只有北方是不变的。其实,在北方游牧民族的眼中,长城以南皆为南,或者大漠以南皆为南。南方实为繁华之境,而非仅仅是农耕的场所。其次,北方为草原民族,这一点可以肯定,但是游牧与农耕是否就可有强弱之比呢?显然,许氏是从武力或军事的角度对比的。再次,中国的扩张是"南向"的,可以解释为高原的或者说是地势的"冲动",这是一种的"自然"的流动吗?类似于"水往低处流"?这样的解释对于文化是否适用,这都是需要进一步考虑的问题。

农耕—游牧文化格局的划分,主要基于北方民族的游牧性质,而中原、南方民族是农耕性质进行划分的,正如钱穆所说:

各地文化精神之不同,穷其根源,最先还是由于自然环境有分别,而影响其生活方式。再由生活方式影响到文化精神。人类文化,由源头处看,大

---

① 许倬云:《我者与他者:中国历史上的内外分际》,三联书店 2010 年版,第 32 页。

别不外三型。一、游牧文化,二、农耕文化,三、商业文化。游牧文化发源在高寒的草原地带,农耕文化发源在河流灌溉的平原,商业文化发源在滨海地带以及近海之岛屿。三种自然环境,决定了三种生活方式,三种生活方式,形成了三种文化型。此三型文化,又可分成两类。游牧、商业文化为一类,农耕文化为又一类。①

但是有学者在充分肯定了这一格局的前提下,提出了游牧的区分与不同,甚至还有一些演化的意味在其中。王明珂提到,游牧可以分为三种类型,他称之为"人类生态本相",草原游牧的匈奴、高原河谷游牧的西羌,森林草原游牧的乌桓与鲜卑。他之所以称之为人类生态本相"在汉代已形成;后来的历史发展,大致便是此本相下的一些表相。作为'表相'的历史事件,产生于历史本相下人们的行动抉择。这样的历史表相,它们不只是强化并延续历史本相,同时也逐渐修正、改变历史本相。"②他其后又举了一些农耕人迁入游牧区例子,来说明"跨越边界"对"历史本相"的改变。

王明珂的研究是对农耕—游牧文化格局的一种突破,无论是研究结论还是方法上都值得借鉴。那我们继续讨论,看看中华世界中,"南方"是否都是农耕的生活方式呢?

"隋末唐初,今云南洱海周围有六个较大的'乌蛮'部落,由于称王为'诏',故又名'六诏'。六诏中的'蒙舍诏'在各诏之南,被称为'南诏'。"③可见南诏位置之南。王锺翰主编的《中国民族史》中详细地论述了南诏的经济,从农作物种类、种植技术、生产水平都进行了分析,认为"南诏的生产力已达到了相当高的水平",称农作物种类为"繁多",种植技术为"较高",如此评价,实是难得。但是请注意,

---

① 钱穆:《中国文化史导论·弁言》,商务印书馆 1994 年修订版,第 2 页。
② 王明珂:《游牧者的抉择:面对汉帝国的北亚游牧部族》,广西师范大学出版社 2008 年版,第243 页。
③ 中国社会科学院历史研究所《简明中国历史读本》编写组:《简明中国历史读本》,中国社会科学出版社 2012 年版,第 251 页。

南诏不仅仅是农业重要,畜牧业、园艺业、柘蚕养殖业、茶树种植业、手工业、煮盐业一样发达。[①]可见说南诏是农耕为主生活方式或者经济形态,还是有一定的局限性的。至于"彝苗瑶僮各民族",虽然是社会制度有所不同,但经济方式仍然以刀耕火种为主,而刀耕火种实在不好辨别是哪一种经济类型。至于土司统治的时代,以农业、手工业、渔业为主,从1388年到1510年,"120多年中,增加屯田数将2倍。随着田土的开垦,水利的兴修,牛耕的传入,农业生产的提高,以及由此而引起的手工业和副业的发展,对民族地区的经济带来很大的好处"[②]。由此可见,说南方一概为"农耕",实在勉强。

其次,农耕、游牧两种文化形态如何进行价值判断呢?"农耕与游牧这两种经济类型和生产方式,决定了古代中国的军事格局是经济文化先进的中原农耕人处在被动防御状态,而经济文化落后的游牧人常取攻势"[③],王明珂根据《史记·匈奴列传》来分析游牧的代表民族——匈奴为何不是"华夏",其实也就是其"落后"的不同之处。

> 首先,在经济生业上,《史记》中称匈奴人跟随牲畜到处迁移,没有城郭,也没有定居农业。
>
> 其次,司马迁认为匈奴人都贪狠好侵夺。
>
> 最后,司马迁及其同时代的人对于北方人群"野蛮性"的鄙视,主要是在道德文化上。[④]

王明珂认为司马迁的记载还是没有鄙视的意思,除了认为其"不知礼义",还有收婚制。但是需要指出的是,其实在司马迁的记载中字里行间,甚至语气中都能读到那种居高临下的文化优越感。我们再回到司马迁的原文中:

---

①② 王锺翰:《中国民族史》,中国社会科学出版社1994年版,第383—385、706页。
③ 张岱年、方克立主编:《中国文化概论》,北京师范大学出版社1994年版,第35页。
④ 王明珂:《华夏边缘:历史记忆与族群认同》,社会科学文献出版社2006年版,第188页。

　　　　匈奴……居于北蛮，虽畜牧而转移……逐水草迁徙，毋城郭常处耕田
　　之业，然亦各有分地。毋文书，以言语为约束。儿能骑羊，引弓射鸟鼠；少长则
　　射狐兔：用为食。……利则进，不利则退，不羞遁走。苟利所在，不知礼义。自君
　　王以下，咸食畜肉，衣其皮革，被旃裘。壮者食肥美，老者食其馀。贵壮健，贱
　　老弱。父死，妻其后母；兄弟死，皆取其妻妻之。①

　　说匈奴人逐水草迁徙，就是说不会农耕定居，还说没有文字，没有制度，以语
言为约束。没有教育，儿童不入学，只知骑羊射鼠。不知道勇往直前，不知道礼义
廉耻。没有君臣之义，不尊老，不知婚姻之义。司马迁说得还不够清楚吗？所以，
有的学者倾向于文化无高低、先进落后之分，我在前文中也有过类似的观点，也
有的学者认为游牧高于农耕。行文至此，我觉得还是慎重下结论，如非下结论不
可，还是要考虑到具体的历史环境。

　　再次，农耕—游牧二元对立文化格局的划分，直接影响了对历史的认识。有
了这样的文化格局之后，会认为有什么样的经济就有什么样的文化，而这样的对
应就是从已定的格局中得出的。从事农业种植，就是农耕文化，游牧迁徙，不事种
植，就是游牧文化，游牧与农耕兼有，就是游耕文化。②而农耕文化影响下的应该
是什么样的性格、心理？游牧人应该是什么样的性格、心理？就一一对应起来。简
单地对号入座，一定会影响历史研究的真实性与深刻性。我们经常会有这样的认
识，北方草原游牧民族常常会在冬天或者天灾的情况下会叩边、深入中原，目的
是抢夺中原的财物、牲畜、女子等，这样的行为我们称之为"侵扰"或"劫掠"，或称
之为"空间扩张""无限向前"。③那么农耕民族这样的行为会被称之为什么呢？不
是侵扰，也不是空间扩张，有一个非常漂亮的词语：统一。如此的称呼隐含了对游
牧、农耕的价值评判，农耕是先进的，游牧是落后的，并且农耕值得维护，而游牧
是被忽略的。而从根本上来讲，历史不是游牧民族书写的，而是农耕民族——大

---

① ［汉］司马迁：《史记》卷一百一《匈奴列传》，中华书局 2005 年版，第 2205 页。
② 冯天瑜：《中国文化史纲》，北京语言文化大学出版社 1994 年版，第 5 页。
③ 钱穆：《中国文化史导论·弁言》，商务印书馆 1994 年修订版，第 3 页。

一统政权所书写，所以话语权、知识系统始终掌握在农耕人的手里。这就是王明珂所说的历史的"本相"与"表相"，而我们往往陷入表相之中，而无法探知本相的面目。可以想象，如果有一天历史研究真正实现了"客观""公正"，那正史就会和《滇略》《蛮书》具有平等的文献价值了呢！

第五章　政治影响：型塑中国文化的关键

刘节在《历史论》中提到，"总之我们要先明白两种法则：一是自然法则，一是人为法则"①。他进而论述道，"在这牛长的过程上，每一时代有每一时代的成就。这成就虽然不背于自然法则，却不等于自然法则，也可以说这是人类的幼稚见解所积累成的果业。经久了，这果业便成为法则，就是所谓历史上的人为法则了"，并且最后断言，"人类的历史，就是一部促进人为法则使之切合于自然法则的历史"②。在人类进化过程中，所有的发明都与自然相关，这是无法摆脱的自然局限。但是，人类的发明总是要高于自然法则，这种"高于"就是刘节所讲的"理性宰制蛮性"，其理性的就是各项制度的发明与创造。而人类既发明了正价值的制度，也发明了负面的制度，如婚姻制度中的一夫一妻制与收继婚制，解决争端与问题的制度有谈判也有战争，所以人类自从发明了制度之后，就致力于抑制不好的制度，而倡力好的制度。

在人类社会现存的制度中，政治、经济、文化是社会最主要的组成部分，这三项中，有自然的成分，也有人为的成分，自然的其实不能称之为"制度"，而人为的才可以称之为"制度"。《说文》曰："制，裁也。从刀从未。未，物成有滋味，可裁断。一曰止也。""度，法制也。"③所以，制度就是裁断，就是规范，用创设的文字化的表述去规范人们的言行以及交往。对于文化而言，对其影响最大的就是政治与经

---

① ② 曾宪礼编：《刘节文集》，中山大学出版社 2004 年版，第 151、184—185 页。
③［东汉］许慎：《说文解字》，岳麓书社 2006 年版，第 92 下，第 65 上。

济了。作为人类社会最重要的存在,政治几乎涵盖了一切社会事物与社会现象,没有不被政治所影响的社会其他因素。从某种意义上说,政治是最高形式的规范。从唯物史观来看,经济与政治同样重要,同样不可忽视,经济在某种境遇、条件下会发挥比政治更为直接的影响。经济具有强大的制约性,也有强大的推动作用。对于唐朝的中国社会而言,生产力的发展导致国力强大,此时的经济就是巨大的推动作用,所以才出现了雄浑、宏阔的盛唐文化。对于北宋王朝而言,虽然史家提炼了为中国历史上"文化造极"之时代,但无论如何北宋都没有实现统一,所以许倬云称之为"列国体制下的中国"①。那为何北宋没有实现统一呢? 就是我们常说的"兵力不振";为何"兵力不振"呢? 就是"积弱积贫",归根结底还是没有经济实力。可以这样说,即使北宋的经济像专家所说的那样"富甲历史"②,统治者也没有将足够的收入投入到军事领域里。北宋一朝,政治、经济、文化之间的作用力尤其值得探究。

由此可见,政治、经济对于文化在任何历史场中都会发挥作用,只是或局囿于某种境况,会交织产生作用,有时候会有特别的表现。

一、家国天下:政治影响之一

"家国天下"是个较为普遍的用法,用来说明传统中国的政治范式,"家"与"国"的二元一体性,这样一种表达清晰而完整。我们需要考察之一政治影响的历史脉络与主要内容。

"家国天下"从考古学的角度该怎么讲,实在不容易,等级观念、王权起源、宗教信仰都看不出来与"家国天下"有直接的联系,所以姑且放置,期待有高论启发,再行探索。"家国天下"应该从中国人对与"家"与"国"的认识与定位说起,也就是中国的这两种关键的社会要素的起源与发展以及所形成的观念,这样的观念会在国家宣扬中、社会教育中存在,最后被固化在个人的抱负、理想中,最终成

---

① 许倬云:《我者与他者:中国历史上的内外分际》,三联书店 2010 年版。
② 刘光临:《回归传统:历史学视野中的资本主义》,载《清华大学学报》2010 年第 1 期,第 14—26 页。

为累代相传的文化符号。如果从文献讲起，那么就是"家国"一体进入了中国的历史舞台，《史记》中有这样一段文字：

> 十年，帝禹东巡狩，至于会稽而崩。以天下授益。三年之丧毕，益让帝禹之子启，而辟居箕子之阳。禹子启贤，天下属意焉。及禹崩，虽授益，益之佐禹日浅，天下未洽。故诸侯皆去益而朝启，曰"吾君帝禹之子也"。于是启遂即天子之位，是为夏后帝启。[①]

司马迁要告诉我们，"家天下"从夏代起就开始了，父子相传是王朝政治的主要形式，也是最本质的内容。无论帝禹是否想传位于益，也无论启是通过什么样的方式取得帝位的，这些都无法改变"家天下"的事实。其实，我们知道司马迁就生活在家天下的刘汉王朝，那为什么《史记》开篇是《五帝本纪》而不是《夏本纪》呢？况且《五帝本纪》充满了神话色彩。我们再回过头读《五帝本纪》，就会发现，司马迁的《五帝本纪》为何要从黄帝开始了，因为在《夏本纪》开篇就是：

> 夏禹，名曰文命。禹之父曰鲧，鲧之父曰帝颛顼，颛顼之父曰昌意，昌意之父曰黄帝。禹者，黄帝之玄孙而帝颛顼之孙也。禹之曾大父昌意及父鲧皆不得在帝位，为人臣。[②]

我们从此条史料看出了黄帝与夏朝一脉相承，也就是说司马迁笔下的"家天下"是从《五帝本纪》开始的，这是个"大家天下"的概念和系统。希望读史者可以注意此点，这就是解读司马迁"家天下"史观的一把钥匙。

还有一问题尚待继续探究，就是"家天下"的由来。从上古之世，权力传承的方式为"禅让"，"继颛顼之后的是尧，继尧之后的是舜，继舜之后的是禹。尧、舜、

---

① ② ［汉］司马迁：《史记》卷一《夏本纪》，中华书局 2005 年版，第 62、37 页。

禹的相继,据儒家的传说,是纯出于公心的,即所谓"禅让",亦谓之"官天下"。①依吕氏之见,"家天下"由"官天下"而来。无论如何,"家天下"的夏朝开始了中国的王朝政治范式,从夏至清相沿不辍,直至 1912 年宣统帝退位。

(一)"国家":宗法封建制

晁福林是这样论述宗法制度的,他说:

> 宗法制是对我国上古社会(乃至整个中国古代社会)产生过重大社会影响的社会制度。首先,宗族是氏族发展到一定历史阶段上的产物,它与氏族既有密切联系,又有一定的区别,它并不与氏族制同生共长。其次,在上古时代,宗法制与分封制有着不解之缘,甚至可以说如果没有分封制,也就没有宗法制。再次,宗法制有着自己的特定的社会政治内容,这方面的内容与氏族制所固有的血缘关系构成了宗法制的两弦,使这把上古社会结构的胡琴奏出来永恒的美妙乐符。复次,在各个不同的历史时代(如西周、春秋、战国)及不同的历史时期宗法制都各具特色。②

氏族社会是人类社会发展的必经阶段,可以分为母系氏族社会与父系氏族社会,都是依据女子或男子在社会中所起的作用不同划分。在母系氏族社会阶段,人类以血缘为纽带,其社会不以家庭为单位,而以胞族为社会最小之组织,由胞族而组成女儿氏族,然后组成一个母系氏族公社。而到了父系氏族公社确立的时候,血缘关系仍是社会纽带,但是组成公社的具体单位却成了个体家庭。这是母系社会与父系社会的社会区别所在。也就是说,整个人类社会在上古时期是以氏族为单位的,宗族就由此而来。《说文》曰:"宗,尊祖庙也。"③"族,矢锋也,束之

---

① 吕思勉:《吕著中国通史》,华东师范大学 2005 年版第 2 版,第 335 页。另见吕思勉:《禅让说平议》,载于《吕思勉读史札记》上,上海古籍出版社 2005 年版。

② 晁福林:《先秦社会形态研究》,北京师范大学出版社 2003 年版,第 137—138 页

③ [东汉]许慎:《说文解字》,岳麓书社 2006 年版,第 151 下。

族"。①宗族,就是有一个祖先的血缘关系的集体,至于"族",可以解释为武力或制度的约束。到了父系社会后期,随着剩余产品的出现,私有制也登上了历史舞台,于是权力在维护财产与血统的契机下也出现了。注意,权力为了维护血统,就是维护自己的血脉相传,这样就出现了最初的宗法意识。

到了殷商时期,多有专家认为此时实行的是父死子继与兄终弟及制度,但这没有揭示出殷商王室权力传承的实质所在,郭静云提出了这样的观点：

> 殷商时期具有父系、母系并重的双嗣制度,这影响对先王的祭礼传统。甲骨文明显地揭示,参加祭祀先王礼的,有在位的王、多子和多生三种子孙后裔,"多子"是指先王的宗子,而"多生"是指女系后裔,所以其氏族不一,但同属先祖所生的后裔,都有资格参加祭礼。②

需要特别指出的是,郭氏所说的母系、女系并非所指后来的外戚,外戚是没有资格参与帝王祭礼的,所以此处的母系、女系很明显地说明了夏代氏族制度的遗留。③

宗法制在周代获得了极大的发展,也可以说得到了完美的展现,如钱穆所说："西周三百年历史,最重要者为封建政体之创兴。周人封建,亦由当时形势之实际需要逐步逼榨而成,同时亦是周民族对于政治组织富于一种伟大气魄之表见。"④周之宗法与分封制并行并且相互维护,依赖而存,这也是以后各朝政权学习的榜样。西周有两次大的分封,一次是武王克殷之后,一次是周公东征之后。分封是"封建亲戚,以藩屏周",将同姓子弟与异姓子弟分封出去做了诸侯,形成拱卫宗周的形势。分封制是逐级分出的,周王把土地和人民分给诸侯,诸侯再将土

---

① [东汉]许慎：《说文解字》,岳麓书社 2006 年版,第 141 上。
② 郭静云：《夏商周：从神话到史实》,上海古籍出版社 2013 年版,第 390 页。
③ 吕思勉认为族有两种,一为兼论女系,另一种是专论男系,可以参阅吕思勉《中国史》第 25 页注⑥,上海古籍出版社 2006 年版。
④ 钱穆：《国史大纲》,商务印书馆 1999 年修订版,第 38—39 页。

地和人民分给卿、大夫,形成了金字塔式的统治体系,这是周代的国家统治体系。

依据宗法制的组织形式,周天子是天下的"大宗",而各诸侯国相对于周天在而言是"小宗",但是在自己的分国内则是"大宗"。周天子是宗族的族长,主持宗教的祭祀。所以,周天子在政权上的是天子,而各诸侯是臣子,周天子在宗法上是族长,而各诸侯是宗子。对于周天子,各诸侯既有臣子之义,亦有宗子之谊,这就是分封与宗法的统一,也是政权与族权的统一。在这一统治体系之下,鲜有人可以分辨出自己的角色是政权下的臣子呢,还是宗法下的宗子?再小的封国,都占有着土地与人民,也就是说这就是他的"家"。顾颉刚充分地认识到了封国的实质,"大国便是最大的家,小国便是次大的家,卿大夫便是再次一等的家;家国一体,家指人众,国指疆土,只是一事的两面,所以家可以叫做国,国也可以叫做家,又不妨拼合起来而叫做国家。"[1]这一体制之创设,对于中国古代政治与文化非常重要。

宗法封建制最主要就是保持周天子这一血脉永远延续,所以继承非常重要,于是就有了关于继承权的设置,所以有了"嫡长子继承制",我们现在可以从《礼记》中获知其全貌。"嫡长子继承制"是周代宗法制的核心,就是权力传承的规则制定。《公羊传·隐公元年》称:"立嫡以长不以贤,立子以贵不以长。"这一规则应该从后向前理解,天子立后,是从诸子中寻找,选择的标准是谁的母亲地位高,一定是天子之原配,就是元妻,而不是选择年龄大的,这就是"嫡庶"之分,排除了"庶",留下了"嫡"。这一步,是显示了"子以母贵",因为选择的标准是母亲的身份。再进一步,在"嫡"中选择,不选择懂礼貌、爱读书、有能力的,而选择年龄最大的,这一条件可是天然的。适合这一条件的只有一人,而且只能有一个人,这就是"嫡长子"。"嫡长子"就是周天子候选人,而且是唯一的候选人。这一制度自创设后,历朝奉为政权不辍之圭臬,但是多有破坏。

如晁福林所言,春秋、战国时期宗法制多有变化。童书业在注解《左传·定公四年》"周公相王室以尹天下"时说:"周公摄政称王,犹多尔衮之为摄政王专政

---

① 顾颉刚:《国史讲话:上古》,上海人民出版社2015年版,第88页。

也。春秋时人所以罕言周公摄政而但称'相王室'者,则宗法礼制思想作祟。至战国末年,古'宗法'制已解体,《荀子》等书即明言周公摄政践阼矣。"①也就是说,春秋时期宗法制还有留存,所以对周公践阼之事较为讳言,称为"相王室",而到了战国时期影响就弱了,直接说周公摄政践阼了。从中也可以看出周公在宗法制中的所起的不可估量的作用。

宗法分封制对于维护周天子的政权而言作用无疑是巨大的,但对于中国社会,却留下了两种无法去除的影响:

> 一是待遇不公。当时一切待遇,公卿大夫都与庶民不同。凡宗庙舞佾等等虚文,所谓"礼不下庶人",我们且不管它;单就教育和刑罚看来,实在高下不平。
>
> 二是世族专横。贵族制度的能够维持,官职世袭实为最大的主因。……贵族既世袭官守,分据仕途,那时的平民只有尽力畎亩,供养其上。虽有优秀分子一时奋起,终究敌不过他们的势焰了。②

但无论如何,宗法制是"家国天下"政权层面的体现,也直接影响了这一观念的产生。宗法制也直接导致了政治或权力与亲属、亲情纠缠不清,历代或有批评,或有支持,但都改变不了这一事实。

(二)西周以下的宗法形式:封国

西周时期的宗法制确实遇到了非常合适的历史环境,宗法制度与分封制达到了完美的结合。其后诸朝皆有借鉴与学习,但是时过境迁,都没有将西周的这一创设再次完美地实施。然而几乎每一朝代都有封国的存在,封国对于朝廷而言,既是安全保证,又是威胁所在,故而考察封国对于了解历朝的政治、文化有着重要的作用,顾炎武总结了历朝的封国现象:

---

① 童书业:《春秋左传研究》,上海人民出版社 1980 年版,第 33—34 页。
② 王伯祥、宋云彬:《开明中国历史讲义》,新星出版社 2015 年版,第 20—21 页。

唐、宋以下，封国但取空名，而不有其地。本朝亦然。①

顾氏说到了问题的实质所在，封国最主要是"其他"，相当玄妙的一个词语，这个"其他"是指实权，就是军权、财权、人事权等。我们一一看来。

经过了春秋、战国之乱，到秦始皇君临天下的时候，想对之前的历史作一次总结，希望总结出经验教训，也希望汲取成功的经验，将自己的江山万代传承下去。秦始皇召集了群臣，进行了讨论：

丞相绾等言："诸侯初破，燕、齐、荆地远，不为置王，毋以填之。请立诸子，唯上幸许。"始皇下其议于群臣，群臣皆以为便。廷尉李斯议曰："周文武所封子弟同姓甚众，然后属疏远，相攻击如仇雠，诸侯更相诛伐，周天子弗能禁止。今海内赖陛下神灵一统，皆为郡县，诸子功臣以公赋税重赏赐之，甚足易制。天下无异意，则安宁之术也。置诸侯不便。"始皇曰："天下共苦战斗不休，以有侯王。赖宗庙，天下初定，又复立国，是树兵也，而求其宁息，岂不难哉！廷尉议是。"②

最终的结果是：

使秦无尺土之封，不立子弟为王、功臣为诸侯者，使后无战攻之患。③

我们可以看出，秦始皇之所以采纳李斯的建议，是因为他自己也认为分封诸侯是春秋、战国兵戈不休的原因，或者说是唯一原因，也可以看出秦始皇及李斯对于战争的厌恶，为了平息争斗，宁可废除西周礼制的典型王制度——分封。我

---

① [清]顾炎武著，黄汝成集释：《日知录集释》（上），上海古籍出版社2006年版，第832页。
② [西汉]司马迁：《史记》卷六《秦始皇本纪》，中华书局2005年版，第170页。
③ [西汉]司马迁：《史记》卷八十七《李斯列传》，中华书局2005年版，第1982页。

们现在对于秦统一之后的认识远远不够,如章学诚就说过:"秦人以吏为师,始复古制。而人乃狃于所习,转以秦人为非耳。秦之悖于古者多矣,犹有合于古者,以吏为师也。"①秦在复古与创新之间确实有自己的想法,"暴政"不能够解释秦的一切。郡县、分封其实各有利弊,清代王夫之对秦废封建置郡县倒是表达了完全不同的看法:

> 故秦、汉以降,天子孤立无辅,祚不永于商、周;而若东迁以后,交兵毒民,异政殊俗,横敛繁刑,艾削其民,迄之数百年而不息者亦革焉,则后世生民之祸亦轻矣。郡县者,非天子之利也,国祚所以不长也;而为天下计,则害不如封建之滋也多矣。呜呼!秦以私天下之心而罢侯置守,而天假其私以行其大公,存乎神者之不测,有如是夫! ②

到了西汉时期,高祖和秦始皇一样,开国就探讨自己最关心的问题,秦朝如此强大,怎么很快就灭亡了?讨论的结果刚好和秦始皇的做法相反,大分诸侯。先是同时分封异姓王与同姓王,后来感觉到了异姓诸侯对于汉天下的威胁,于是铲除异姓王。是什么样的威胁,导致高祖出此下策呢? 翻检史书,原因很复杂,确实有谋反的异姓诸侯,燕王臧荼就是第一个以实际行动反的,也有的仅仅是酝酿,还有的估计是在思想里谋反的。谋反的这些人原因也应该是各式各样的,有的为了复立六国,有的怀念项羽,也有的居功自傲,我觉得也有的是与高祖相处久了,发现如此等人也能得天下、做天子,我何不一试? 到了文、景时期,出现了同姓王危及中央政权的问题:

> 会孝惠、高后时,天下初定,郡国诸侯各务自拊循其民。吴有豫章郡铜山,濞则招致天下亡命者盗铸钱,煮海水为盐,以故无赋,国用富饶。……然

---

① [清]章学诚:《文史通义》卷三《内篇三·史释》,上海世纪出版集团 2008 年版,第 70 页。
② [清]王夫之:《读通鉴论》,中华书局 1975 年版,第 2 页。

> 其居国以铜盐故,百姓无赋。卒践更,辄与平贾。岁时存问茂材,赏赐闾里。
> 佗郡国吏欲来捕亡人者,讼共禁弗予。如此者四十馀年,以故能使其众。①

其实吴王刘濞其事,也是因为"家事",不过这"家事"太大了,景帝在做太子时与吴太子在下棋时起了争执,就操起棋盘将吴太子打死了,这就是吴王刘濞的死结,所以到了景帝即位之后,刘濞朝见时每每要见到这位杀害儿子的仇人,还要跪拜,他心里作何感想?于是在刘濞的号召下,出现了"七国之乱"事件。后又有武帝"推恩令"的实施。可以说,西汉一朝前期的重大问题就是诸侯国导致的,宗法血缘与国家政权相互斗争的过程。统治者最想借血缘亲情来维护一家一姓之政权,而不被异姓所觊觎、篡夺,但是宗法血缘集团的势力过于强大之时,一样会问鼎王权。这就是宗法与政权的二元悖论,这样的困惑与疑难在每个古代王朝中都出现,应该说在这方面最理想的还是清朝。

明太祖建国,大分诸子,其基本情况是这样的:

> 天下之大,必建藩屏,上卫国家,下安生民。今诸子既长,宜各有爵封,分镇诸国。朕非私其亲,乃遵古先哲王之制,为久安长治之计。②

明太祖分刺诸王,目的就是保卫朱姓政权,于是赋予了极大的权限,有人事权、司法权,还有一定的行政权力,后虽有所限制,但有一种权力始终存在,那就是军事权力,"不仅专属王国的护卫兵,就连朝廷派驻于各藩封的守镇兵,基本上也掌握在亲王手中"③。军权在手,国家一切尽在掌握之中。王桐龄总结了明代诸王的封国特点:

> 外卫边邮,内资夹辅。其制禄亲王万石。置相傅官属,护卫甲士,少者三

---

① [西汉]司马迁:《史记》卷一百六《吴王刘濞列传》,中华书局2005年版,第2168页。
② 《明太祖实录》卷五一,洪武三年四月己未条,台湾中央研究院历史语言研究所,1982年版。
③ 张显清、林金树主编:《明代政治史》上册,广西师范大学出版社2003年版,第195页。

千人，多者至万九千人，籍隶兵部。冕服车旗邸第，下天子一等。公侯、大臣伏而拜谒，礼无与钧，体至崇重。惟列爵而不临民，分藩而不赐土，与周、汉封国稍异焉。①

正因如下崇高的地位与强悍的权力，导致了明代的一次"家庭"内讧，不是易色，也非易主，是"换了人"。孟森对于靖难之役，多有发覆，尤其后人多以"削藩"为靖难之名，孟氏不以为然：

> 然观成祖所以毁建文，不过以削夺宗藩一事为举兵之名。既篡大位，于建文朝事一切革除，初不问其当否，其临朝公言建文时政之不善者惟有变乱官制云尔。削夺宗藩，未始非帝之失策，更改官制，亦多非当务之急，然皆无罪状可言，成祖以为罪则罪之，既篡以后，谁与抗辩？②

孟森对于古代中国的"削藩"之事，颇有见地：

> 削藩一事，古有明鉴，正学先生以学问名世，何竟不能以古为鉴，避其覆辙！汉初强宗，与明初同，贾谊痛哭而谈，未见用于文帝，至景帝时，晁错建议削藩，遂有吴、楚七国之变，以师武臣力，仅而克之，天下已被涂炭，且祸本未拔。至武帝时，用主父偃推恩之策，诸王之国，不削自削。至强藩尽而又无以制异姓之奸，王莽篡汉，诸侯王无一能与抗者，此为别一义。果不主削藩，自当权有无强宗之利害；既主削藩，则贾谊之说、主父偃之谋不可废也。③

---

① 王桐龄：《中国史》下卷，江西人民出版社 2008 年版，第 206 页。
②③ 孟森：《明史讲义》，上海古籍出版社 2011 年版，第 84、87 页。

（三）家国同构

台湾学者胡秋原爱论及西周宗法分封时这样说：

> 封建有三足支柱。其一为宗法制。天子与卿大夫由什么人做呢？自然
> 不出其家。但家不只一人。如是有宗法之制。宗法包括三点：一是家族制，
> 二是家长制，三是世袭制，即是嫡系长子继承制。[①]

胡氏对中国文化体察至深，其实西周的宗法分封，或者西汉的郡国制，乃至明代的藩王，都不出这三点。对于每一个古代王朝而言，都是一家一姓之天下，刘汉、李唐、朱明莫不如此。虽然有如明太祖声明，不是为私，而是为国，孰不知此国非他人之国，乃太祖及其后人之国也！国家是一家族之国家，甚至为一家庭之国家，这是"家国同构"的政权形式。

古代中国特别讲究家族与家庭，杜正胜就是这样的看法，他说："家庭、家族与宗族犹如一串同心圆，其范围因时地而异，也有重叠部分，但政治社会功能则一脉相通，可以互补的，根本的结构和精神则在于五服制。有了服制，传统社会的人伦相与、财产分析、法律规章才有规矩和法度。"[②]以此来规范个人或解读个人，个人首先是家族中、家庭中一分子，然后才是自己的个人。所以，在个人的生命与生态历程中，家族与家庭这一"集体"显得尤为重要，必须在这一"集体"中实现个人定位与个人价值。个人之"家庭"与集体之"国家"便相连至深，不可分割。

我们先来看家族制，古代中国是以家族为本位的，也就是说，个人和家庭都在家族的范围内活动，张岱年、程宜山是这样分析中国的家族本位的：

> 在中国，从殷周时期开始，家庭公社就处于家长的统治之下，这不仅使得同居共财的共产至严重变质，而且使个人自由受到严重压抑。……家长制在

---

① 胡秋原：《古代中国文化与中国知识分子》上册，中华书局 2010 年版，第 71 页。
② 黄宽重、刘增贵主编：《家族与社会》，中国大百科全书出版社 2005 年版，第 86 页。

封建社会广泛盛行，父权、夫权变本加厉……一夫多妻制一直在富人和显贵人物的家庭中盛行。①

可见家族制度对于中国文化的影响，家族对于家庭与个人均有约束，家族的威力与影响集中体现在族长的权力上，这也是对中国社会认识最深刻的毛泽东的看法②，族长代表家族对家族内的家庭与个人行使以下权力：

族长住持祭祀祖先之权。

族长管理族田收入及族中其他产业之权。

族长住持族人分家及监督族人财产继承、过户等权力。

族长对族内户婚、田土纠纷及违法族人的初级裁判权和有限制的处死权。③

再来看家长制。在传统中国社会中，从统治者到士大夫都在强调要无条件地服从家长，其中的一些要点我们之前已经谈过。家长对家庭成员拥有绝对的权力：

父母对子女有教令权、惩戒权、送惩权、主婚权；子女违反教令的犯罪，别籍异财的犯罪，私擅用财的犯罪，供养有缺的犯罪，告发父祖的犯罪，侵犯父祖的犯罪则为十恶不赦的杀头重罪。法律承认父祖对子孙的绝对权威，父祖认为子孙有触忤行为或过错，可以任意责打，打成重伤甚至死亡也不追究；相反，子孙辱骂父祖一句就犯杀头之罪。④

---

① 张岱年、程宜山：《中国文化论争》，中国人民大学出版社 2006 年版，第 58 页。
② 毛泽东《湖南农民运动考察报告》，见《毛泽东选集》第 1 卷，人民出版社 1991 年第 2 版，第 31 页。
③ 徐扬杰：《中国家族制度史》，人民出版社 1992 年版，第 318—319 页。
④ 史凤仪：《中国古代的家族与身份》，社会科学文献出版社 1998 年版，第 18 页。

其中最关键就是父祖对于家庭成员的这些权力,竟然得到国家的认可,也就是说家长制是对国家刑罚的补充,要不然就是国家通过家长制来实现对人民的控制。有位日本学者滋贺秀三这样解读了中国"家"的含义,他说:"在中国,家作为私法意义上的存在的同时,还是公法意义上的存在,即亦是通过国家权力掌握人民的单位。"①

以上我们考察了宗法制、家族制、家长制等制度或者习惯层面与国家的联系,这些或隐或现、或明或暗的规定,使得个人紧紧被家庭、家族和国家束缚,"造成一个大家同命运、共维持、共同效力国家这样具有整体和谐的社会。在这里,照顾上、下、左、右的人伦关系,成为最重要的东西,谁也不能离开整体一步"②。制度层面之外,还有至关重要的就是"忠孝"观念,这一观念使得中国人从灵魂深处深深认可了"家国同构"的形式。

冯尔康考察了古代中国"忠"与"孝"关系的演变:

春秋时代人们将尽孝置于尽忠的前头,当两方面冲突时,以孝害忠,孝的位置高于忠。……到汉代,人们开始把忠与孝统一起来,让孝里包含忠的意思。……大约隋唐开始,人们才普遍接受先忠后孝论,而越往后越强调尽忠,把忠盖过孝。③

他进而论述了"忠孝"是如何体现的:

民间对皇帝的尽忠及孝道中包含忠的要求,君主也表示要像父母那样爱护百姓,要使他在百姓面前具有君、父两重身份,而臣民也就变为子、民,所以出现君父、子民的对称。汉章帝下诏书说,人君就如同百姓的父母。又说人君犹如人的身体主干,子民犹如四肢,四肢有痛痒,主干也不好受,所

---

① [日]滋贺秀三著,张建国、李力译:《中国家族法原理》,法律出版社2003年版,第40页。
② 刘泽华、汪茂和、王兰仲:《专制权力与中国社会》,天津古籍出版社2005年版,第40页。
③ 冯尔康:《中国古代的宗族与祠堂》,商务印书馆国际有限公司1996年版,第125页。

以皇上总是担心四民的痛苦，还要对他们进行道德伦理的教育，若有丧事，更要拯救。因此他才下令救济孤儿和有孩子不能养活的家庭（《后汉书·章帝纪》）。体现君父爱民如子的精神，教导百姓尽忠尽孝。①

对于"忠孝"观念，近代以来大多认为是封建专制统治的需要，为了维护封建统治而进行的一种教育手段，为此而进行宣扬与教导，所以被当作封建主义观念而加以批判。批判封建社会，批判专制统治，是近代为了在中国确立更为先进的统治方式。如果不掺杂政治诉求，客观一些评价以"忠孝"为核心构建的"家国同构"的观念，会得出不一样的结果。古代中国，地大而人口稀少，虽然有着庞大而严密的官僚体系，但是县级区划以下的地域，包括广大的农村，根本没有设置专业技术官僚，其赋税收取与政令下达则完全依靠乡绅以及家族组织，所以家族以及宗族替代了国家而进行统治。家族与宗族虽有一些不人道的权力手段，但是与国家刑罚或法律相比，还是多了些柔韧性，多了人情味，所以，我们还是要对"忠孝"给予一定程度的肯定。

二、君主专制：政治影响之二

"家国天下"其指向最终还是"国"，这是一个政权的要求，也是古代社会个人所无法避免的归宿。"国"内涵非常丰富，代表了一切可以代表的事物，有时候很抽象，是一种象征，如在国家危难之际，号召"为国赴难"，这时候的"国"就成为了一种极抽象的精神存在，甚至是意识存在，但是所有"国人"都会被这个抽象的象征所感动，甚至为之献出生命。但是如果收取赋税，案件判决之时，"国"就清晰具体了，成为了某一个具体的人，这个人就是国家的代表，代表国家行使着权力。中国人在"国"面前，永远没有家，也没有个人的存在，这就是古代中国"国"的威力。

更多的时候，人民感受到的是具体的存在，而对于老百姓而言，这一具体的

---

① 冯尔康：《中国古代的宗族与祠堂》，商务印书馆国际有限公司1996年版，第127页。

存在往往是由官员代表的,于是中国人对官员有了别样的感觉。官员的权力不是来自于群众的赋予,而是君权的赐予,于是君主官僚体系所形成的管理就直接影响了老百姓政治文化的形成。

君主就是统治权力的代表,我们在分析古代中国政治对文化影响之前,极有必要对"君主"及"君主专制"进行概念的辨析。意大利人马基雅维里撰写的《君主论》里讨论了君主统治的权力之术,但是就没有对"君主"给出一个较为清晰的定义,可在此书的前面有一《献辞》,是马基雅维里献给乌尔比诺公爵梅迪奇殿下的,其中有这样一段话:

> 举凡臣民向君主邀宠,或献己之宝,或投君所好。骏马、宝刀、锦绣、美玉……还有诸如此类配得上君主的尊严和威仪的奇珍,都会源源不断地被呈献出来。而我要献给殿下的却与众不同,除了对您的一片忠心外,在我身上最宝贵最有价值的,莫过于我的阅历和知识了,特别是我所见识到的许多伟大人物的事迹。这是我洞明世事并且饱读史书、孜孜以求、不断钻研思考的成果。现在我把它写成这样一本小书,奉献给殿下。[1]

从这段献辞中,不难看出马氏在这一被称为"君主"的人面前的极尽卑微之态,想尽一切可以想到的办法,运用世间所有的阿谀的言辞,希望能够打动他。在这不吝赞扬之中,还藏有一片忠心,这个人就是"君主"。问题正在于,是什么使得或者此人凭什么值得他人如此表现? 这正是我们要探讨问题的关键。

作为中国政治学研究的泰斗,王亚南在综合了中西的政治体制之后,运用政治学与历史学的研究方法,清晰地定义了君主专制。他认为君主拥有莫大的权力,但必须通过官僚体制进行发挥,所以他没有专门研究君主专制,而选择探究了官僚政治的真谛。

---

① [意]马基雅维里著,李蒙译:《君主论》,上海三联书店 2006 年版,第 18 页。

"专制君主政体就把关于行政事务的立法权集中在国王手里，并由他发给官吏的命令，变成行政法或公法的来源。"（克拉勃〔Krabbe〕著《近代国家观念》，王检译本，英译者序，一九五七年版第十四页）在这种情势下，官僚或官吏就不是对国家或人民负责，而只是对国王负责。国王的语言，变为他们的法律，国王的好恶，决定了他们的命运（官运和生命），结局……①

如果换成中国式的表达，就是王亚南的学生孙越生的说法：

由于官僚政治是专制独裁政治，百官最后皆向帝王一人负责。因此，帝王拥有莫大的权力。帝王的个性、能力、知识、好恶等个体特征对他所支配的官僚政治机器的具体特点乃至成败兴衰都有极大的影响。②

每一种政治体制都会对本国历史与文化形成极大的影响，中西古今莫不如此，牟宗三就考察过拿破仑、希特勒的政治神话的产生。③君主专制下的官僚体制，在中国存在了两千年，极大地影响了中国人的生存与生活方式，可以说是深入到了生活的每一个角落和思想的每一处闪念。

（一）从政权获取方式说起

古代中国政权是王朝形式，也就是王朝政权的逐一统治，也称为"王朝递嬗"。时间断限大致是从夏朝开始，到清朝建立。地理范围大约是现今中国的疆域土地。古代中国政权获取方式多种多样，归纳一下大约有以下几种：

1.形式与实质都不太清楚——禅让。至少从文献记载来看是这样。我们一一说来。《史记·五帝本纪》记载："尧崩，三年之丧毕，舜让辟丹朱于南河之南。诸侯朝觐者不之丹朱而之舜，狱讼者不之丹朱而之舜，讴歌者不讴歌丹朱而讴歌舜。

---

① 王亚南：《中国官僚政治研究》，中国社会科学出版社 1982 年版，第 22 页。
② 孙越生：《中国官僚政治研究·再版序言》，中国社会科学出版社 1982 年版。
③ 牟宗三：《政道与治道》，广西师范大学出版社 2006 年版，第 74—75 页。

舜曰'天也',夫而后之中国践天子位焉,是为帝舜。"①又《夏本纪》记载:"帝舜荐禹于天,为嗣。十七年而帝舜崩。三年丧毕,禹辞辟舜之子商均于阳城。天下诸侯皆去商均而朝禹。禹于是即天子位……"②这就是文献中记载的"禅让",历史学家也一再颂扬这样的政权传承方式,"后世的史家艳羡他们能够那么雍容揖让,不起一毫争夺,便都推称以为'天下为公,选贤与能'的黄金时代了"③。从历史的发展来看,这是最早的禅让,后面还有。政权这样的谦让方式,初看使人心生敬意,佩服之至,可再细想,觉得太不可思议。其实对于禅让,古人也是多有不解,所以给出了一些原因,如尧舜禹时代没有可享受的安乐,只有艰苦辛劳,所以没有人愿意做天子。④这只是一种善意的解释。按照《五帝本纪》记载看,那时已经有了赋税和刑罚,这难道不是权力吗? 这绝不是所谓的艰苦辛劳。我们细细查找史料,会发现不一样的记载。在尧禅让舜之前,在舜禅让禹之后,请大家注意,都不是禅让。《五帝本纪》记载:"帝喾娶陈锋氏女,生放勋。娶娵訾氏女,生挚。帝喾崩,而挚代立。帝挚立,不善,而弟放勋立,是为帝尧。"⑤这样我们就可以看出,尧获取的方式保守一点说是兄终弟及,如果忽略挚的存在,就是父死子继,总之不是禅让。其后呢? 虽有禹欲禅让益之意图与形式,但有扈氏一战,充分表明了启获取的方式不是禅让。那我们尽可以发问,怎么就在历史的中间凭空出现了一段和平的禅让呢?

2. 读下面两段文字:

> 冬,十月,乙卯,汉帝告祠高庙,使行御史大夫张音持节奉玺绶诏册,禅位于魏。王三上书辞让,乃为坛于繁阳,辛未,升坛受玺绶,即皇帝位,燎祭天地、岳渎,改元,大赦。⑥
>
> 十二月,壬戌,魏帝禅位于晋;甲子,出舍于金墉城。太傅司马孚拜辞,

---

① ② [西汉]司马迁:《史记》,中华书局 2005 年版,第 23、61 页。
③ 王伯祥、宋云彬合编:《开明中国历史讲义》,新星出版社 2015 年版,第 13 页。
④ 参阅陈登原:《国史旧闻》第一册上,辽宁教育出版社 2000 年版,第 47—48 页。
⑤ [西汉]司马迁:《史记》,中华书局 2005 年版,第 11 页。
⑥ [宋]司马光:《资治通鉴》卷六十九《魏纪一·文帝黄初元年》,中华书局 1956 年版,第 2182 页。

执帝手，流涕歔欷不自胜，曰："臣死之日，固大魏之纯臣也。"丙寅，王即皇
帝位，大赦，改元。①

　　以上说的是一类禅让，刚才这两段文字是另一类禅让，这两类有相似的地
方，但更多的是不同。魏晋之禅让，非常有意思，《资治通鉴》称为"皆仿魏初故
事"，魏受禅于汉，又禅位于晋，上演了一出历史因果。其实这两次禅让大有可究
之处，我们首先得承认，绝对不是和平方式。看汉魏禅让之前，曹操做了多少年汉
之丞相，"挟天子以令诸侯"，给曹丕登基做了多少铺垫。曹丕即魏王后又是积极
活动，为自己得天下造舆论、做工作，最后，"禅让"水到渠成了，"禅让"成了汉帝
保命的唯一方式。至于魏晋禅让，与汉魏禅让有异曲同工之处。司马一门为了夺
取曹魏天下苦心经营了许多年，司马懿夺曹爽兵权，为其子擅权开山铺路。司马
师、司马昭擅权，最后司马炎通过"禅让"建立了晋。
　　所以，我们基本可以归纳出，汉魏、魏晋之禅让，这段历史故事要告诉我们的
不是和平过渡，而是和平掩盖下的逼迫，是在刺刀之下的"禅让"。
　　3. 还有一种政权的获取方式，既不是禅让，也不是武力，是什么呢？文献记载
含糊不清，举典型的几个例子来说明情况。一是玄武门之变，二是黄袍加身，三是
斧光烛影。
　　据清人撰写的《纲鉴易知录》记载：

　　　　明日，世民帅长孙无忌等人，伏兵于玄武门。建成、元吉俱入参，至临湖
　　殿，觉有变，欲还。世民追射建成，杀之。尉迟敬德射杀元吉。②

　　这就是人们熟知的玄武门之变。事实已经很清楚，是世民亲自除掉了太子建
成，其部下射杀了元吉。之后的记载就没有如此血腥了，经过了萧瑀、陈叔达做思

① [宋]司马光：《资治通鉴》卷七十九《晋纪一·武帝泰始元年》，中华书局 1956 年版，第
　 2492 页。
② [清]吴乘权等著：《纲鉴易知录》卷四二《唐纪》，中华书局 2009 年版，第 558 页。

想工作两个月后,"帝自称太上皇。秋八月,太子即位"①。大家可以想一想,这两个月里唐高祖究竟琢磨了些什么问题,使得他下了最后决心,传位于世民呢? 岑仲勉有这样一句话深可玩味,"幸唐高祖即行禅位,犹胜隋文一筹"②。

至于北宋一朝的二事,皆关太祖兄弟。黄袍加身,是太祖弟光义率众"逼迫"赵匡胤即皇帝位,也是推辞再三,最后盛情难却,只好做了皇帝。第二件事称为"斧光烛影",有文献记载:

> 俄而阴霾四起,雪雹骤降……召开封王,即太宗也。延入大寝,酌酒对饮。宦官、宫妾悉屏之。但遥见烛影下,太宗时或避席,有不可胜之状。饮讫,禁漏三鼓,殿雪已数寸,帝引柱斧戳雪,顾太宗曰:"好做,好做!"遂解带就寝,鼻息如雷霆。是夕,太宗留宿禁内,将五鼓,周庐者寂无所闻,帝已崩矣。③

我们不妨分析一下此段文字中蕴含的蹊跷之处:把侍从全部赶走,此为蹊跷之一;遥见,太祖、太宗没有同时出现,要出现只出现一人,此为蹊跷之二;鼻息如雷霆,此为其三;太宗留宿,此为其四。可以推测,从遥见一直到殿雪数寸,就是两兄弟在打斗,躲避就是例证,引柱斧戳雪的已经不是太祖了,而是太宗。当然,以上的结论只是推测,但毕竟历史掩盖了很久,尘埃很厚了。这也是一种权力的获取方式,还不能用"武力"解释,而是"戕害"。

在历史上,除了禅让、相逼、戕害之外,更多的就是武力取得,这里的"武力"指的是军事、战争。下面分析一下古代中国政权获取方式的特点。

特点一,古代中国政权的转移或者继承主要的方式就是武力取得,这一点在文献中记载得特别清楚。如果以秦王嬴政继位算起(公元前 246 年),到秦统一事

---

① [清]吴乘权等著:《纲鉴易知录》卷四二《唐纪》,中华书局 2009 年版,第 588—589 页。
② 岑仲勉:《隋唐史》(上),中华书局 1982 年新 1 版,第 96 页。
③ [宋]文莹:《续湘山野录》,载于《湘山野录 续录 玉壶清话》,中华书局 1984 年版,第 74 页。另陈登原氏撰《国史旧闻》第二册所引此文多有遗漏,辽宁教育出版社 2000 年版,第 241 页。

业的完成则用了二十五年的时间。刘邦、项羽争夺天下的楚汉之争进行了四年。东汉统一则用了十二年时间，隋统一用了八年，唐用了三年，明太祖则用了十七年，清兵入关则用了近三十年。这只是大致的估算，还有春秋战国、魏晋南北朝、五代十国、宋辽金时期，皆是战乱时期。

以军事获取政权对中国历史与文化有着重大的影响。一是效仿为先，皆以为武力获取为最正当方式，而不会因生灵涂炭、经济荼毒而放弃，所以此先例一开，后世皆是如此。此点与欧洲相比，就稍微逊色一些。二是极易形成个人独裁，这可以成为古代中国君主专制体制的另一种解释。使用武力进行讨伐，必然会形成以军事领袖为核心的领导集团，这一集团在军事实施方面会起到决定性的作用，等到获取政权之后，就理所应当成为了政治领袖，而且地位极难动摇。三是当获得政权实现行政领导之后，因为重兵在握，所以极易对人民形成控制，从而能最大限度地保证统治的持久。

特点二，获取政权还讲究"天命"。《史记·殷本纪》记载了殷汤伐夏桀时的誓词：

汤曰："格女众庶，来，女悉听朕言。匪台小子敢行举乱，有夏多罪，予维闻女众言，夏氏有罪。予畏上帝，不敢不正。今夏多罪，天命殛之。今女有众，女曰'我君不恤我众，舍我穑事而割政'。女其曰'有罪，其奈何'？……夏德若兹，今朕必往。尔尚及予一人致天之罚，予其大理女。……"以告令师，作汤誓。[1]

尹佚策祝曰："殷之末孙季纣，殄废先王明德，侮蔑神祇不祀，昏暴商邑百姓，其章显闻于天皇上帝。"于是武王再拜稽首，曰："膺更大命，革殷，受天明命。"武王又再拜稽首，乃出。[2]

---

[1][2]［西汉］司马迁：《史记》，中华书局 2005 年版，第 70、92 页。

以上两段文字的核心思想就是天命,或称为"天命论"专家多有论述,认为是从法天而来的顺应天命的理论与认识[①],而这一理论的形成最终是在汉武帝时期,董仲舒的"天人感应"起了决定作用。

为什么在获取政权的道路上提及天命呢?天命有两大作用,一是为自己的军事征伐寻找借口,或是理论基础,让被征伐者与自己的跟随者相信,自己进行的这场战争是正义的,天命所规,看上面所引的《汤誓》篇就知道了,鼓舞士气是多么的重要。二是政权建立之后,凭什么统治人民?天命可以赋予你征伐的权力,当征伐完成之后,你可以退出了,为何要践位统治呢?于是,再搬出天命这套理论来说服民众,统治也是天命所归。

特点三,古代中国政权的获取方式,还说明了一个问题,就是政权的承袭性,这无论是就一个王朝而言,还是整个古代而言,都有这个特点。

为何要美其名曰"禅让"呢? 就是承袭前代,就是确保自己统治的正统性,这是天命之外非常重要的理论基础。至于前朝统治情况,你再怎么抹黑诋毁都可以,但毕竟你从人家那里取得了统治权,民众乃至于官僚的心理的恋旧情结一定不会依附于你,于是让被统治者从心里认可你是前朝的继承者,那么统治的实行便较为容易些了。那这样的累代、累朝承袭,就会形成中国历史的另一个显著的特点——绵长。中国历史被认为源远流长,绵延不断,绝不是说历史记载的延续性,而是历史本身的承袭性。

承袭性还有一重要的理论基础,就是五德终始说。秦始皇定天下之后,开创了很多先例并为后世所遵守,其中一例就是政权继承的合法性,采用了五德终始说:

> 始皇推终始五德之传,以为周得火德,秦代周德,从所不胜。方今水德之始,改年始,朝贺皆自十月朔。衣服旄旌节旗皆上黑。数以六为纪,符、法

---

① 陈江风:《观念与中国文化传统》,广西师范大学出版社 2006 年版,其中第二章《天与人》,第三章《法天而治——传统政治的文化特色》,可以参阅。

冠皆六寸，而舆六尺，六尺为步，乘六马。更名河曰德水，以为水德之始。[①]

五德终始说是战国齐人邹衍的发明，使用五行相胜来解释朝代的更替循环，他认为从黄帝开始，黄帝是水德，夏禹是木德，殷汤是金德，周文王是火德，那么代周的就一定是水德了。邹衍的这一学说竟然被秦始皇采用，并被奉为万世之法。"邹衍虽继孟子侈谈'时数'之说，但由于'以相胜立体'，从而使'五百年必有王者兴'的绝对命定论演变为论证革命的循环论，这实在是一个不小的进步"[②]。

（二）接着说政权的统治方式

获取政权之后，统治者必须考虑统治的方式、方法，而这一方法的考虑与选择肯定得有利于统治，我们分历史时期将内容、特点说明。

1.就历史时期来看，统治方式可以以秦始皇统一为分界点，分为前后两大阶段，前段是天子诸侯制，后者是君主专制。

先来看天子诸侯制，这一名称的提出，与通行的历史知识不同，也与一些专家的看法有异。提出此概念，不是为了标新立异，也不是为了创立新概念，而是在与秦以后体制做了仔细的比较之后，经过慎重考虑后提出的。细究三代，统治的体制与方式确实与秦及秦以后完全不同。

首先，有天子而无皇帝，这一区别不太好把握，我们需要从史料中分析。三代时期的天子的选择虽然有武力取得或者和平继承，但这都不对其统治方式造成影响。天子是一种象征，是一种国家的象征，而不是权力的代表。翻检史料，可以看出天子主要是"德"的载体，是德行的代表者，其最重要的事情就是"立德"或者"失德"。

《史记·夏本纪》记载：

　　　　帝孔甲立，好方鬼神，事淫乱。夏后氏德衰，诸侯畔之。[③]

---

① [西汉]司马迁：《史记》卷六《秦始皇本纪》，中华书局 2005 年版，第 169 页。
② 庞朴：《蓟门散思》，上海文艺出版社 1996 年版，第 64 页。
③ [西汉]司马迁：《史记》卷二《夏本纪》，中华书局 2005 年版，第 63 页。

帝桀之时,自孔甲以来而诸侯多畔夏,桀不务德而武伤百姓,百姓弗堪。乃召汤而囚之夏台,已而释之。汤修德,诸侯皆归汤,汤遂率兵以伐夏桀。①

三代时的天子获得权力与失去权力都是因为"德",还有因为"德"而被废又复立的:

帝太甲既立三年,不明,暴虐,不遵汤法,乱德,于是伊尹放之于桐官。三年,伊尹摄行政当国,以朝诸侯。

帝太甲居桐官三年,悔过自责,反善,于是伊尹乃迎帝太甲而授之政。帝太甲修德,诸侯咸归殷,百姓以宁。伊尹嘉之,乃作太甲训三篇,褒帝太甲,称太宗。②

可见"德"对于三代帝王的重要,那就需要对德的含义进行必要的总结。《史记·夏本纪》记载:"禹为人敏给克勤;其德不违,其仁可亲,其言可信;声为律,身为度,称以出;亹亹穆穆,为纲为纪。"③也就是说,禹以德立身,成为了世人的楷模,其表现主要是勤勉与恭敬。在舜做天子时,曾经与禹、伯夷、皋陶讨论"德"的问题,可以说对德的一次集中的论述,每个人对德的理解都不一样,如舜询问禹对德的理解,禹回答说,就是每天努力工作罢了。皋陶对德有个全面的概括:

宽而栗,柔而立,愿而共,治而敬,扰而毅,直而温,简而廉,刚而实,强而义。④

那失德有哪些行为呢? 在三代时期,被认为失德的典型帝王就是夏桀、殷纣

---

① ② ③ ④ [西汉]司马迁:《史记》卷二《夏本纪》,中华书局 2005 年版,第 65、72—73、38、57 页。

了,近人陈登原考索史料,归纳出三十四事,我们可以看作是"失德"的最典型的表现:

　　一、恶名传世;二、口腹杀人;三、内宠外谍;四、好武招败;五、大兴土木;六、骄妄比天;七、貌异常人;八、恶日传役;九、力大无朋;十、肥硕无比;十一、恣情佃猎;十二、凭野作战;十三、逆天怙恶;十四、江河示警;十五、五行失常;十六、女子人妖;十七、交接恶人;十八、长夜荒宴;十九、肉林嬉戏;二十、淫声渡曲;二十一、炮烙之刑;二十二、好事激变;二十三、诛僇无辜;二十四、嫌忌新王;二十五、史官通敌;二十六、使民不时;二十七、纵其口欲;二十八、恃险亡国;至于杀人剖心,燔人闻臭,剔孕妇,斩朝涉,又作铜柱,又作酒池,则三十四事矣。①

　　其次,有诸侯无地方,这其实是讲三代时的地方统治形式。统治必须有一整套的官僚系统实施,权力是逐级传递的,这样才能形成完整的体系,对于收取赋税、案件审理等事务处理才能做到常规化。但是在夏商周时期,就传世史料来看,在地方一级行政区划中,没有行政组织的存在,而只有诸侯国的存在,这样的统治就无法组成权力网络与形成权力触角,也就是无法深入到民众的日常生活中。童书业根据春秋史料推断出西周的地方制度:

　　隐公年传:"都城过百雉,国之害也。先王之制,大都不过参国之一,中五之一,小九之一。"据目前所有可靠史料,西周时代县鄙(边邑)制度似尚未普遍,至于县、郡或郡、县制度更未产生。
　　西周之地方制度,大概分国、都、邑三级:国即国都,都为大邑,邑为小邑,国、都、邑之外为"野",无明确之国界。

---

① 陈登原:《国史旧闻》第一册(上),辽宁教育出版社 2000 年版,第 80 页。

西周地方制度,亦甚难详知。此据春秋史料上推,虽不中亦不远矣。[①]

就《史记》中记载的三代史实来看,地方制度也是各有不同,其实最主要的地方制度是诸侯国。童书业所论的国、都、邑,应该不能算作地方制度,可以推测是治所,或者是人口聚集区。看以下几条史料:

禹乃遂与益、后稷奉帝命,命诸侯百姓兴人徒以傅土,行山表木,定高山大川。……食少,调有徐相给,以均诸侯。[②]

于是九州攸同,四奥既居,九山刊旅,九川涤原,九泽既陂,四海会同。六府甚修,众土交正,致慎财赋,咸则三壤成赋。中国赐土姓:"祗台德先,不距朕行。"[③]

令天子之国以外五百里甸服:百里赋纳總,二百里纳铚,三百里纳秸服,四百里粟,五百里米。甸服外五百里侯服:百里采,二百里任国,三百里诸侯。侯服外五百里绥服:三百里揆文教,二百里奋武卫。绥服外五百里要服:三百里夷,二百里蔡。要服外五百里荒服:三百里蛮,二百里流。[④]

史料显示夏代时的地方制度是这样的,在动员民众和收取赋税时,甚至调拨粮食,都是以诸侯国为单位,这就充分说明诸侯国是主要的地方行政制度。那么在史料中还显示了九州、六府和五服制,九州是依据山水地势做出的地理规划,有一定的地表、地貌、植被和风物特产,从史料中看没有设置九州的管理人员,所以九州不是地方行政制度,类似于我们今天所说的西北、西南这样的地理概念。至于六府,从上下文看应该是地域名称,而不是官员,但是在文中出现较少,所以不好推测其意义。六府治下的领土可以征收财赋,就说明是行政区划,具体情况就不得而知了。五服制是大的地理区划,诸侯国被包含在内,所以,夏代的地方制

---

① 童书业:《春秋左传研究》,上海人民出版社1980年版,第304页。
②③④ [西汉]司马迁:《史记》卷二《夏本纪》,中华书局2005年版,第38、56页。

度应该是五服制下的诸侯国制度,治理民众主要依靠的是诸侯国。

> 汤归至于泰卷陶……作汤诰："维三月,王自至于东郊。告诸侯群后……"①

这是商汤战胜夏桀后,班师回到了亳都,然后召开重要会议,参加者有"诸侯群后",就是地方行政官员的会议,"诸侯"我们在史料中常常可以见到,那么"群后"呢?为何与诸侯并列一起参加会议呢?极有可能就是五服制中的"要服"和"荒服"的部族酋长首领。

> 武王征九牧之君,登豳之阜,以望商邑。②

就说明至少从周武王起,九州开始作为行政区划出现了,要不然不会有"九牧之君"的,就是九州的君长。这样看来,周代的地方统治应该是九州与方国同时存在的。

再次,有官员无统治。根据史料分析得知,夏代时官员分为中央与地方两类,中央官员主要由大臣与四岳组成,而四岳极有可能就是《夏本纪》中出现的禹、伯夷、皋陶,还有就是出现在禹的叙述中的"益"。所以四岳就是四个人担任的官职,备咨询并担任重要职务,如皋陶就是审理刑狱的长官,而禹在舜时代就是民政民生的官员,治理洪水、安定百姓生活。到了商代,国家体制要完备一些,其官员相对来说也名目多了,如有汤时的伊尹,是重要的辅助大臣,应该说是权力最大、地位最高的大臣。

> 伊尹名阿衡。阿衡欲奸汤而无由,乃为有莘媵臣,负鼎俎,以滋味说汤,致于王道。或曰,伊尹处士,汤使人聘迎之,五反然后肯往从汤,言素王及九

---

① ② ［西汉］司马迁,《史记》卷二《夏本纪》,中华书局 2005 年版,第 71、94 页。

主之事。汤举任以国政。伊尹去汤适夏。既丑有夏，复归于亳。入自北门，遇女鸠、女房，作女鸠女房。①

从上面的史料可以看出，伊尹懂得治国之术，巧用自己做饭的爱好被商汤擢用，委以国政，但实际上并没有得到重用，于是离开商汤去为夏桀服务，然后又回到商都，重获商汤的信任，可见此人之厉害。

伊尹也好，其他官员也好，在三代时期仅仅做一些国家事务的处理工作，和后世比起来，是一种粗线条的管理，只进行一些必需的领域的工作，如农业种植、刑狱、疏浚洪水、调剂粮食。即使有诸侯方国的存在，中央和诸侯的管理也没有形成对接的状态，所以没有形成后世的那种网格状、交叉式的立体管理。

2. 下面来看君主专制。经过春秋、战国的发展，到秦始皇统一中国之后，我们可以将这段历史时期称为君主专制时期。这段时期政权的统治方式几乎没有大的变化，也可以说基本上是承袭。当然，对于这样的体制，多有高论，有人认为称之为"皇权"合适，有人认为称为"王权"合理，也有的"专制主义中央集权制"等等，但是请注意，所有这些概念都绕不开君主，就是皇帝，所以这才是秦之后中国政权统治的核心所在。

台湾学者甘怀真就是比较重要的代表人物，他认为皇帝制度不是西方意义上的专制者，他这样说：

皇帝的确作为国家最高的领导人，可是这个国家是君臣的公有物，如同家产是父子的公有物一般。用传统中国的观念而言，国家被比拟成君臣所共有的身体。皇帝的统治权只是根据他的名分，他也必须安分。更关键的是，皇帝没有权利决定别人的分，因为这些分权在皇权出现前即已存在了。②

---

① [西汉]司马迁：《史记》卷二《夏本纪》，中华书局 2005 年版，第 68 页。
② 甘怀真：《皇权、礼仪与经典诠释：中国古代政治史研究》，华东师范大学出版社 2008 年版，第 389 页。

他在"结语"中写道:

> 我个人倾向认为皇权不是绝对的,但不是因为皇权受到法律制度的规范,而是它的权力运作方式是礼制式的。礼作为制君的规范,传统士大夫是深有自觉的。自汉代以来,由于中国采世袭政治,皇帝无子而传帝位与侄之例,屡见不鲜。这位嗣君究竟要称谁为父亲,经常引起宫廷士大夫的高度关切,甚至引发政争。宋代的"濮议"与明代的"大礼议"更为著名。从今天的角度来看,甚无谓也。只要我们理解皇权的主要规范是来自名分,皇帝是人间名分秩序的示范者,如果皇帝连父亲都叫错了,如何使臣民正名安分,故兹事体大,可能动摇国本,我们也就不难理解为何大臣冒死抗争。①

甘怀真教授的《皇权、礼仪与经典诠释:中国古代政治史研究》确实是研究古代中国礼制的典范,但是在关于皇权与礼制关系的诠释上,出了偏差。他认为古代中国的皇帝不是专制者,主要因为是礼制的代表,秩序的象征,是名分的制定者,而不是法律的制定者。我们看几条史料。

> 始皇推终始五德之传……刚毅戾深,事皆决于法,刻削毋仁恩和义,然后合五德之数。于是急法,久者不赦。②

1983年湖北的张家山二四七号汉墓出土了大批竹简,经整理发现其中一部分是《二年律令》,使得亡佚已久的汉律得以重现,其中《贼律》中有这样一条:

> 伪写皇帝信玺、皇帝行玺,要斩以匀。③

---

① 甘怀真:《皇权、礼仪与经典诠释:中国古代政治史研究》,华东师范大学出版社2008年版,第390—391页。
② [西汉]司马迁:《史记》卷六《秦始皇本纪》,中华书局2005年版,第169页。
③ 张家山二四七号汉墓竹简整理小组:《张家山汉墓竹简》,文物出版社2006年版,第9页。

根据史料我们可以得出,古代中国的皇帝就是法律的制定者,如明太祖组织人员编订《大明律》,他还亲自编成《大诰》《大诰续编》和《大诰三编》,同样具有法律效力,正如学者在充分研究了张家山汉简之后写道:

> 汉代的国家形式,是以君主专制为核心的中央集权制,这种制度是由秦始皇在统一中国时建立起来的。在这种制度下,皇帝掌握着所有的大权,国家的法律也是"法自君出",皇帝的诏令具有绝对的权威,是法律的重要形式,而颁布的各项法律必须经过皇帝批准。①

甘氏还提到了礼制,认为皇帝就是礼制中的一分子,是名分的示范者,其实不是示范者,而是制定者,更改者。

> 六年,高祖五日一朝太公,如家人父子礼。太公家令说太公曰:"天无二日,士无二王。今高祖虽子,人主也;太公虽父,人臣也。奈何令人主拜人臣!如此,则威重不行。"后高祖朝,太公拥篲,迎门却行。高祖大惊,下扶太公。太公曰:"帝,人主也,奈何以我乱天下法!"于是高祖乃尊太公为太上皇。心善家令言,赐金五百斤。②

我们从这条史料中看出了汉高祖对父亲的尊重与恭敬,是礼的示范者,也是名分的遵守者,但是最主要是礼制的制定者。

> 未央宫成。高祖大朝诸侯群臣,置酒未央前殿。高祖奉玉卮,起为太上皇寿,曰:"始大人常以臣无赖,不能治产业,不如仲力。今某之业所就孰与仲多?"殿上群臣皆呼万岁,大笑为乐。③

---

① 曾加:《张家山汉简法律思想研究》,商务印书馆 2008 年版,第 158 页。
②③ [西汉]司马迁:《史记》卷八《高祖本纪》,中华书局 2005 年版,第 269、272 页。

这就是礼制的示范者吗？

至于提及的明代的"大礼议"，确实当朝士大夫有拼死的精神和赴死的行动，可是在这场号称维护礼制，维护国本的运动中，这些迂腐的士大夫得到了什么结果呢？"帝益怒，命尽录诸臣姓名，时有不在列者，其亲故以不与义举为嫌，多为代书，遂系马理等一百九十人于狱。孟春等待罪。越数日，为首者戍边，四品以上夺俸，五品以下予杖，编修王相等十有七人杖死。"①

为什么还要讲集权体制呢？钱穆在讨论中国传统政治时说：

首先要注意者，中国秦以后的传统政治，显然常保留一个君职与臣职的划分，换言之，即是君权与臣权之划分。亦可说是王室与政府之划分。在汉代，内朝指王室言，外朝指政府言。全国财政收入，属于大司农者归政府，属于少府者归王室，这一划分，历代大体保持。宰相是政府领袖，中国传统政治内宰相之地位和职权，值得我们特别重视。②

无论是象征还是专制，作为一个人来讲，皇帝都是个体的存在。抹去那些神话般的描述，他的精力和体力是有限的，思维和操控力也是有限的，再充沛的精力也无法处理一国的事务，所以一个人是统治不了世界和民众的，这就需要辅助的力量。

辅助力量主要有三个方面的人员构成，一类是中央政府的事务性人员，另一类是与皇帝有亲密关系的配偶、亲王、公主等，还有一类是地方的官与吏。而第一类恰恰就是钱穆所说的以宰相为首的中央政府。集权有两个方面的意思，一是集体力量在运用权力，二是权力集中，集中在了某一小部分或某一阶层人的手中，从这一角度讲，也是集体权力。

---

① 孟森：《明史讲义》，上海古籍出版社 2011 年版，第 215 页。
② 钱穆：《国史新论》，三联书店 2001 年版，第 83 页。

宰相制度从先秦起源，在秦朝时确定了下来，一直到清灭亡，存在了两千多年，其间虽多有变化，但宰相的权力一直存在，一直在发挥着作用，这就是历史上所称的相权。相权是介于皇权与臣权之间的枢纽，也可以称之为缓冲地带。但其主要对皇帝负责，所以相权与皇权之间永远存在着调护或者是天然的矛盾，这个矛盾存在的原因，其实就是觊觎皇权，导致皇权对其防范造成的。战国时始有宰相的出现，但只是士大夫的家庭管理人员，后来随着信任的增加，地位的上升，才逐渐成为而来国家公职人员。到了秦建立，丞相开始正式登上历史舞台，作为帝王最重要的辅臣，开始发挥作用，李斯就是秦始皇统治时期的丞相。从史料上看，秦始皇非常信任李斯，同时又加以防范。在统一之前，李斯的《谏逐客疏》改变了秦王的决定。统一之后，李斯认为不能分封，应该实行郡县，焚烧百家书也是李斯的建议，也被秦始皇采纳，这都说明了君主对丞相的信任。但是，这种信任不是永远的，也不是无条件的，秦始皇同时又特别提防李斯：

> 始皇帝幸梁山宫，从山上见丞相车骑众，弗善也。中人或告丞相，丞相后损车骑。始皇怒曰："此中人泄吾语。"案问莫服。当是时，诏捕诸时在旁者，皆杀之。①

君权与相权之争一直在延续，两者相辅又颉颃。从西汉开始，皇帝就着手开始削夺相权，尤其是汉武帝时最盛，设立了内朝官，与一丞相为首的外朝相对，意在削夺丞相的权力。说秦朝是古代中国统治的发轫，还不如说是自西汉开始奠定呢，西汉时的陈平就对丞相一职有确切的理解，他应答文帝的询问："宰相者，上佐天子理阴阳，顺四时，下育万物之宜，外镇抚四夷诸侯，内亲附百姓，使卿大夫各地任其职焉。"②可见西汉时相权之重，就是一人之下、万人之上的地位，这也就是促使武帝下决心削夺相权的主要原因。到了隋唐时期，相权更为之一变，三省六部制的设立，相权大加分散，由一而三，更利于皇帝的驾驭。到了明太祖时期

---

①② [西汉]司马迁：《史记》卷六《秦始皇本纪》，中华书局 2005 年版，第 182—183、1644 页。

则更为直接，"废丞相，设三司，权分六部"，看陈平所说的相权，是"总揽"或"总理"，而到了明太祖时则是"分理"，这样皇权就不会受到威胁了。有清一代，虽有宰相之实，却无宰相之名，无名也就无实了。这样看来，从明太祖起，存在了近两千年的宰相制度就彻底废止了。

丞相只是政府的最高首脑，政府是以其为核心进行运作的，勤政些的皇帝会直接插手政府的日常事务，稍微懒惰一点的是无法一一过问的。同样的道理，丞相也不可能过问或者处理政府的所有大小事务，他依靠的是大量的官员，所以，中央政府的正常运作及日常事务处理，或者说，王朝国家的正常运转，不是皇帝或丞相在操作，而是官员。虽然无法准确统计每一王朝官员的数量，但是我们通过史料可以看出大概，如在古代号称"冗官"的北宋，"对官员的任用，实行了官职名称与实际职务相脱离的政策。上至仆射、尚书，下至员外郎，以及寺、监的官职，除特殊情况外，都不担任与官职名称相符的职务，官名只用来表示官位和俸禄的高低，称为正官、寄禄官，简称官"①。所以陈寅恪认为宋史难治，很大程度上是由于此。②这样，北宋就出现了大量的"冗官"，多有专家认为是统治者的失策，而我相信没有一个当政者愿意破坏自己的统治，应该是为了应付或者处理大量随之产生的政府事务而不得不设立如此之多的官员。官员是政府的支撑，是具体事务的办理者，也可以说是"权力的毛细管"或者"权力的触角"，③其实就代表了权力，也是权力的实质所在。

王朝权力的运作，在皇帝、丞相以大量的中央、地方专业官员外，还有一种权力代表的存在，这些人不是在职官员，或曾经任过官职，更多的是布衣百姓。而就这些布衣，长期合法地存在基层，把持着基层大权。这些人被称为"缙绅"，和家族、宗族势力相联系，对基层民众进行直接的统治。他们成为县一级权力的直接

---

① 陈振：《宋代社会政治论稿》，上海人民出版社 2007 年，第 12 页。
② 陈寅恪：《邓广铭宋史职官志考证序》，载于《金明馆丛稿二编》，生活·读书·新知三联书店 2001 年版，第 277 页。
③ "权力的毛细管"借用王汎森的说法。见王汎森著《权力的毛细管作用：清代的思想、学术与心态》，联经出版事业股份有限公司 2013 年版。

执行者,承担赋税收取、差役分派等常规性工作。而在王朝权力体系中,只有这些常规性的工作是与百姓息息相关的。杜正胜在讨论古代政治社会的结构时说:

> 里君、邑人、有司皆属官方的领导阶层,田畯若是在官庶人,照《礼制·王制》说,是有俸禄的,也应算半官方人物。除此之外,古代聚落还有一种非官方的领导人物,即是父老。父老中特别有权威势力的人,政府委以教化里邑居民的责任,但不食官禄,称为"三老"。①

他进而论道:

> 父老无吏职,却负起吏的责任,对乡里成员自然具有约束力量,一旦有乱,官方维系秩序的机构失调,这股非官方力量马上填补官府空缺,成为地方上的主导力量。秦汉之际,父老发挥高度社会功能,就是这个缘故。②

3. 关于政权统治方式的特点。从以上讨论我们知道,古代中国最基本的统治方式是君主专制,但是在君主之下,还有以丞相为核心的中央政府,以及地方行政组织,还有不是朝廷任命的国家公职人员,却在日常管理中发挥重要作用的缙绅阶层。归纳起来,共有以下特点。

第一,专制特点明显。从商王自称"余一人"到秦始皇自称曰"朕",无不显示君主的独一无二,其权力也是极大,出口成旨,"口衔天宪",可以随意杀人,发动战争,甚至于官僚的性命也在其掌控之中,"伴君如伴虎"。史载秦始皇手握天下大权,"天下之事无大小皆决于上,上至以衡石量书,日夜有呈,不中呈不得休息。"③君主对于天下的控制是真实而直接的,做到了"溥天之下,莫非王土;率土之滨,莫非王臣"。

---

①② 杜正胜:《编户齐民:传统政治社会结构之形成》,联经出版事业股份有限公司2014年第2版,第214、222页。
③ [西汉]司马迁:《史记》卷六《秦始皇本纪》,中华书局2005年版,第183页。

我们刚才讨论过，维持王朝权力运转的其实是庞大的官僚系统，这些中央政府的、地方政府的、基层社会的技术官僚，构成了一张巨大的权力之网，将民众牢牢控制在他们的手中，运用政治力量进行剥削。这就是官僚政治的作用与影响，所以王亚南说："惟其中国专制的官僚的政治自始就动员了或利用了各种社会文化的因素以扩大其影响，故官僚政治的支配的、贯彻的作用，就逐渐把它自己造成一种思想上、生活上的天罗地网，使全体生息在这种政治局面下的官吏与人民，支配者与被支配者都不知不觉地把这种政治形态看为最自然最合理的政治形态。"①王亚南的学生孙越生则一针见血地指出："百官在对上级、对帝王百依百顺的同时，也就会上行下效，狐假虎威，对下对人民胡作非为，这种规律无情地使各级官吏迅速发展成为各自权力岗位上的小皇帝、土皇帝和以权谋私者。"②

古代中国的专制还表现在特务政治上。黄仁宇的名著《万历十五年》中讲到了一位太监，是万历皇帝的大伴，权势滔天，就是司礼监太监冯保，他同时还是东厂的掌握者。③这就是明代的厂卫机构，从太祖时设立，之后多有废立，但终明一世一直存在。东厂、西厂、锦衣卫主要对皇帝直接负责，对官员、民众事无大小均以刺探，尤以谋反之事为要。可以不经过司法机构自行逮捕，还可以自设公堂刑讯，也有监狱关押，还可以自行处决犯人，这就是极其恐怖的特务政治。特务政治在历朝都存在，唐武则天时就大开告密之门，并起用酷吏索元礼、周兴、来俊臣等大兴冤狱，维护自己的统治。唐代的特务政治还只是个雏形，没有特设的机构，也没有固定的人员，甚至没有固定的职责，一切都带有随机性。到了明代，就大不一样了。厂卫的设立就标志着君主专制的绝对化状态出现，一切以皇帝的意志为中心，定罪、杀人可以不经过司法机关，刑部、大理寺成了摆设。专制的绝对化就是特务政治。

第二，在君主专制统治之下，君主的权力通过官僚之网将触角伸入了最基层，直接进入了民众的生活之中，这就实现了最严密最直接的控制，这种控制是

---

① 王亚南：《中国官僚政治研究》，中国社会科学出版社 1981 年版，第 43 页。
② 孙越生：《官僚主义的起源和元模式》，福建教育出版社 2012 年版，第 43 页。
③ ［美］黄仁宇：《万历十五年》，中华书局 1982 年版，第 32 页。

政治的、经济的,甚至于是人身的、思想的。

政治控制是最全面的,通过政府官员与家族、宗族领袖来实现,民众恭敬、顺从地接受统治,不允许有任何异议,服服帖帖就是控制的希望与结果。在郑重控制中,其实最主要的方式就是科举制。钱穆先生在《国史新论》中列举了科举制的三项意义:

(一)是用客观标准,挑选人才,使之参预政治。

(二)是消融社会阶级。

(三)是促进政治统一。①

其实科举制对于古代中国社会来讲,最主要的功能是维系基层与中央之关系,就是中央与民众的传输带,是维护君主专制的极其重要的手段。今人多解释清朝灭亡的原因,大多是从胜利者的角度出发的,大讲"革命"或"改良",其实1905年清政府废除科举制是重要原因。试想苦读了十几年、几十年的读书人,盼望着参加考试博得功名,没承想赖以出头的科举制一下子被废除了,自己的所有希望和盼头成了泡影。一时间,社会上出现了一大批因此而陷入迷惘、无所事事的人,而这些人都是饱读诗书之人,他们成了社会的最不稳定的因素,究其根本,就是邝士元说的,"耕读社会的主要精神,就是要无形中将科举考试与农村维系,联为一气"②。

科举制在成为读书人梦想的成功之途的同时,统治者通过此项制度虽民众实施了最大可能的思想控制。考试是正握在统治者手中的利器,考试内容的规定、参考书目的设立以及考试名额的划拨,甚至考试时间的规定都是官方意志,没有一点儿民众的声音。其中最主要的就是考试的内容,所以统治者使用了自己满意、认可的教科书,删除了对自己统治不利的内容,这就是为什么明清时代会

---

① 钱穆:《国史新论》,三联书店 2001 年版,第 292 页。

② 邝士元:《中国经世史》,上海三联书店 2013 年版,第 335 页。

盛行"八股文"的原因。批评家说"八股文"束缚了思想,钳制了人们的思维,这也是科举制之所以被选中实施的原因。在科举制中,教育成了"教化",没有了教育之后的创新与发展,而只有死板的传承,而这样的传承显然是抹杀了教育最基本的功能,所以说科举制不能称之为一种教育制度,而只能说是一种求仕做官、飞黄腾达的途径。

第三,古代中国的君主专制与西方的还有一点不同,就是政权与宗教的关系。欧洲世俗政权一直在与宗教纠缠,并且互有影响,应该说是宗教对于王权的影响更大一些。影响之一是其封建化的过程也是在基督教的影响下完成的。基督教会为世俗政权的统治者们提供了"君权神授"的理论依据,对王权的神化起了关键的作用,这也是维护统治的需要,当时教会与世俗政权在属于同一条战线的。同时基督教会还拥有欧洲各国大量的耕地,成为欧洲最大的封建主。所以教会力量的发展成为欧洲封建化的主要推手,当欧洲的封建化完成之后,教会也就完成了其历史任务,转而衰落了。影响之二,教会对王权的控制作用。在两者势力交锋的时候,教会一度占上风,干涉各国内政并发起战争,不少国王承认其领导地位。同时从法兰克王国奠基人克洛维皈依到教皇国的出现,以及罗马教皇利奥三世为查理加冕、神圣罗马帝国建立等一系列事实上我们也不难看出这一点。

基督教统治了整个欧洲的中世纪,对其政治、思想、文化都有巨大的影响,应该说没有中世纪教会对欧洲的思想的统治,就不可能开出文艺复兴的花朵。

和欧洲完全不同,古代中国的君主专制在起源时,借助于"天"的力量有一个神化的过程,这一神化的过程一直伴随专制制度始终。[①]如《史记·高祖本纪》中记载:

> 高祖,沛丰邑中阳里人,姓刘氏,字季。父曰太公,母曰刘媪。其先刘媪尝息大泽之陂,梦与神遇。是时雷电晦冥,太公往视,则见蛟龙于其上。已而

---

① 刘家和:《论中国王权发展中的神化问题》,见施治生、刘欣如主编《古代王权与专制主义》,中国社会科学出版社 1993 年版。

有身,遂产高祖。①

欧洲王权借助于基督教来完成"君权神授"的工作,但是古代中国的君主神化的过程却与宗教毫无关系。从东汉年间形成的本土宗教道教以及传入的佛教,到明末的基督教的传入,宗教虽在某一段时间对世俗政权形成了威胁,但最终都被君主专制所打压,并成功化解危机。如东汉末年的黄巾起义,学术界更多认定是农民起义,但根据史料分析,应该是一场借助宗教进行的军事夺权。至于佛教,佛家认为有三武之祸,就是魏太武帝、周武帝及唐武宗灭佛之事。至于灭佛的原因,专家或有宏论,"专制君主所不能必得者为寿命,故佛教玄想之涅槃,终不敌道家长生之金丹"②,这也算作一解。佛教在唐朝发展迅速,而且导致了很多民众纷纷皈依,并且寺院拥有大量的土地,这样就导致了土地和编户齐民的流失,政府的税收大为减少,已经严重威胁到了政府的统治。而且作为统治者,一个宗教的势力发展如此之迅速巨大,也不能不对其加以提防,以免重蹈东汉之覆辙,于是武宗启动了灭佛模式,拆毁寺院 4600 所,僧尼还俗 26 万余人,释放奴婢 15 万人。

也可以说,中国的君主专制是排斥宗教的,至于排斥宗教的原因,有必要进行探究。有些国家的王权是与宗教共生的,如埃及的法老政权,这与中国不一样。在夏商时期,王权与宗教权力是合而为一的,"君及官吏皆出自巫"③。我们上文引用过的一条史料,《史记·夏本纪》记载:"禹为人敏给克勤;其德不违,其仁可亲,其言可信;声为律,身为度,称以出;亹亹穆穆,为纲为纪。"其中"身为度",索隐按:今巫犹称"禹步"④。商王更是如此,从甲骨卜辞显示,商王就是最大的巫,亲自占卜。如果按照这一模式发展下去,古代中国极有可能走上了和埃及同样的道路,神权和政权合一。但是,时间到了周公时代,周公发起了一场颠覆性的运动,

---

① 〔西汉〕司马迁:《史记》卷八《高祖本纪》,中华书局 2005 年版,第 241 页。
② 岑仲勉:《隋唐史》(下),中华书局 1982 年新 1 版,第 416 页。
③ 李宗侗:《中国古代社会史》,台北华冈出版社 1954 年版,第 118 页。
④ 〔西汉〕司马迁:《史记》卷二《夏本纪》,中华书局 2005 年版,第 38 页。

称为"制礼作乐"，这就是王国维撰写《殷周制度论》要说明的主要问题。也就是说，是周公的"制礼作乐"改变了夏商以来的政教合一的传统，将中国引领向了另外一条政权统治的道路。至于周公是"创造性地转化"呢，还是"消耗性转换"？那是另外一个需要讨论的问题了。

三、政治影响下的中国文化

在论述此问题之前，有必要廓清另一与政治紧密相连的问题，就是经济。在人类的生活中，经济与政治同等重要，一样影响、限制人类的生活，极大地影响社会的发展，所以发展经济在很大程度上会提高国家的竞争力。当然，经济在特定的历史境况下，会突破政治的桎梏，将政治体制推向更高级的层次，如三级会议就是极其典型的例子。我们承认并且肯定经济的重要性，但经济对于文化的型塑会起到什么样的作用呢？

梁漱溟就认为，经济对于伦理是有影响的，"大抵社会组织，首在其经济上表著出来。西洋近代社会之所以为个人本位者，即因其财产为个人私有"，所以他认为经济对中国文化的影响有，一是共财之义，二是分财之义，三是通财之义，"经济上皆彼此顾恤，互相负责；要不然者，群指目以为不义"[①]。

我们之前引用过钱穆的一段文字，他认为世界各地的文化精神因经济形态不同而不同，有游牧、商业、农耕三种形式。不过他关于经济对于文化的作用还有另外一种看法，特别值得注意：

经济生活，只是整个文化生活最低的基层，若没有相当的经济生活作基础，一切文化生活无从发展。但经济生活到底只是经济生活而已，若过分在经济生活上发展了，反而要妨害到其他一切文化生活之前途。我们不妨说，经济生活是消极的，没有相当满足是绝对不成的，但有了相当满足即该就此而止。其他文化生活如文学艺术之类，则是积极的，没有了初若不打

[①] 梁漱溟：《中国文化要义》，上海人民出版社 2003 年版，第 96—97 页。

紧，但这一类的生活，可以无限发展，没有限度的。中国传统人生理论，似乎正是认定了这一点，对经济人生总取一个消极态度，对其他文化人生则取了积极态度。[①]

陈支平等人更加肯定了中国传统自然经济对文化发展的影响，举出了三个方面，一是农耕经济的持续性与中国文化的延续力，二是农耕经济的多元结构与中国文化包容性，三是农耕经济的早熟与中国文化的凝重性。[②]

冯天瑜在谈到中国文化的生态状况时说道："地理环境影响文化发展，是通过人类的物质生产实践这一中介得以实现的。人与自然呈双向交流关系。一方面，人的活动依凭自然，受制于自然；另一方面，人又不断征服自然、改造自然。人与自然这种双向同构关系统一于人类的社会实践，首先是生产实践，也即经济活动。经济活动所创造的器用文化，即是广义文化的组成部分，同时又为制度文化、行为文化、观念文化的生长发育奠定基础。"[③]

李宗桂则这样认为：

政治源于经济。经济结构决定政治结构，政治结构受制于经济结构，二者统一于一定的生产方式之中，相辅为用。一定的经济结构和政治结构，孕育出一定的思想文化。经济结构和政治结构的类型和特征，往往影响到思想文化的类型和特征。政治、经济和文化，三者之间有着复杂的关系。经济对文化的影响和作用，往往以政治为中介，通过社会政治结构和政治思想体现出来。同时，思想文化对社会政治结构和政治结构产生着深刻的影响。因此，探究中国封建社会经济结构和政治结构的基本特征，对于我们准确把

---

① 钱穆：《中国文化史导论》，商务印书馆 1994 年修订版，第 123 页。
② 参阅张岱年、方克立主编《中国文化概论》第二章，第四节《中国传统自然经济的基本特点及其对文化发展的影响》。见张岱年、方克立主编《中国文化概论》，北京师范大学出版社 1994 年版。
③ 冯天瑜：《中国文化史纲》，北京语言文化大学出版社 1994 年版，第 4—5 页。

握中国文化的特质,有着重要意义。[1]

而台湾学者韦政通则认为:

中国几千年的文化,成就最小、问题最多的,莫过于经济。经济的设计,主要是为了解决人类生物层面的问题。在人类文化的建构中,经济虽不是唯一决定的因素,如马克斯唯物史观之说,但却是一必要的基础。这一基础不巩固,和这一基础上的问题,未能求得合理的解决之前,文化的上层结构,总不会是健全的。本着这一观点,可以了解中国文化里的许多问题。因几千年来,中国对这一基础上的问题,始终未能有一合理的解决。

他进而提出了传统背景的问题:

所谓"传统背景",主要是指传统价值观念和传统经济之间的关系,传统的经济,无论是经济思想,无论是经济政策,无论是经济形态,无不与价值观念互相发生作用。[2]

上面引述的诸位先贤学者关于经济对于中国文化影响的论断,使人多受启发。可以总结为三点:一是传统自然经济对于中国历史文化的影响是巨大的,犹如农耕经济的持续性与文化的延续力等;二是传统自然经济对于价值观念是有影响的;三是经济对于文化的影响往往通过政治表达出来。关于第一、二点,之前我们时有论及,但对于古代中国社会而言,经济对文化的影响一定是通过政治来表达的,因为古代中国是君主专制体制,且绵延不绝,对社会和个人实行的是绝对控制。在整个古代社会,政治席卷了一切,遮盖了一切。

---

① 李宗桂:《中国文化导论》,广东人民出版社 2002 年版,第 52 页。
② 韦政通:《中国文化概论》,岳麓书社 2003 年版,第 245—247 页。

经济决定了文化的某些内容与方面,参与了型塑文化的过程,对文化性格的养成具有一些影响,但是影响到什么样的程度,会形成一种具体的何样的性格。这一直是我思索的问题。在前人研究的基础上,我想更具体地落实这一问题,以更清晰地看到经济对于中国文化性格形成的准确影响。或许因为学力的限制,对于此问题还只是停留在对上述学者的学习和借鉴上,这也是为何没有将经济列为一章进行分析的原因。

(一)凡事皆讲政治

凡事皆讲政治,这一说法不是从近现代开始的,而是古已有之的现象。我们之前探究过的,中国人对政治的关心与在乎,是从最底层生出的,最血脉的最深处,从家到国自然生出的;另外,君主专制的统治,使得民众被巨大的雷峰塔笼罩着,周边全是这样的气息,所以政治对中国文化最直接的影响就是——凡事皆讲政治。

讲政治,是讲什么呢?就是讲立场,讲原则,讲站队,讲忠心。《史记》中记载了这样的故事:

> 仲尼曰:"禹致群神于会稽山,防风氏后至,禹杀而戮之,其节专车,此为大矣。"①

集解韦昭曰:"防风氏违命后至,故禹杀之,陈尸为戮。"我曾对学生讲,防风氏是中国历史上第一个因为迟到而被杀的人,但是迟到至于付出生命的代价吗?因为他违抗了大禹的命令。在《史记·夏本纪》中记载:"或言禹会诸侯江南,计功而崩,因葬焉,命曰会稽。会稽者,会计也。"②根据史料可以看出,在这样一个祭祀群神,考核诸侯政绩的如此重要的大会上,防风氏竟然迟到了,而且是唯一迟到的,其态度明确是对大禹不满,不和大禹一条心,所以大禹才杀了他。这就是讲政治。

---

① [西汉]司马迁:《史记》卷四十七《孔子世家》,中华书局 2005 年版,第 1542、66 页。

我们之前谈过岳飞之事。岳飞被秦桧害死,此说颇为简单,还是经过了宋高宗的首肯,秦桧才无所顾忌的。究其根本,还是因为岳飞不听指挥,也就是对皇帝不忠心才有这样的结局。

> 绍兴辛酉,虏人有饮马大江之谋。大将张俊、韩世忠,皆欲先事深入,惟岳飞驻兵淮西不肯动。上以亲札促其行凡十有七,飞偃蹇如故。最后,又降亲札:"社稷兴亡,在卿此举。"飞奉诏移军三十里而止。上始有诛飞意。①

同时,在讲政治之外,通过权力示范与权力控制,使政治深入人心,运用政治解释一切,运用政治决定一切。如对于经济而言,看对于统治是否有利。古代的榷场就是极明显的例子,何时开榷场,贸易的内容与时间,都不是看是否满足边塞群众的需要,而是看对统治是否有利,需要马匹了,就开榷场,马匹交易足够了,就关闭榷场。还有,隋炀帝时期,各少数民族领袖要求与中原进行贸易,隋炀帝大做文章,卖菜的都用龙须席垫着。来中原贸易的人员吃饭喝酒不用付账,还说中国富饶,吃饭不用花钱,此举令来人大为惊叹。这就是讲政治,一切用政治去衡量,也不是经济效益,国家政治中其实也含有面子问题。明代的郑和下西洋,无论如何研究其历史意义,其实都只有一个问题,耗费如此巨大,费时如此之长,目的为何? 就是因为成祖怀疑建文帝亡命海外,所以才有此举。

政治可以解释一切,其中最显著的有三点:一是政治可以解释法律,甚至当作法律。法律的意义在于,法律一经制定,所有都不应该无条件地遵守,而且不得随意改动法律条文,但是古代中国的法律却不是这样,如在汉代,"法权属于皇帝,因其意志力为转移"②。皇帝颁布的诏令,皇帝随口说的话,都具有法律效力,这样的法律效力最严厉的莫过于夺人性命,这样的事情史不绝书。二是因政治权力而有了社会分层,而这一分层导致了不同约束力的产生,"礼不下庶人,刑不上

---

① [宋]徐自明撰,王瑞来校补:《宋宰辅编年录校补》卷之十六《高宗绍兴十一年》,中华书局1986年版,第1058页。

② 吴宗国主编:《中国古代官僚政治制度研究》,北京大学出版社2004年版,第45页。

大夫",这就是陈寅恪说的:"旧籍于礼仪特重,记述甚繁,由今日观之,其制度大抵仅为纸上之空文,或其影响所届,止限于少数特殊阶级,似可不必讨论,此意昔贤亦有论及者矣。"①士大夫以上以礼为约束,庶民以刑为约束。三是政治控制文化,权力干预学术,这一点在古代中国表现得淋漓尽致。《资治通鉴》记载:"校书郎杨终建言:'宣帝博征群儒,论定五经于石渠阁。方今天下少事,学者得成其业,而章句之徒,破坏大体。宜如石渠故事,永为后世则。'帝从之。冬,十一月,壬戌,诏太常:'将、大夫、博士、郎官及诸儒会白虎观,议五经同异。'使五官中郎将魏应承制问,侍中淳于恭奏,帝亲称制临决,作白虎议奏,名儒丁鸿、楼望、成封、桓郁、班固、贾逵及广平王羡皆与焉。"②这就是最为典型的权力干预学术。明清两代大兴文字狱,钳制了学术与文化,文人只有两条选择,一是八股取士,二就是整理国故。

(二)大一统观念的形成

大一统分两个层面来解释,一是观念层面,二是事实层面。事实上的大一统是由秦始皇完成的,那何谓统一呢?用汉人贾谊的话是这样说的:

> 及至始皇,奋六世之余烈,振长策而御宇内,吞二周而亡诸侯,履至尊而制六合,执敲扑而鞭笞天下,威振四海。南取百越之地,以为桂林、象郡,百越之君俯首系颈,委命下吏。乃使蒙恬北筑长城而守藩篱,却匈奴七百余里。胡人不敢南下而牧马,士不敢弯弓而报怨。于是废先王之道,燔百家之言,以愚黔首。隳名城,杀豪俊,收天下之兵聚之咸阳,销锋镝,铸以为金人十二,以弱天下之民。然后践华为城,因河为池,据亿丈之城,临不测之溪以为固。良将劲弩,守要害之处;信臣精卒,陈利兵而谁何。天下已定,始皇之心,自以为关中之固,金城千里,子孙帝王万世之业也。③

---

① 陈寅恪:《隋唐制度渊源略论稿》,中华书局1963年新1版,第4页。
② [宋]司马光:《资治通鉴》卷四十六《汉纪三十八·章帝建初四年》,中华书局1956年版,第1485—1486页。
③ [清]吴楚材、吴调侯选注:《古文观止》,中华书局1987年版,第219—220页。

贾谊的《过秦论》实可以用作史料来读，这一段文字其实就是"说统一"。就此文看来，"统一"有这么几个层面：一是疆域之内只有一个政权，一个皇帝；二是这一政权统辖之下的区域，有部队保卫安全，有官吏负责治理；三是这一帝王对政权之内的民众实行强权统治，不允许有反抗。这就是西汉之人贾谊综合时人之见对统一最好的诠释。

在《史记·秦始皇本纪》里也可以看出参与统一的人对于统一的见解：丞相王绾、御史大夫冯劫、廷尉李斯这样认为，"法令由一统，自上古以来未尝有"①。秦始皇在咸阳宫进行祝寿宴会的时候，没想到开了个现场办公会，讨论了"烧百家书"的事情。当时丞相李斯这样认为："今天下已定，法令出一……今皇帝并有天下，别黑白而定一尊。"②后来侯生、卢生在背后说秦始皇坏话时提道："天下之事无大小皆决于上……"③分析这些史料，可以得出当时人对统一的理解，一是没有了列国的纷争，天下安定了；二是现在的国家只有一个声音，不是很多政策法令了；三是现在的事情由一个人说了算。

那统一是如何出现的呢？刘泽华在其近作中写道："历史进程是极其复杂的过程，不能把历史道德化，试问：什么样的道德是唯一正确的？又由谁判定？统一只能是'打'出来的，不可能靠道德实现。统一与道德不在一个层面上。"④这就是我们在讨论古代中国政权获取方式时谈到的武力夺取，其实从历代君主口口声声说的"德"与"仁"中，以及他们的作为与行迹，我们就能看出统一依靠的一定是武力，而不是道德感化，也不是仁泽天下。

1. 与统一相联系的另外一个概念——分裂。吕思勉把人类社会的统一与分裂看作是一治一乱：

　　　　人类以往的社会，似乎是一动一静的。我们试看，任何一个社会，在以往，大都有个突飞猛进的时期。隔着一个时期，就停滞不进了。再阅若干时，

----

① ② ③ ［西汉］司马迁：《史记》卷六《秦始皇本纪》，中华书局 2005 年版，第 168、181、183 页。
④ 刘泽华：《法家在统一帝国中的作用》，载于《读书》2016 年第 7 期，第 69 页。

又可以突飞猛进起来。已而复归于停滞。如此更互不已。这是什么理由？解释的人，说节奏是人生的定律。个人如此，社会亦然。只能在遇见困难时，奋起而图功，到认为满足时，就要停滞下来了。①

吕氏对于人类社会总体的认识与把握，被大家奉为铁律，认为是最好的诠释。但是吕氏的说法还不是特别明了，他认为一动一静，是一治一乱，是突飞猛进与停滞，可见他说的动的节奏指的就是治，就是突飞猛进的时期，那反之静的节奏就是乱，就是停滞的时期。如果我们把治看作是统一，那乱就是分裂了。依据中国历史我们会发现，凡是文化突飞猛进的时期都是分裂时期，如春秋、战国时期，魏晋南北朝时期，都是中国文化大发展的时期，春秋、战国时期还是中国文化的定型时期。当然，统一时期也有文化的黄金时期，如隋唐时期就是。所以，就看如何理解统一与分裂呢？统一就是政权定于一，没有战乱时代，而分裂就是在中国的疆域内，战乱纷争，没有一个统一的政权的时期。

我们对于统一与分裂的认识，还明显地带有价值判断的色彩，即使从词义上讲，似乎统一是正价值，而分裂是负价值，历史学家在评判时都有一定的倾向性。价值判断一定与讨论此问题的文化语境相关，如果在欧洲谈论统一与分裂则不存在价值评判问题，因为欧洲的历史不关涉统一与分裂，而涉及更多的是宗教与王权。但是对于中国这样一个具有五千年文明、两千年历史的国家来说，统一是历史的大势，是主流，而分裂只是支流，不能代表历史的大势。

2. 大一统模式使得中国人形成了大一统的观念。吕思勉认为，统一"最根本的，莫过于统一人民的心思了"②。也就是说，统一对于人的心思影响是最为巨大的，想想中国统一了多少朝代、多少皇帝、多少年月，每一皇帝无不尽其所能统一民众的思想，那么统一对于中国文化的影响之深就可想而知了。刘再复、林岗认为从大的方面讲，统一对于中国文化的影响有：

---

①② 吕思勉：《吕著中国通史》，华东师范大学出版社 2005 年第 2 版，第 7、360 页。

传统的"天下模型"的世界观念及其处理对外关系的基本准则大致如上所说的那样。它们不是绝对地排外的，不是对本土以外的世界不加理睬，闭目塞耳无动于衷。像现今依然居住在保留地的某些印第安人那样，不肯跨步进入铁丝网外面的现代文明。但在本质上，这个古老的传统却是有限地排外的和自我封闭的。无论是它的排外还是它的自我封闭，都导源于民族的自我中心。中国人太以民族自我为中心，就容易将自己封闭起来，对外来影响抵挡不住的时候，就往往陷入被拖着走的被动境地。①

刘再复、林岗论及的是大一统观念对中国文化较为负面的影响，如妄自尊大、闭关锁国等。但是同时大一统在型塑中国文化时也有积极的方面，如凝聚力强，这是统一国家带给民众基本而正面的认识，统一就是一个政权，一个领袖，一个声音，而从战乱频仍的分裂局面下进入到和平的统一社会时，民众对于统一该有多么深刻的认识啊！所以在这样的象征的号召下，民族心理认同感也进一步加强，以国家利益为上等观念也进一步形成。

大一统的观念深入民众之心，民众不再简单地将其看作一统治模式，而是一种政治常态，进而影响到了自己的生活，使"统一"在自己的生活中也成为一种常态的存在。中国人多讲究聚族而居，不是由于财产的共同使用，而更多的是因为家庭、家族的"大一统"。在戏曲中，大多可以看到团圆的结局，如《窦娥冤》，一定是冤得以伸，仇得以报，这也是由于民众愿意接受统一——团圆的形式，而不接受分裂——悲惨的结局。

3. 我们刚才讲过，大一统在中国历史上是由秦始皇开端的，也就是说秦始皇树立了楷模，开启了这样的模式。王子今这样总结秦统一的意义："秦的统一，标志着中国进入了'大一统'政治的时代。从此以后，由高度集权的中央政府对各地施行有效的政治管理，成为历史的定式。"②20世纪30年代编撰的历史讲义也是

① 刘再复、林岗：《传统与中国人》，中信出版社2010年版，399页。
② 王子今：《秦汉史：帝国的成立》，三民书局股份有限公司2009年版，第37页。

这样认为的，"始皇的政策，务在中央集权，所以当时的设施，处处表现着大一统的精神"。①也就是说，后世帝王都会以秦始皇之统一为目标，争夺天下，如此统治。

所以，统一成为古代中国帝王为之奋斗的目标与追逐的梦想，是历史的形成，更是文化的浸染。所以，统一不仅仅是形式上的大一统，更是观念的深入，而且此观念对于帝王、老百姓同样适用。统一与分裂不是按年份数字计算出来的，而是历史的沉淀。

（三）权力崇拜与官员崇拜

时至今日，中国人还有一种极其浓厚的情结，就是权力崇拜与官员崇拜，可以说权力崇拜来自于官员崇拜，但这不仅仅是唯一的来源，还有对于君主、帝王的崇拜。这样的崇拜是由于两个方面的影响导致的，一是正面的影响，就是民众从官员乃至于帝王的言行上感受到了不一般，感受到了"高大上"，是一种催人奋进、积极上进的信息，会以此为榜样，从而努力生活。宋代的包拯、明代的海瑞，在民众心目中是清官，其实在成为清官之前，首先得是个好官才可以，所以，这些都是老百姓的榜样，是自己奋斗的目标，也是自己走上仕途的楷模。二是老百姓在日常生活中感受的权力的力量，君主帝王一般的老百姓是接触不到的，老百姓最直接打交道的就是官员，而且直接执行国家权力的基层官员，很大程度上是循吏一类的。

有学者这样归纳了君主专制对于民众的压迫与剥削：

> 专制主义作为国家政治体制，有其固有的弊端，它把国家大权集中于君主一人，国家安危和命运系于君主一身，君主稍有过错或滥用权力便会殃及国家和人民，造成严重的灾难；它强化国家机器，使官僚体系和机构日渐臃肿，成为寄生于社会的赘瘤，使人民遭受残暴的压迫和剥削；它在体制上缺少自身调节机制，因循守旧，拒不变革，扼杀社会生机和活力，摧残个

---

① 王伯祥、宋云彬合编：《开明中国历史讲义》，新星出版社 2015 年版，第 42 页。

人的尊严和价值,延缓社会进步和发展。①

　　这样的总结是宏观意义上的, 是对古代中国君主集权对于民众影响的总体把握,但是也道出了些许真谛,就是八个字:压迫、剥削、尊严、价值,这都是需要我们认真思考的问题, 因为这些影响到现在虽然已经很微弱了, 但仍然挥之不去。我们来用事实说话,举三个事实层面的例子。

　　　　孔子过泰山侧,有妇人哭于墓者而衷。夫子式而听之,使子路问之,曰:"子之哭也,壹似重有忧者。"而曰:"然,昔者吾舅死于虎,吾夫又死焉,今吾子又死焉。"夫子曰:"何为不去也?"曰:"无苛政。"夫子曰:"小子识之,苛政猛于虎也。"②

　　一句"苛政猛于虎也",一针见血地道出了统治的实质所在,对老百姓最直接的控制是什么? 就是苛政。如果说孔子是民本主义思想者的话,那么就是以这句话为代表,这也是先秦时期留存至今对专制统治最恰当的诠释。

　　唐朝的大诗人杜甫有一首《石壕吏》脍炙人口,不仅仅是由于其遣词造句的能力,更是其思想性所致,一句"有吏夜捉人"动人心魄,"吏呼一何怒,妇啼一何苦",真是形象逼真地再现了当时的情景。③可见,"吏"对老百姓的迫害是最直接的。

　　清代的蒲松龄撰有《聊斋志异》一书,其中有这样一个故事:

　　　　宣德间,官中尚促织之戏,岁征民间。此物故非西产;有华阴令欲媚上官,以一头进,试使斗而才,因责常供。令以责之里正。市中游侠儿,得佳者笼养之,昂其直,居为奇货。里正猾黠,假此科敛丁口,每责一头,辄倾数家

----

① 施治生、刘欣如主编:《古代王权与专制主义》,中国社会科学出版社 1993 年版,第 8 页。
② 李学勤主编:《礼记正义》卷十《檀弓下》,北京大学出版社 1999 年版,第 310 页。
③ 杜甫:《石壕吏》,载于《全唐诗》第七册二一七卷,中华书局 1960 年版,第 2283 页。

之产。邑有成名者,操童子业,久不售,为人迂讷,遂为猾胥报充里正役,百计营谋不能脱。不终岁,薄产累尽。会征促织,成不敢敛户口,而又无所赔偿,忧闷欲死。①

这还不能仅仅当作文学作品来看待,它应当是民众生活的真实记录与写照。从文中看来,是两条线索。一是上有所好,下必逢之。皇帝喜欢促织,所以下面所有的人为了进贡能征善战的促织,不惜一切代价。另一条线索是以此为由头压迫、迫害老百姓的,县令、里正、猾胥形成了一链条,紧紧锁住了老百姓的咽喉,老百姓"百计营谋不得脱",忧闷欲死。

以上我们简单举了几个事例来说明民众在君主专制时代受到的控制,其情形可想而知。所以我们在探究古代社会民众受到的剥削时,可以谈经济剥削,但是不能夸大了经济剥削的效用,正如李宗桂所说的,经济一定以政治为中介。经济自有其规律,所以我们在教科书上所常用的那种地主剥削农民的说法其实根本不符合经济规律,也不符合古代社会的事实,如"明朝各地的雇工有充分的去留自由,他们领取一部分的现金工资,常常还是预发,主人常与雇工一起操作,一起吃饭,地主因为无法以强制的手段罗致雇工,只能以实际待遇来争取雇工"②。这就说明了在古代社会所谓的地主经济剥削显然是不存在的,因为地主不会把农民剥削到致死的地步,这样农民不存在了,地主还会存在吗?如此简单的道理,地主不会不明白。王亚南这样论述道:

以"杀鸡取卵"的暴烈方式使剥削的源泉枯竭或挖掘其基础。……一个人的生存受到威胁,而不得不逃亡,那已接近了变为匪盗的边缘;匪盗汇合啸聚到了相当数量,那就很快会变质为犯上作乱的队伍。事态发展到这个田地,农民战争就被残酷地表演出来了。③

① [清]蒲松龄:《聊斋志异》第四卷,上海古籍出版社2004年版,第182页。
② 赵冈、陈钟毅:《中国土地制度史》,新星出版社2006年版,第219页。
③ 王亚南:《中国官僚政治研究》,中国社会科学出版社1981年版,第130—131页。

可见农民起义的发生，不是正常经济剥削的结果，而是超经济剥削所致，也就是"苛政"。

我们以上讲述的是民众、一般老百姓所感受到的统治方式，就是最基层的官员、循吏的统治与管理，当然这样的管理更多是残酷的压迫与剥削，这既是农民起义的直接原因，也是老百姓对权力崇拜、官员崇拜的直接原因。

当然，仅仅由于负面的影响是无法形成崇拜心理与崇拜情结的，我们还要看到历史上循吏与官员的正面影响，如"清官"的存在，陈旭博士从循吏个人的道德、政绩、教化功能与司法审判等方面论述了循吏作为官吏典范的表现，并且集中论述了民众对循吏的崇拜与神话。[1]

权力崇拜形成的另一个重要推手就是科举制，正如子夏所言："仕而优则学，学而忧则仕。"[2]从子夏起，就身体力行地为读书人奠定了一个梦想，塑造了一个模式，读书——做官，这不仅是读书人的梦想，也是古代中国人的梦想，这也就是《朱子家训》中"读书志在圣贤，为官新存君国"[3]的原因。

---

[1] 参阅陈旭：《清官：研究传统中国政治文化的一个独特视角》，中国社会科学出版社 2010 年版。

[2] 杨伯峻：《论语译注》，中华书局 1980 年第 2 版，第 202 页。

[3] 《朱子家训》，北岳文艺出版社 1994 年版，第 6 页。

第六章　中国文化的发展历程

　　叙述中国文化的发展历程,有几个问题需要注意。一是中国文化的发生。发生的时间,什么样的标准或者什么样的标志性事件可以称之为发生,这些问题都至关重要。这里涉及文化与人类起源的关系、文化与文明的关系、文化与国家的关系等。二是中国文化的时间单元划分。从中国人的起源一直到鸦片战争前,这么长的时间该如何划分?王朝政权时段中的文化历程该怎么划分?如秦与汉、隋与唐一定要放在一起讨论吗?三是在中国文化的历程中体现什么样的史观。首先必须要体现辩证唯物史观,这一点毋庸置疑。是否要体现进化史观呢?就是要在王朝的递嬗中体现出明天比今天更美好吗?如果要体现这一点,该如何体现?四是在各个文化时段中应该包含什么样的内容?不能简单地说物质文化与精神文化,但是还必须具有这两者的文化因子。文化名人、文化事件、文化论著?这些文化内容该如何选择?

　　以上所罗列的只是叙述中国文化史必须思考的基本问题,不一定非要解决,非要有明确的定论,但是在写作的过程必须要思考这些问题。有时候思考远比表达重要。

　　在这一章中,有几本书对我个人对中国文化认识的形成产生过影响(这几本书肯定不能代表可以全面解读中国文化,或者说读了之后就完全了解了中国文化,只可能起到一个作用,就是可以从不同的角度去了解中国文化),现在我介绍给大家,希望对诸位学习有所裨益。

　　张岱年、方克立主编的《中国文化概论》(北京师范大学出版社 1994 年版),

这是目前关于中国文化理论性表述最为精到的一本书,可以说是唯一的一本书。规范了中国文化的理论性架构,也提出了较为完整、专业的术语表达。如果学习中国文化,就必须研读此书。如果想要对中国文化的若干问题做不断、深入的思考,此书具有极强的启发意义。庞朴的《中国文化十一讲》(中华书局2008年版)。庞朴先生在中国文化界、学术界的地位,自不待言,他的这本书汇集了其多年的思考所得,带有极强的理论色彩,探究了"太一""阴阳""五行""一分为三"等一般学者难以企及的问题,其意义之大,正如在《前记》中所说,"均系中国古代文化与哲学的基本命题。它们彼此呼应,共同勾勒出中华文化传统的逻辑思路,编织着中国传统文化的文采风流"。还有《万古江河——中国历史文化的转折与开展》(上海文艺出版社2006年版),该书作者许倬云是一位具有国际视野的学者,此书以文化展示历史,以历史诠释文化,将古代中国置于世界范围之内,看其变化,观其特性。而且将中国文化化为多个议题,每一议题都落在实处,使读者可以充分感觉到作者研究的具体性,而且还涉及了一般通史或者文化史忽略的内容,如民间社会组织、通俗文化等。知识性与思想性并重,中国性与世界性共存,乃其特征。

知晓中国文化,必须追根溯源,而想要达此目的,须从考古学入手。当今学术界以考古为手段探究中国文化之学者大有人在,有一位学者当属其中翘楚,此人便是苏秉琦先生。苏秉琦先生有一专著,《中国文明起源》(辽宁人民出版社2009年版),值得一读。其中对于人类的起源、国家的起源、古代中国文化的区域性形成,以及涉及中国文化的一些关键问题都有探究,被称为"中国考古学的世纪之作"[1]。

还有一本书不得不提,此书出版至今已过了十六年,学界褒贬不一,但经过多年的沉淀之后,发现其中涉及的问题依然存有魅力,读来有着别样的韵味。这就是葛兆光的《七世纪前中国的知识、思想与信仰世界》(《中国思想史》第一卷)

---

[1] 郭大顺:《捕捉火花——记协助苏秉琦先生写作〈中国文明起源新探〉》,见苏秉琦《中国文明起源》,辽宁人民出版社2009年版,第173页。

（复旦大学出版社 1998 年版）。此书一改以前思想史以人物、著作为中心的思想分析的写法，采用了全新的叙述方法，以时代的思想命题为主要着眼点，以宏阔的眼光，大历史的视野进行深刻挖掘。将思想史以三部分进行阐述，一般知识、思想与信仰，知识与思想相分，思想与信仰互动。在读了葛兆光这本书之后，其实还可以参照阅读另外一本书：《思想史的写法——中国思想史导论》（复旦大学出版社 2004 年版），此书是对葛氏思想史模式的回顾与总结，也提出了一些更深刻的问题，如思想的平庸时代该如何解读，思想史是否是发展史等，都发人深省。

其实学习研读中国的典籍、论著多年，每隔几年都会有新的认识，而每一次认识竟然都是对以前认识的否定。如在 2015 年历史系本科班的中国文化史课程中，讲述中国文化与西方文化（外国文化）的区别时，我突然意识到这是一个不折不扣的伪命题。外国有多少国家？哪些国家可以代表西方文化或外国文化？此为其一。外国文化亦分古代文化、近代文化与现代文化，我们是用古代中国文化和外国的哪个时段的文化做比较呢？此为其二。哪些内容可以代表外国文化，中世纪？宗教文化？文艺复兴？都不是，这些仅仅是其文化长河中的一个事件、一朵浪花而已，此为其三。照此推论，中国文化该如何表达，该如何叙述？实为一大难题，前述张岱年、方克立主编的《中国文化概论》确实是一范本，开一代先河，可是又不得不承认，该书中探究的都是宏大的问题，讲起来汹涌澎湃、激情高昂，可是仔细一想，也无法代表中国文化的全部，或许只是"概论"吧！

所以探讨或者讲述中国文化，只能采取不同角度、不同视野，不能展现全部，也无法穷尽所有。以上我罗列出的几本书，就是出于这一考虑。

一、上古：中国人与中国文化的起源

首先要关注的，就是在目前的中华人民共和国境内最早的人类起源问题。讲述文化，就必须探究文化的发生。探究文化的发生，首先涉及的就是人类的起源。在中国境内，人类起源问题包含三个内容：一是最早的人类遗迹，二是最早的人类遗迹是否可以证明中国人的起源问题，三是最早的人类遗迹释放出的文化信息。

史学界最新的通史是中国社会科学院历史研究所《简明中国历史读本》编写组编写的《简明中国历史读本》（中国社会科学出版社 2012 年版），此书采用了最新的研究成果，虽曰简明，其实体例新颖，内容丰富，乃目前通史论著中不可忽视之作。在第一章《中国的原始社会与文明起源》中讲到了人类起源与中国人的起源，"以往大多认为，人类起源于非洲，而后向世界各地扩散。我国古人类学家根据腊玛古猿的材料提出，人类的起源地以'亚洲南部更可信'。禄丰古猿的发现使我们更有理由相信，中国是世界上人类起源的重要地区之一"[①]。也就是说，不再采信单一地区人类起源说，而采用了多地区进化人类起源的学说，与苏秉琦先生的"满天星斗"说有异曲同工之妙，可以称为人类起源的"满天星斗"说！

关于中国境内的人类起源，目前较为典型的有两种说法。一是不涉及时间早晚的问题，而用"最著名"的提法。许倬云在《万古江河——中国历史文化的转折与开展》中即用此说，"旧石器时代早期，在中国地区发现的古代人类遗迹，最著名的是北京附近周口店的'北京人'。'北京人'的遗址，曾出土古代猿人的骨骸化石及其生活遗迹。在这一遗址，有多层堆积，依据活动遗存的判断，北京人当是从50 多万年前开始生活于此，前后经历 30 多万年"[②]。许倬云先生的这一说法，完全抛开了中国境内最早人类活动的早晚问题的争论，而直接切入北京人这一典型的人类遗迹。毫无疑问，北京人遗迹蕴藏丰富，有人的骨骸化石，还有动物化石、工具，以及用火的痕迹。但是抛开了早晚问题的讨论，似乎也就远离了历史讲述的模式，因为历史本身就是追根溯源的，而人类遗迹的早晚问题则是不可回避的首要问题。这一点需要注意。

二是直接采用时间早晚的说法，主要有三种。

其一，继续沿用长久以来元谋人为中国人起源的说法。《中国文化概论》中即用此说："1965 年 5 月，考古学者从云南元谋上那蚌村发现了距今 170 万年的猿

---

① 中国社会科学院历史研究所《简明中国历史读本》编写组：《简明中国历史读本》，中国社会科学出版社 2012 年版，第 18 页。

② 许倬云：《万古江河——中国历史文化的转折与开展》，上海文艺出版社 2006 年版，第 8 页。

人化石,定名为元谋猿人,这是中国境内最早的人类活动的历史确证"①。中国社会科学院历史研究所最新编制的《中国历史年表》中也采用了此说,"元谋人,发现于今云南元谋,有人牙化石,距今约 170 万年,地质时代属更新世早期"②。《文物史前史》也采用此说,"元谋人是迄今为止在中国境内发现的最早的直立人,距今约 170 万年"③。

其二,作为最新出版的权威版通史,《简明中国历史读本》对此问题做了较为全面的总结:"旧石器时代早期的人类,称直立人,也称猿人。直立人大约生活在距今 200 万—20 万年。我国发现许多直立人化石,其中较重要的有巫山人、元谋人、北京人等。我国境内已知最早的人类是巫山人。巫山人化石是 1985 年在重庆巫山县龙坪村龙骨坡发现的……巫山人生活在距今 204—201 万年,属于旧石器时代早期。……比巫山人稍晚的是距今 170 万年的元谋人……在全世界的晚期直立人中,北京人是最著名的。"④将中国人的起源从元谋人提前到了巫山人,并且也点出了北京人的历史地位。

其三,日本汉学家研究古代中国历史文化也颇有见地,《讲谈社·中国的历史》第一册《从神话到历史:神话时代 夏王朝》中则以质疑、存疑的态度提及了人类的起源与中国人的起源,"目前在中国发现了多处属于相当古老的地质年代的石器遗址。主要包括:安徽人字洞遗址,其年代为 240 万到 200 万年前;四川巫山龙骨坡遗址,其年代为 215 万到 187 万年前;云南元谋遗址,其年代为 160 万前,或 160 万到 110 万前……"并且进一步探讨了石器遗址的关键问题,"问题是从这些遗址中出土的石器是否能确认为真正的石器。关于人字洞遗址的石器的人为性曾因有可能被认定为自然石而受到质疑。这类问题与年代的确认等还需要凭科学依据进一步论证……受到质疑的还有元谋出土的人类牙齿化石。被命名

① 张岱年、方克立主编:《中国文化概论》,北京师范大学出版社 1994 年版,第 73 页。
② 中国社会科学院历史研究所《中国历史年表》课题组:《中国历史年表》,中华书局 2014 年第 2 版,第 1 页。
③ 中国国家博物馆编:《文物史前史》,中华书局 2009 年版,第 10 页。
④ 中国社会科学院历史研究所《简明中国历史读本》编写组:《简明中国历史读本》,中国社会科学出版社 2012 年版,第 19—20 页。

为元谋人的人类骨骼与北京猿人类似,但更为原始。元谋人作为东亚最古老的人类,经地磁年代测定后也受到怀疑。有学者认为,人骨化石的年代最远只能上溯到 60 万到 50 万年前,因此尚难以断定。但是在 1984 年的再度考察中,元谋人的出土层位的年代据古地磁年代测定,为距今 187 万到 167 万年之间。关于中国最古的石器和人类化石的年代,今后还需充分的科学论证"①。

讨论中国人的起源,还有一个重要的问题尚待解决,就是中国人从什么时候起开始长成现在这个模样?在地球上生存的人类,根据皮肤的颜色、头发的颜色和形状,眼、鼻、唇的形状划分为三种,分别是蒙古人种(又称黄种人或亚美人种)、高加索人种(又称白种人或欧罗巴人种)、尼格罗人种(又称黑种人或赤道人种)。而蒙古人是什么样的特征呢?蒙古人有如此特征:头骨前部正中有矢状脊,后部有缝间骨(印加骨),宽阔的鼻骨,前突颧骨,上颌骨的额蝶突;圆钝的眶下缘,铲形的上门齿,股骨的极度平扁和肱骨极发达的三角肌粗隆。从中国境内发现的直立人到智人化石,可以看出其特征明显的一脉相承,"例如蒙古人种特有的铲形门齿,从最早的元谋人,经过北京人、金牛山人、丁村人到山顶洞人都是一脉相承的。一些重要的体质特征,如面部较扁、鼻部较宽、鼻骨较直,上颌骨颧突与颧骨交接处有显著转折等,在各个阶段的化石标本中都可以见到"②。

在讨论了中国人的起源之后,接下来我们继续探究中国文化的起源。这一问题相对来说难度较大,要在熟知了考古材料与文献材料的基础上做进一步的思考,融会贯通之后有了一定的认识之后才有探究的可能性。所以,从这个角度讲,限于能力,我只能做一抛砖引玉的简单介绍。

中国旧石器时代的文化主要包含以下内容。

第一,弓箭的发明。在峙峪遗址发现了石镞,说明在当时已经发明了弓箭,标志着古人类在征服自然方面的一大进步。人类学家路易斯·亨利·摩尔根在《古代

① [日]宫本一夫著,吴菲译:《讲谈社·中国的历史》第一册《从神话到历史:神话时代 夏王朝》,广西师范大学出版社 2014 年第 2 版,第 62—63 页。
② 严文明主编:《中华文明史》第一卷,北京大学出版社 2006 年版,第 7 页。

社会》中谈到,高级蒙昧社会始于弓箭的发明,终于制陶术的发明。①对于弓箭发明的意义,王玉哲先生在其《中华远古史》中评价道:"以前人们对于天空中的飞鸟,对于距离较远的兽类很难猎取,有了弓箭就可以射杀了。弓箭的发明和使用,在当时正如铁剑对于野蛮时代和火器对于文明的时代一样,乃是决定性的武器。"

第二,就是原始宗教和原始审美的产生。在旧石器时代中晚期就出现了埋葬同伴的习俗,这也是人类自我认知的出现。伴随埋葬习俗,出现了认识"死"的仪式,也就产生了原始宗教。原始宗教最主要表现在对"死"的认识以及由此延及对"生"的感受,朦胧之中感觉会有一种神秘的力量在支配着人,所以也产生了对"神"的认识。在很多文化遗迹中出土了不单是项链之类的装饰品,还有纯粹的艺术品,这些都表明了原始审美的产生。原始审美是对生活与自然的思考,思考人生,思考人存在、活着的价值,于是有了对生活的记录与夸张。②

中国新石器时代的文化主要包括:

第一,农业的发明。在旧石器时代,人类主要依靠采集与渔猎来获得食物。随着人口的增加,生存圈的扩大,更由于人类对于生活经验的积累,发现了一些植物的生长规律,可以耕耘,可以收获,更可以食用,最终发明了农业。所以说,农业的发明其实是人类对于自然的认识,对生活的积累的结果。我国处在北方的黄土地带,温差与土壤条件适合农业种植,最早是粟的栽培。在半坡遗址中发现了粟的遗迹,即可证明这一点。在磁山、裴李岗等遗址中发现了加工谷物所用的磨棒和磨盘。

第二,畜牧业的起源。人们在狩猎的过程中,有了余下的猎物,于是饲养了起来,于是就出现了畜牧业。在世界范围来看,最早出现的动物饲养是狗。在中国的

① [美]路易斯·亨利·摩尔根著,杨东莼、马雍、马巨译:《古代社会》,江苏教育出版社2005年版,第8页。
② 参阅朱狄:《原始文化研究——对审美发生问题的思考》,生活·读书·新知三联书店1988年版。此书主要探究了原始思维与人类艺术的产生。

仰韶文化遗址中,出土了少量的猪、狗、羊、牛、马、鸡的骨骼,说明了中国畜牧业的起源。宋兆麟等著的《中国原始社会史》(文物出版社 1983 年版)与严文明的《仰韶文化研究》(文物出版社 1989 年版)中的一些章节集中讨论了这一问题,可以参阅。

第三,陶器的发明。陶器的烧制是新石器时代最有特色的手工业。陶器的出现是定居生活的需要,也是适应生活需要而产生的。神农氏"耕而作陶"就是如此。由于制作材料与制作工艺的不同,陶器可以分为细泥陶、夹砂细陶、夹炭黑陶等种类。此外,陶器还分为很多品种,炊具、饮食器、汲水器、盛储器、生产工具等。在陶器的制作中还出现了刻画在陶器上的图形与符号,有人认为是中国艺术的起源或者是中国文字的起源。

在中国文化的起源中,还需要关注一些问题,如中国古代文明的产生[关于中国古代文明产生的问题,需要特别关注李学勤的一些论述,特别是《通向文明之路》(商务印书馆 2010 年版),开篇就讲到了《辉煌的中华早期文明》,从中华早期文明的长度、广度、高度探究了此问题,值得一读]、中国文化产生的相关问题,如地理背景、经济土壤等,目前可见的最有见地的表述即为冯天瑜、何晓明、周积明著的《中华文化史》(上海人民出版社 2005 年版),可资一阅。

二、殷商西周:中国人信仰世界的奠定与形成

(一)巫史集团

从殷墟出土的甲骨卜辞与文献中可以看出,在殷商西周时期,中国存在着一种重要的政治文化力量——巫史集团。巫总管一切"神事",对一切军国大事都有着直接或间接的支配作用。以巫为首,有祝、宗、卜、史等专职人员,构成了强大的巫职机构。[①]

首先要澄清一个问题,殷商西周时期的巫与后来人类学所探究的巫师是有

---

① 关于巫史的问题,还可以参阅刘师培的《古学出于史官论》,论述了巫及其所在的集团是学术之滥觞。见《刘师培史学论著选集》,上海古籍出版社 2006 年版。

截然的区别的。①《尚书·君奭》："我闻在昔成汤既受命,时则有若伊尹,格于皇天。……在太戊,时则有若伊陟、臣扈,格于上帝;巫咸乂王家。在祖乙时,时则有若巫贤。"②《史记·殷本纪》也说:"帝太戊立伊陟为相。……伊陟赞言于巫咸。巫咸治王家有成,……帝祖乙立,殷复兴。巫贤任职。"③从以上文献就可以看出巫史集团的重要性,主要从事占卜与祭祀活动,此外还有记史、教育等功能。

关于巫的功能,有两个问题需要加以注意。

第一,刚才谈到了殷商西周时期的巫与人类学所关注的巫是不同,甚至说是完全不同的。殷商西周时期的巫是文化滥觞时期的文化代言人,是文化的执掌者,内涵丰富,功能强大,在后来的历史时期多有分化,是古代中国知识分子的起源。而人类学所关注的巫,与殷商西周时期的巫多产生的社会背景能够、文化土壤则完全不同,内涵较为简单,功能较为单一。

第二,关于巫史集团的功能与意义。在葛兆光的《中国思想史 第一卷 七世纪前中国的知识、思想与信仰世界》(复旦大学出版社 1998 年)中赋予了新的意义,做了最新的阐释。在第一编第二节《卜辞中所见的殷人观念系统》中认为"巫、史是中国有文字传世以来的第一批知识人与思想者",随后即以"神秘力量的秩序化、祖灵崇拜观念及其与世俗权力系统的匹配、祭祀与占卜仪式中所表现的知识系统的整合"为题对巫史集团的意义进行了详尽而全新的阐释。

(二)文字创制

关于文字创制的意义,李学勤先生有段通俗但极有价值的论断:"(国际上通用的文明的标准,第二条就是要有文字)……文字的存在是文明最主要的标准。大家知道,文字是一个发明,不是发现,因为文字不是在自然界里的,是人创造出来的,是有了人类,然后人类的文化发展到一定程度才有的。文字是我们思维传达和保存的工具。文字的发明是人类历史上最伟大的发明,后来伟大发明还有很

---

① 可参阅[法]马塞尔·莫斯、昂利·于贝尔著,杨渝东、梁永佳、赵丙祥译:《巫术的一般理论 献祭的性质与功能》,广西师范大学出版社 2007 年版。
② 顾颉刚、刘起釪:《尚书校释译论》第三册,中华书局 2005 年版,第 1560 页。
③ [西汉]司马迁:《史记》卷三《殷本纪》,中华书局 2005 年版,第 73—74 页。

多,但是如果没有文字,所有人类的创造就没法传播,也不能存在下去。可以设想一下,没有文字的时代文化怎么传播呢?想要传得远、传得久那是不可能的。"①在讨论中国文字的起源时,肯定会牵涉到甲骨文、仓颉、金文等关键词,前辈学者蔡美彪对此有着精彩的论述:"文字的发明,是人类历史走向文明的重大事件,也是建立国家的必备条件。古代有仓颉造字的传说,它的合理内涵可能是表示生产物有了储存后,管仓人创造了图画储存物和记录数量的符号。考古发掘显示,夏代已有文字,但汉字的大量制作和广泛应用是在商代。……甲骨文和铜器铭文是商代的原始文字记录,与后世的文献记录相印证……"②

关于中国文字的起源,可以从两个方面去认识,去理解。一是考古学的,一是文献学的,既是认识文字起源的不同途径,也是历史解读的不同呈现。

第一,考古学的解释。李学勤在《文字起源研究是科学的重大课题》中讲道:"当前关于中国文字起源讨论的一个焦点,是符号与原始文字(以及文字)的判定和区别。这一方面的争论,无疑还将继续下去,然而无论如何,像吴县澄湖等地良渚文化陶器上的多个符号,邹平丁公龙山文化陶片上的成行陶文,说与文字无关是不合适的。最近发表的襄汾陶寺陶扁壶的毛笔朱文文字(《中国书法》2000年第10期)是字也很难否定。……有一个观点,我在不同场合说过多次,这里还想重复一下,就是不能认为在中国境内的古文字只有像商周那样的汉字的前身。在四川及其附近发现的巴蜀文字,便不是汉字。至于史前文化的符号与原始文字,与汉字及汉字前身有无关系,更需要证明。前几年我提出,良渚文化陶器、玉器上有一种云片形或者火焰形的符号,肯定与汉字的起源没有直接关系。由此推论,我们利用对商周文字解读的知识技巧,去考释更早的符号或文字,只能是探索性的试验。夸大这种试验,难免陷于错误。"③

李学勤的论述,主要说明了三个问题:

---

① 李学勤:《通向文明之路》,商务印书馆2010年版,第30—31页。
② 蔡美彪:《中华史纲》,社会科学文献出版社2012年版,第9页。
③ 李学勤:《中国古代文明研究》,华东师范大学出版社2005年版,第353—354页。

其一,商周文字不是中国文字的唯一起源形式。

其二,一些陶文有可能是中国文字的起源。

其三,认为陶器符号或文字是中国文字的起源,仅仅是一种试验。

第二,文献学的解释。中国古籍中关于文字的创制,有着明确的记载。《说文解字·序》:"黄帝之史仓颉。"①段玉裁注:"仓,或作苍,广韵言,仓姓。仓颉之后,则作仓者非也。"《淮南子·本经训》:"昔仓颉作书而天雨粟,鬼夜哭。"②这就是典籍中对于仓颉及仓颉造字最明确的记载。

陈登原所作《国史旧闻》,以专题资料汇编,并加以论断而行世。其专题《仓颉》篇,汇集了史料中关于仓颉及仓颉造字的材料,可资一读。尤其谈到了仓颉造字的认识,在引用了《荀子·解蔽篇》:"好书者众矣,而仓颉独传者,一也。"和金圣叹《唱经堂随手通》(序童寿六书):"造字不必专于仓颉,造字亦必专于仓颉。然则,仓颉之名,不当专于一人。万古以来,圣人之兴,如麻如粟,而必专仓颉之独造字者哉,此非一圣人能之也。"陈氏有案:"据上,造字不当专于仓颉一人,故曰:好书者众。又曰:其来尚矣。易言之,即谓造字不当有主名云。"③

关于中国文字的起源,众说纷纭,有认为文献的记载是正确的,也有认为考古学的解释是正确的。无论如何,在目前的学术界中,还是承认"甲骨文是殷商时期刻写在龟甲或兽骨上的文字,是汉字的前身"④。

(三)周人的文化维新

王国维说:"夏商间政治文物的变革,不像商周那样剧烈,商周间大变革……是旧制度废而新制度兴,旧文化废而新文化兴。"⑤王国维此语出自于他的名篇《殷周制度论》,道出了殷周之际的重大变革,也就是周代建立及周人实行的文化

---

① [东汉]许慎:《说文解字》,岳麓书社 2006 年版,第 314 页。
② [西汉]刘安等著,许匡一译注:《淮南子全译》卷八《本经》,贵州人民出版社 1993 年版,第 420 页。
③ 陈登原:《国史旧闻》第一册(上),辽宁教育出版社 2000 年版,第 122—123 页。
④ 中国社会科学院历史研究所《简明中国历史读本》编写组:《简明中国历史读本》,中国社会科学出版社 2012 年版,第 68 页。
⑤ 王国维:《观堂集林》,中华书局 1959 年版,第 453 页。

维新的巨大意义。在张岱年、程宜山认为,周之所以称之为文化维新,主要有三点:一是礼乐制度,二是敬德思想,三是天命观念。最后,他们讲道:"殷周之际的文化变迁对中国传统文化基本格局的形成有重要意义。周初奠定的宗法制度及与之配套的礼乐制度、敬德思想、天命观念,影响深远。"①

子曰:"周监于二代,郁郁乎文哉!吾从周。"②阐明了周与夏、商二代的区别,一个关键词"文"。哲学家牟宗三对此有精辟的论述,他说:"文质者,简言之,殷质周文也。细言之,夏尚忠,殷尚鬼,周尚文,所谓三教也。……商质周文,是也。若言夏文商质,则文质成格套,其义不实矣。须知由亲亲而至尊尊,由笃母弟而至笃世子,是历史一大进步。此一进步,至周始完成。故周文,实当其分也。……何以言周文?传子不传弟,尊尊多礼文。两句尽之矣。周公损益前代,制礼作乐。孔子称之曰'文哉',荀子称之曰'粲然'。然其密义则由尊尊传子而可窥。……笃世子是帝王世袭下政治公性之一表现,亦即尊尊之一表现。故由亲亲而至尊尊,是现实历史一大进步。"③

牟氏在其另一部著作《政道与治道》中又谈及了此问题,只是具有了极强的思辨性与概括性,他说:"殷周之际,周公制礼,是华族文化一大发展。故前贤有云:'人统之正,托始文王。'商之'主亲亲,笃母弟',亦未必是意识上自觉之原则,亦不必一定传弟,有时亦许有传子。然无论传子传弟,恐皆不是法度上之自觉者。亲亲之杀、尊尊之等之厘定,以及其观念之浮现于意识上,亦是自周而始然。汉儒以亲亲一观念说商之所以为质,亦是后人之解析,当时未必意识到也。同姓不婚,以及宗法制中大宗小宗之确立,皆自周公制礼而始然,……可见制度观念之清楚、客观精神之表现,至周始大彰显。"④

牟氏的两大段论述,也就是从夏商之传子传弟制转换为传子之变化。还有宗法制度,同姓不婚以及大、小宗之别,这些综合起来皆是"亲亲尊尊"之问题。也就是

① 张岱年、程宜山:《中国文化论争》,中国人民大学出版社 2006 年版,第 141—142 页。
② 杨伯峻译注:《论语译注》,中华书局 1980 年版,第 28 页。
③ 牟宗三:《历史哲学》,广西师范大学出版社 2007 年版,第 30—31 页。
④ 牟宗三:《政道与治道》,广西师范大学出版社 2006 年版,第 5—6 页。

从血缘政治关系向国家政府形态的演变,也是亲缘政治向地缘政治关系的演变。

三、春秋战国:礼失而文化纷呈

公元前770年,周平王东迁洛邑,一直到公元前476年(周敬王四十四年),近三百年时间,为春秋时期。公元前475年(周元王元年)到公元前221年秦完成统一,约二百五十年时间,为战国时期。依据这一划分,从平王东迁到秦统一,为春秋战国时期,约五百五十年。

春秋战国时期处于社会动乱,政局分崩离析的状态。东迁之后,周天子在名义上存在,但已成为了象征,史书上"求赙""告饥"多有记载,而且逐渐失去了军事力量,成为了诸侯获取承认的权力符号。诸侯乘势而起,相互兼并,大国吞并小国,借机扩大自己的势力范围。《史记·太史公自序》中说:"春秋之中,弑君三十六,亡国五十二,诸侯奔走不得保其社稷者不可胜数。"①而就在这样礼崩乐坏的局面下,却迎来了中国文化发展的第一个高峰,也可以说,是至今为止无法超越、无法比拟的高峰。

(一)轴心时代

"以公元前500年为中心——从到公元前800年到公元前200年——人类的精神基础同时地或独立地在中国、印度、波斯、巴勒斯坦和希腊开始奠定。而且直到今天人类仍然附着在这种基础上。……在公元前800年到公元前200年间所发生的精神过程,似乎建立了这样一个轴心。在这时候,我们今日生活中的人开始出现。让我们把这个时期称之为'轴心的时代'。在这一时期充满了不平常的事件,在中国诞生了孔子和老子,中国哲学的各种派别的兴起,这是墨子、庄子以及无数其他人的时代。"②

---

① [西汉]司马迁:《史记》卷一百三十《太史公自序》,中华书局2005年版,第2492页。
② [德]卡尔·雅斯贝尔斯:《人的历史》,转引自《现代西方史学流派文选》,上海人民出版社1982年版,第38—39页。亦可参阅韩震主编《历史观念大学读本》下编《西方历史观念》第九章《历史的意义》第四部分《雅斯贝尔斯:历史轴心期理论》,中国人民大学出版社2008年版。雅斯贝尔斯"轴心理论"的完整论述,见于 Karl Jaspers, The Origin and Goal of History, English Translation by Michael Bullock, New Haven: Yale University Press, 1953.

　　雅斯贝尔斯提出的"轴心理论",使得中国史学界对于春秋战国时期纷乱的土壤中开出娇艳的文化之花的现象有了全新的解读,不再拘泥于"礼崩乐坏""礼失求诸野"的本土解读。至今为止娴熟运用"轴心理论"而源源不断推出研究成果的当推余英时先生,其代表作就是 2012 的新作《天人之际——中国古代思想的起源试探》(台湾联经出版事业有限公司 2012 年)。

　　在此书中,余英时说:"现在,让我先对中国的轴心作一番简单的历史鸟瞰。帕森斯(Talcott Parsons,1902—1979)指出希腊轴心突破针对的是荷马诸神的世界,以色列则针对《旧约》和摩西故事,印度则是悠久的吠陀传统,那么,中国突破发生的背景又是什么呢? 我的简单答案是:三代(夏、商、周)的礼乐传统。礼乐传统从夏代以来就体现在统治阶层的生活方式之中。孔子有关夏商周礼乐传统以因袭为主、略有损益的名言(《论语·为政》),似乎考古学界每一次大发现都对此点有所证实,至少就商周两代而言确是如此。"

　　紧接着,他简略地论述了礼乐传统被突破,"然而,到了孔子所生活的时代,古代的礼乐秩序已濒于彻底崩坏。这种情况在孔子对当时那些违反礼乐秩序基本准则的贵族的严厉谴责中得到了清楚的反映。魏尔(Eric Weil,1904—1977)曾提出一个有趣的观察:在历史上,崩坏经常先于突破而出现。春秋时代的礼乐崩坏恰好为魏尔的观察提供了一个典型的例子。我断定,正是由于政治、社会制度的普遍崩坏,特别是礼乐传统的崩坏,才引致轴心突破在中国的出现"[1]。

　　其后,余英时重点探究了儒家、墨家、道家的突破和古代礼乐传统之间的密切关系,以及天人关系的新转向、从巫传统到气化宇宙论,谈到了巫文化对轴心突破的影响,最后总论提摄,探究了从天人合一到内向超越。

　　(二)士的崛起

　　在春秋战国时期,由于社会局面的失控,致使巫术集团以及贵族阶层的很多人被迫脱离了社会上层,开始流离于各诸侯国,这些人被称之为"士",有着文士

---

[1] 余英时:《天人之际——中国古代思想的起源试探》,台湾联经出版事业有限公司 2012 年版,第 23 页。

与武士(侠士)之别。由于具有一定的文化知识(不论文士、武士),所以当此类人形成了群体性的流动时,便成为了当时一种势不可挡的社会力量,后人视之为"士之崛起"。士具有非常重大的社会意义,一是知识性。二是可以走仕途,三是成为教育家,四是成为军事家。

正如钱穆先生所指出的:"游仕逐渐得势,他们的学说,亦逐渐转移,他们开始注意到自身的出处和生活问题。这已在战国中期。他们注意的精神,已自贵族身上转移到自己一边来。……以上诸派,主张虽不同,然而他们思考和讨论的中心,则全从自身着眼,并不像孔、墨两家多对贵族发言。此正可见平民学者之地位已逐步高涨,而贵族阶级在当时之重要性已逐步降落。"①

钱穆的这段论述其实讲到了士的很多问题:

(1)士的来源。来自于贵族阶层。

(2)士的演变。"游"是其特性,也是其演变的前提。从贵族演变为平民。演变的时期也不同,春秋与战国之不同。

(3)士之觉醒。士开始思考自身的来源,就表明开始觉醒的意识。

(4)士之崛起的社会意义。平民高涨,贵族衰落。

钱穆谈到了士的演变,也就是春秋时期的士与战国时期的是完全不同的,这种变化涉及士自身的认识与社会环境的变化,也是士所承担的社会功能发生的变化。日本著名学者内藤湖南讲道:"特别是这一时代的游士(战国),由于被用为诸侯的宾师,故较少成为臣下者。这和孔子之前,子产和晏子作为国臣而发挥作用有所不同。这是个以游士为宾师而发挥其功效的时代。……这些人物立一家之言,若用其言便可获得实际功效,故各为其国所用。……由此就游士自身而言,这是个全盛的时代。这些游士们对各个诸侯不居其下的态度,孟子以前就有所提及,如田子方不答魏武侯之礼。当然,这还只是受到一国之君优待的记事。但到苏秦时情形为之一变。……这个时代虽然短暂,但游士的生活达到了顶端。"②

---

① 钱穆:《国史大纲》修订本上册,商务印书馆1996年版,第107—109页。
② [日]内藤湖南:《中国史通论》(上),社会科学文献出版社2003年版,第131页。

另外,关于春秋战国的"士",有一本书不得不读,就是余英时的《士与中国文化》(上海人民出版社 2003 年)。

(三)诸子蜂起与孔子

平王东迁,诸侯崛起。被巫史与贵族垄断的教育学术文化纷纷流落到了民间,这就是"礼失求诸野",同时也造就了诸子之学的兴起,正如王桐龄先生认识的那样:"中国学术全盛时代,实在战国之时,而发端在春秋之末。九流十家,继轨并作,非特中华学界之大观,抑亦世界学界之伟迹也。"①

王桐龄探究了造成诸子蜂起的原因:

(1)蕴蓄之宏富。

(2)社会之变迁。

(3)思想言论之自由。

(4)交通之频繁。

(5)人材之见重。

(6)文字之趋简。

(7)讲学之风盛。②

那么诸子蜂起,到底有多少家呢? 吕思勉先生的认识较为典型,他说:"东周以后的学派,可考见的,无过于《史记·太史公自序》里头,述他的父亲谈所论六家要旨和《汉书·艺文志》所根据的刘歆《七略》。"③也就是儒家、道家、阴阳家、法家、名家、墨家、纵横家、农家、兵家、医家。

孔子是其中的代表人物。孔子(前 551—前 479 年),名丘,字仲尼,鲁国人。少年时代做过管理仓库和管理牛羊的小官,中年在鲁国任职。后来为了实现自己的政治抱负,带领弟子出游列国,后来回到鲁国定居。晚年以讲学和整理文化典籍为己任。《论语》是其弟子记载老师言论的汇编。

在有关孔子生平与思想研究的著作中,《史记·孔子世家》与《论语》是最基本

①② 王桐龄:《中国史》(上卷),江西人民出版社 2008 年版,第 160、160—162 页。
③ 吕思勉:《白话本国史》,上海古籍出版社 2005 年版,第 158 页。

的材料,当然也有今人撰写的专著,现向诸位推荐两本书。

第一本是美籍华人金安平(Annping Chin)撰写的《孔子——喧嚣时代的孤独哲人》(*The Authentic Confucius:A Life of Thought and Politics*)(广西师范大学出版社 2011 年版)。金安平是美国历史学会主席史景迁(Jonathan D.Spence)的夫人,此书是她精心撰写之作。全书分为八章:去鲁、世卿与国政、弟子、周游列国、返鲁、教学、生死之礼、捍卫者,资料翔实,文笔细腻,值得一读。

第二本书是台湾著名学者韦政通的《先秦七大哲学家》(江苏教育出版社 2006 年版)。关于孔子的论述只是此书其中的第一章节,其中最可注意的便是他将苏格拉底与孔子做了对比。

相同之处是:

(1)同属诲人不倦的教师。

(2)同样对人的问题感兴趣。

(3)都建立了不受宗教影响的伦理学。

(4)提倡贤能政治。

(5)富人情味和亲密感。

(6)在生前就很有名气。

不同之处是:

(1)孔子对旧有文化是站在美化、保守的立场,苏格拉底则采取怀疑批评的态度。

(2)孔子是一救世型的人物,苏氏则是一爱智者。

(3)孔子重反省,以求生活的合理性,苏氏重定义,以求思想或知识的确实性。

(4)孔子能安享天年,苏氏则殉道而死。[1]

四、"统一"映入视野:秦汉时期的社会与文化

从秦统一(前 221 年)到公元 189 年,这四百余年的时间,我们称之为秦汉时

---

[1] 韦政通:《先秦七大哲学家》,江苏教育出版社 2006 年版,第 3 页。

期。在这四百余年的历史时期内,先后有秦(前 221—前 207 年)、西汉(前 207—8 年)、新(8—25 年)、东汉(25—189 年)四个中央政权的存在。秦汉时期的历史发展,"中国文明的构成形式和创造内容都有重要的变化。秦汉人以黄河流域、长江流域和珠江流域为主要舞台,进行了生动活泼的历史表演,同时推动了中华民族历史文化突出的进步。秦汉时期的文明创造和文明积累,在中国历史上有显赫的地位。当时的文化风貌和民族精神,有鲜明的时代特征。秦汉时期的社会结构、政治格局和管理形式,也对中国此后两千年来的文化传统的形成和历史演进的方向形成了非常深刻的影响。"①

(一)"统治"开始出现

三代时期,中国处于松散的邦国体制,天子只是邦国或诸侯名义上的君主,不是绝对的臣属关系,统治只在"朝贡""献祭""随征"等礼仪中发生和体现。但是当秦始皇一统天下之后,情势为之一变,从朝堂到百姓,帝王的命令与意志一定要实现,并不折不扣地贯彻。天下成了帝王的家园,百姓亦成了帝王的臣民。秦始皇统一后,着手制定实施了多项措施政策,开创了其后中国两千余年封建统治的模式。正如史学家夏曾佑所言:"故中国之教,得孔子而后立。中国之政,得秦皇而后行。中国之境,得汉武而后定。三者皆中国之所以为中国也。"夏氏处清末民初(1865—1924 年),经历了世事巨变,识见了弱肉强食,其阅历与经验使其对历史有了更加准确与深刻的认识。他将秦始皇、汉武帝与孔子并立,可见二人对中国的功绩之巨大,其后他进一步阐释:"自秦以来,垂二千年,虽百王代兴,时有改革,然观其大义,不甚悬殊。譬如建屋,孔子奠其基,秦、汉二君营其室,后之王者,不过随事补苴,以求适一时之用耳,不能动其深根宁极之理也。"②

夏氏在《秦于中国之关系》中将秦始皇的统治技术加以归纳总结,共有十项,现罗列如下:

---

① [日]鹤间和幸著,马彪译:《讲谈社·中国的历史》第三册《始皇帝的遗产:秦汉帝国》王子今推荐序,广西师范大学出版社 2014 年第 2 版。
② 夏曾佑:《中国古代史》,河北教育出版社 2000 年版,第 245 页。

并天下,一也。

号皇帝,二也。

自称曰朕,三也。

命为制,令为诏,四也。

尊父曰太上皇,五也。

天下皆为郡县,子弟无尺土之封,六也。

夷三族之刑,七也。

相国、丞相、太尉、御史大夫、奉常、郎中令、大夫、卫尉、太仆、廷尉、鸿胪、宗正、内史、少府、詹事、典属国、监御史、仆射、侍中、尚书、博士、郎中、侍郎、郡守、郡尉、县令皆秦官,八也。

朝仪,九也。

律,十也。

此十者,皆秦人革古创今之大端也。①

(二)经书注解与谶纬的出现:儒学的发展

汉武帝采纳了董仲舒的"天人感应"理论,并把董仲舒为代表的儒家学派推上了学术的领导地位,这就是著名的"罢黜百家,独尊儒术"。这里诸位要注意一个概念,就是"儒术"与"儒家"的区别。汉武帝的本意与初衷只是想借用董仲舒的"儒家",也就是"儒术",而不是孔子的"原始儒"。但还应注意,儒学的独尊,同时

---

① 夏曾佑:《中国古代史》,河北教育出版社 2000 年版,第 252—253 页。关于秦始皇的功绩或秦统一的政策措施,可参阅朱绍侯主编《中国古代史》(上)第六章第一节《秦统一封建国家的建立》,福建人民出版社 1990 年版。或詹子庆主编《中国古代史》(上)第六章第一节《秦朝的建立和发展》,高等教育出版社 1997 年第 2 版。还有新世纪后的著作可以参阅张帆《中国古代简史》第四章《统一的君主专制帝国——秦》,北京大学出版社 2001 年版。张仁忠《中国古代史》第四章第一节《秦始皇巩固统一和加强封建统治的措施》,北京大学出版社 2006 年版。还有 2012 年出版的两本通史,中国社会科学院历史研究所《简明中国历史读本》编写组编写的《简明中国历史读本》第四章第一节《统一的专制主义中央集权封建国家——秦王朝》,中国社会科学出版社 2012 年版。蔡美彪《中华史纲》第三章第一节《秦朝的皇权专制统治》,社会科学文献出版社 2012 年版。以上七本书中相关的评述,读者可对比参照。

也说明了当时儒学的兴盛,吕思勉先生说:"到武帝,儒学遂终于兴起了。儒学的兴起,是有其必然之势的,并非偶然之事。因为改正制度,兴起教化,非儒家莫能为。论者多以为武帝一人之功,这就错了。武帝即位时,年仅十六,虽非昏愚之主,亦未闻其天亶夙成,成童未几,安知儒学为何事?所以与其说汉武帝提倡儒学,倒不如说儒学在当时自有兴盛之势,武帝特顺着潮流而行。"①

汉武帝为了确立儒家的独尊地位,实施了一系列的措施,其中导致经学大盛的措施就是"五经博士"的设立。"五经博士"就是《诗经》《书经》《易经》《礼经》《春秋经》的官学负责人,一时间为求做官,读经之风盛行。同时经学内部由于对于经的解释各不相同,于是产生了各个流派,清人皮锡瑞有论,"经学至汉武始昌明,而汉武时之经学为最纯正"②。汉武之后,经学注解偏离了正常的理解,陷入了困境,在东汉为最甚。在西汉成帝、哀帝年间,出现了经学的谶纬化。

那什么是谶纬呢?二十余年前朱绍侯先生主编的《中国古代史》是这样解释的:"谶纬是一种庸俗经学和封建迷信的混合物。谶是用诡秘的隐语、预言作为神的启示,向人们昭告吉凶祸福、治乱兴衰。……纬是用宗教迷信的观点来解释儒家经典,把它们说成是神的启示。这些荒唐的谶纬迷信,都是统治阶级为了愚弄群众、维护自己的特权而编造出来的。"③可见,谶纬是一种思想统治的技术,麻痹群众,通过自然的显示来使得群众深信统治的合法合理性。但是同时应该注意,谶纬出现以后,虽然历代都有有识之士深堪其忧,对其进行批判,但是仍然大行其道,在后世中多有显现。从这一角度看来,谶纬虽有"神灵诡异"之处,但它的出现,对于统治者实现统治,确实有一定的帮助,这一点是不能否认的。④对此王子今有着深刻的认识,"作为秦汉时代兴起的政治神学的标志,谶纬迷信也体现出中国传统政治文化的某些突出特征。谶纬同作为中国传统思想之正统的儒学之

---

① 吕思勉:《吕著中国通史》,华东师范大学出版社 2005 年第 2 版,第 281—282 页。
② [清]皮锡瑞:《经学历史》,中华书局 1959 年版,第 70 页。
③ 朱绍侯主编:《中国古代史》(上),福建人民出版社 1990 年版,第 405—406 页。该书第八章第五节东汉时期的文化中"谶纬迷信的盛行"内容是由广西师院卢启勋先生撰写。
④ "神灵诡异"一词出自中国社会科学院历史研究所《简明中国历史读本》编写组编写的《简明中国历史读本》,中国社会科学出版社 2012 年版,第 155 页。

间有相互沟通、相互融汇的关系。谶纬显著影响着中国封建王朝的政治生活,为封建皇权的合法性和封建王朝的法统提供了以神秘主义为内涵的理论依据"①。

(三)异域血液的注入:佛教西来

目前中国人信仰的宗教中,只有道教是中国人自己创立、本土生长的,其他宗教则是外来的。佛教传入中国,对于中国人的影响,对于中国文化塑造,都有着异常重要的意义。许倬云讲过:"最为重要的'他者',则是经由西域进入中国的佛教。这一印度的宗教,在西域已由自度的原始佛教转化为度人转世的大乘佛教。在前汉已经渐渐传入中国的佛教,终于成为中国文化必须面对的强大'他者',中国文化的内涵及价值,不得不在与佛教融合过程中,改变了自己,也改变了佛教。"②许倬云的这段话有以下信息:

(1)中国佛教来自于印度。

(2)在传入过程中,途经西域,所以说由西域传入。

(3)传入时间为:前汉,也就是西汉。

(4)佛教传入,中国文化改变,佛教也改变。

在这四项中,(1)(2)(4)在学界已成为共识,可是佛教传入的时间却说法不一,据陈登原统计,"……佛教来华,都凡五说:有谓来于三五之世者(三皇五帝时期),有谓来于先秦之时者,有谓来于秦始皇时者,有谓来于汉武帝时者,有谓来于汉哀帝时者。除汉哀时说之外,其余均属悠谬……"③哀帝为西汉(前汉)第十位皇帝,公元前7年到公元前1年在位,在此六年内佛教传入了中国。

佛教传入中国后,经过多年的磨合,才与中国政治文化结合,融入到了中国人的日常生活中。中国的传统文化影响了佛教,佛教为了进入中国,被中国人接受,选择了接受传统文化,如"孝"的接纳。而传统的中国,面对新鲜而势不可挡的佛教,采取了犹豫不决的态度,有过接受,也出现过几次"灭佛"事件,但最后的结

---

① 王子今:《权力的黑光》,陕西人民出版社2006年版,第236页。关于谶纬的专题论述,可以参阅顾颉刚《秦汉的方士与儒生》,上海古籍出版社1978年版。许倬云:《我者与他者——中
② 国历史上的内外分际》,三联书店2010年版,第42页。
③ 陈登原:《国史旧闻》第一册(下),辽宁教育出版社2000年版,第477页。

果依然是接纳了佛教,佛教也改变了传统中国。

五、激荡不已:魏晋南北朝时期的民族融合与文化碰撞

魏晋南北朝时期包括三国(220—280 年)、西晋(265—316 年)、东晋十六国(317—420 年)、南北朝(420—589 年)这四个历史时段,共有三十个政权,分别是三国之魏、蜀、吴,西晋,东晋,十六国之前赵、成汉、前凉、后赵、前燕、前秦、后秦、后燕、西秦、后凉、南凉、南燕、西凉、夏、北燕、北凉,南朝之宋、齐、梁、陈,北朝之北魏、东魏、西魏、北齐、北周。有如下特点:

(1)战乱频仍,割据出现,朝代更迭。

(2)民族政权大量出现,胡化与汉化。

(3)社会动荡,各种关系交织,错综复杂。

与此状态的政治局面相适应,魏晋南北朝的文化也呈现了多元并存,胡汉激荡的现象。儒家在裂变,两汉时期烦琐的经学注解,让人们对其产生了动摇。反礼教、反名教的理论与行为成为社会的时尚,以"竹林七贤"为代表的士人成为天下的标榜。于是在这一时期,产生了名为之"玄学"的思潮,说老庄,谈无为,于放浪形骸之中追求人格独立,在山水竹林间完成人生释读。道教有了更深层次的拓展——神仙说出现,佛光流照之中开始了第一次的排拒与接纳。宗教如此,胡汉亦然。故夏曾佑有云:"种族复杂之原,由于前后汉两朝,专以并吞中国四旁之他族为务,北则鲜卑、匈奴,西则氐、羌,西南则巴、賨,几无不遭汉人之吞噬者。中国以是得成大国,而其致乱,则亦因之。盖汉人每于战胜之后,必虏掠其民,致之内地,漫不加以教养,而县官豪右,皆得役使之,积怨既久,遂至思乱,若政府无事,尚有所畏,一旦有烽烟之警,则群思脱羁绊矣。及其事起,居腹心之地,掩不备之众,其事比御外尤难,故五胡之乱,垂三百年而后定也。"[①]夏氏之语有着民国年间的印痕,当以批判之眼光阅读,但却真实揭示了胡汉之争的原因所在,汉人政权吞噬掳掠在前,故而才有此时之乱。

---

① 夏曾佑:《中国古代史》,河北教育出版社 2000 年版,第 417 页。

（一）绮丽之花：玄学

在魏晋南北朝时期，思想领域诞生了一枝绮丽之花——玄学。玄学从儒家中裂变，掺杂了道家与佛家的世界观与知识论，崇尚虚无，畅谈空灵，"就思想言，其特色是易、老、庄的三玄之学代替了汉代的经学；就行为言，其特色则是突破传统礼教的藩篱而形成一种'任诞'的风气"①。

玄学最早的代表人物是曹魏时期的何晏、王弼。何晏的玄学著作是《无名论》和《道德论》，王弼则是《周易注》和《老子注》，他们提出了"贵无"的观点，此"无"与老子在《道德经》中所论之"无"不同，老子说的是"有无"之"无"，而孔子说有是"无有"之"有"，以孔子之"有"解老子之"无"，则为"贵无"。王弼还提出了著名的"名教"说，认为"道法自然"，人伦则是自然之性，不得以纲常限制，应遵循自然，破除封建礼教。何、王之后则是阮籍与嵇康，如果说何晏、王弼是思想上的代表，那么阮籍、嵇康就是行为上的楷模了。

　　　　《世说新语·任诞》记载："阮步兵丧母，裴令公往吊之。阮方醉，散发坐床，箕踞不哭。裴至，下席于地，哭吊喭毕，便去。或问裴：'凡吊，主人哭，客乃为礼，阮既不哭，君何为哭？'裴曰：'阮方外之人，故不崇礼制；我辈俗中人，故以仪轨自居。时人叹为两得其中。'"②

母亲去世，阮籍不但不哭，反而酒醉箕踞，可见名教自然了。

今人对于魏晋士人与玄学的评价没有过去那样尖锐了，③采取了一种较为开阔的视野来观察，台湾学者陈启云将魏晋时期士人的思想动态与心路历程及玄学的破茧而出概括为以下几点：

---

① 余英时：《士与中国文化》，上海人民出版社 2003 年版，第 357 页。
② 余嘉锡撰，周祖谟、余淑宜整理：《世说新语笺疏》，中华书局 1983 年版，第 734 页。
③ 詹子庆：《中国古代史》（上），高等教育出版社 1997 年第 2 版，第 384 页。在该书第十一章第五节《魏晋南北朝时期的文化》中评价道："总之，魏晋玄学给两汉以来僵化的儒家哲学带来了新的解释，使唯心论的哲学思想得到进一步发展。但是，玄学作为地主阶级的意识形态，也强烈地反映出魏晋时期门阀世族的腐朽性，因此玄学的流行对社会造成一定的消极影响。"

（1）对现实的敏感和批判。

（2）超越现实的理想。

（3）新的入世思想。

（4）自由意志与择善固执。①

这样的评价是在对于魏晋时期士人的生存环境与感情寄托进行了深刻的挖掘之后做出的，赋予了魏晋士人与玄学新的意义。当然，这仅仅代表了不同政治背景下的一种别样的认识，魏晋玄学从根本上说是一种思想、一种学说，所以不能对魏晋玄学做一味的肯定。张岱年讲过："从东汉末到魏晋，可以说有一次思想解放，在一定程度上从汉代烦琐的经学中解放出来。……但是，何晏王弼的玄学，虽然比汉儒思想为精致，而方向却错了，所宣扬的是一种客观唯心论，是一朵不结果实的花。……魏晋玄学，在理论思维的水平上，确实超过了两汉。但是，魏晋玄学，以何晏王弼、嵇康阮籍、向秀郭象为代表的思想，作为立国之道，作为治国安邦的学说，却是不行的，没有实效的。"②

（二）本土创立：道教

道教是中国唯一土生土长的宗教。在远古时代，中国人就有着天地鬼神的崇拜与灵魂不死的观念，这在甲骨卜辞中多有记载。在春秋战国时期，出现了阴阳家与五行学说，秦汉时期出现了黄老学说，后来的谶纬与方术更是直接催生了道教的形成。

道教所宣称的"道"，来源于老子之"道"。老子在《道德经》中一再提及的道，是一个哲学范畴，是可以化生万物的本体，故称"道可道，非常道。名可名，非常名"。道，不可说，不可名，是抽象的、虚无的，是万法之本，万物之源。可到了道教，"道"成了一种境界，是实际的，可触摸的，完全可以达到的一种精神状态与生存状态。

① 陈启云：《魏晋南北朝时期中国知识分子的特色》，载于《治史体悟——陈启云文集一》，广西师范大学出版社 2007 年版。此文还载于陈启云著《中国古代思想文化的历史论析》，北京大学出版社 2001 年版。

② 张岱年：《文化与哲学》，中国人民大学出版社 2006 年版，第 283 页。

　　东汉顺帝时期道教形成,当时的创立者是张陵,又名张道陵,创立了五斗米道。《三国志·张鲁传》记载:

　　　　祖父陵,客蜀,学道鹄鸣山中,造作道书以惑百姓。从受道者出五斗米,故世号米贼。陵死,子衡行其道。衡死,鲁复行之。益州牧刘焉以鲁为督义司马,与别部司马张修将兵击汉中太守苏固,鲁遂袭修杀之,夺其众。焉死,子璋代立,以鲁不顺,尽杀鲁母家室。鲁遂据汉中,以鬼道教民,自号师君。其来学道者,初皆名鬼卒。受本道已信,号祭酒。各领部众,多者为治头大祭酒。皆教以诚信,不欺诈,有病,自首其过。大都与黄巾相似。诸祭酒皆作义舍。如今之亭传。又置义米肉,悬于义舍,行路者量腹取足;若过多,鬼道辄病之。犯法者,三原,然后乃行刑。不置长吏,皆以祭酒为治,民夷便乐之。雄据巴、汉垂三十年。[1]

可知:

(1)张陵创立道教于郡鹄鸣山。

(2)作《道书》一部,作为其传教的言论理论依据。

(3)当时规定了入教的基本条件,就是信奉此教者须缴纳五斗米,即被称为"五斗米道"。

(4)五斗米道的统治者为世袭制。

(5)汉中实行政教合一。

(6)有组织系统,祭酒、治头祭酒。

(7)有教义,有规矩。

"五斗米道"在当时已具备完整的宗教形态。所宗奉的教主不是张道陵,而是春秋时期的老子,经典也不是《道书》,而是老子的《道德经》,分道众为二十四治,设立"祭酒"加以统领。到了此时,道教已有了自己的教义、经典、组织,以及一整

---

[1] [晋]陈寿:《三国志》卷八《魏书·张鲁传》,中华书局 1959 年版,第 263 页。

套的仪式规矩。

庞朴有论:"真正中国土产的宗教是道教。无论是它之来自巫术的襁褓,还是它所许诺的羽化登仙,乃至它奉为经书的道家思想,都同世界其他宗教之分裂灵魂与肉体、划分此岸与彼岸的体系大不一样。道教是一家现世的宗教,一个以人为本的宗教,教徒的最高目标不是死后回到神的左右,而是活着就要自己成仙。'仙'的设定,充分说明了道教的人文精神。"[1]

六、雄浑与宏阔:隋唐文化的万千气象

经过了近四百年的纷扰割据,隋朝的建立终于结束了这样的混乱局面。581年,杨坚在依靠继承其父及政治姻亲的基础上,废北周静帝自立,国号为隋,改元开皇,是为隋文帝,定都大兴。隋文帝即位之后,便大举南进,582年灭后梁,589年灭陈,完成了统一。隋朝的统一在历史上有着重要的意义。如果说秦是我国历史上的第一次大一统,造就了汉之盛世,那么隋的统一,则造就了唐之隆盛,可见意义之大。史学名家陈寅恪先生说:"李唐传世将三百年,而杨隋享国为日至短,两朝之典章制度传授因袭几无不同,故可视为一体,并举合论,此不待烦言而解者……夫隋唐两朝为吾国中古极盛之世,其文物制度流传广播,北逾大漠,南暨交趾,东至日本,西极中亚……"[2]道出了隋唐的历史地位,也揭示了隋唐合论的原因。

正如陈寅恪所肯定的那样,唐朝是中国历史上一个非常强盛的时代。经过隋朝短暂的统一之后,唐国公李渊于618年废隋恭帝自立,建国号唐,改元武德,定都长安,是为唐高祖。唐朝自618年建立至907年昭宣帝禅位于朱温,共传二十帝,历二百八十九年。陈寅恪先生因唐代历史地位的重要性,故着眼较多,在撰写了《隋唐制度渊源略论稿》后,又有《唐代政治史述论稿》[3],对有唐一代的社会与

---

① 庞朴:《蓟门散思》,上海文艺出版社1996年版,第237页。
② 陈寅恪:《隋唐制度渊源略论稿》,中华书局1963年新1版,第1页。
③ 陈寅恪:《唐代政治史述论稿》,上海古籍出版社1997年版。此后上海古籍出版社于1988年印行了此书的手写本,但是书名为《唐代政治史略稿》。

文化有精深的论述。他认为唐朝对于中国历史而言,其重要性还体现在承上启下的作用上,"综括言之,唐代之史可分前后两期,前期结束南北朝相承之旧局面,后期开启赵宋以降之新局面,关于政治社会经济者如此,关于文化学术者亦莫不如此"①。

(一)唐朝的外征与疆域

唐朝继承杨隋的一统事业,又在内政与外征上有所推进,形成了一种气吞万里的文化气势。

隋炀帝时期进行了五次外征活动,伐林邑,伐突厥,击吐谷浑,击流求,伐高丽。而唐之初时,外征即达十二次,且都以内属而告终,分别是平定突厥、平铁勒、平西突厥、平西昌、平龟兹、吐火罗内属、昭武九姓内属、吐谷浑内属、党项内属、吐蕃内属、平高丽及百济、印度之征服。②而且需要指出的是,唐初的外征,并不停留在礼仪上的朝贡,而是在多个地方设立了统治机构,如击灭东突厥和薛延陀后,唐太宗于647年在漠北设立六府七州,设立官员进行管辖。后又设立燕然都护府。平定吐谷浑后,即设立安西都护府。平定西突厥后,又设立昆陵都护府和濛池都护府等。

这样频繁、大规模的外征活动,使得唐朝的统治地域与势力影响范围迅速扩大。到了唐朝前期,势力强大,疆域广阔,东接日本、朝鲜,西到伊朗、印度诸国,北到蒙古大漠之北,南到南洋,南北与西汉极盛时期相仿,而东西则过之。许倬云这样评论:"总之,隋唐的中国是一个庞大国际网络的核心部分,中国以其文化与经济的优势,支持了军事活动,一度将北边游牧民族压伏,形成一个无以为敌的大帝国。经由羁縻州府结合外族的帝国外围,经由册封制度吸纳邻近国家依附于帝国体制……以中国为首的东亚世界,与先后由波斯、大食为核心的中亚及西亚,在中亚颇多接触,国际上也以远交近攻的策略,发展为多角关系……中古时期前半段,中国是内敛的,于积累足够的文化与经济能量后,在中古后半段,中国是开

---

① 陈寅恪:《论韩愈》,载于《金明馆丛稿初编》,三联书店2001年版,第332页。

② 具体事迹可参阅王桐龄《中国史》(上)第二编《中古史 汉族全盛时代》第三期《隋唐时代》第五章《唐初之外征》,江西人民出版社2008年版。

张的,遂成为东亚文化经济与政治秩序的中心。"①

（二）唐朝的文化交流

许倬云先生点出了问题的实质所在,在这样辽阔的地域背景下,在容纳了如此多的异域民族之后,唐朝的文化活动与文化交流就显示出了与以往完全不同的气象了,其时的中国成为了国际的中心,至少是亚洲的中心,吕思勉有云:"(高宗设置都护府羁縻突厥)唐朝对外的声威,至此可谓达于最高峰了。因国威之遐畅,而我国的文化,和别国的文化,就起了交流互织的作用。"②

《剑桥中国隋唐史》中在讲到隋唐和外部世界的时候,集中梳理了隋唐与外部的交流情况:

（1）越南。939 年,越南独立,该地仍坚定地作为一个部分而加入中国文化区,以中国制度和法律进行统治,它的统治精英集团深受中国文学的熏陶,并使用中国文字。

（2）新罗和渤海郡都是稳定和组织完善的王国,严格地以唐朝为样板。两国的统治阶级都使用中国文字,模仿中国的文体,信仰中国式的佛教和儒家思想。虽然这一地区与越南不同,对唐保持政治的独立,但它也长期处在中国文化圈内。

（3）在 7 世纪,日本人开始有意识地按照唐的模式组织他们的国家,全盘采用中国的文字和文学语言、中国的艺术形式、宗教、哲学、法律和制度。在唐代,中国在日本的影响达到顶点。

（4）南诏对唐保持独立,但也采用中国语言并沿用许多唐朝制度。它也成了中国文化圈的边缘部分。

（5）通往中亚和西方的各条道路对唐朝而言都非常重要。拜火教、摩尼教、景教和以后的伊斯兰教,也从伊朗和中亚传入。还有音乐、舞蹈乃至金属制作、烹饪,以及数学、语言等成就。外国人,从印度僧人到波斯眼科医生、粟特的卖艺人

---

① 许倬云:《万古江河——中国历史文化的转折与开展》,上海文艺出版社 2006 年版,第160—161 页。
② 吕思勉:《吕著中国通史》,华东师范大学出版社 2005 年版,第 418 页。

和商人,都可以自由进入中国。①

那么唐朝与域外有那么文化交流呢?张国刚和吴莉苇在其所著《中西文化关系史》(高等教育出版社 2006 年版)中将汉唐的文化交流分为三部分进行了探究,一部分是探究外部交通的拓展,另外两部分是展示文化交流的内容和成果。

中原传入西方:

(1)丝绸。

(2)纸张与造纸。

(3)铁器、瓷器、漆器,钢铁冶炼。

(4)灌溉与凿井。

(5)纺织技术。

西方传入中原:

(1)外来物种,葡萄、苜蓿、石榴、红蓝花、酒杯藤、胡麻、胡桃、胡豆、胡蒜、胡葱等。

(2)毛皮和毛织品。

(3)金银币。

(4)金银器。

(5)玻璃器和玻璃制造。

(6)奢侈品,香料、宝石和珍禽异兽。

(7)制糖。

(8)医药学。

(9)天文历法。

(10)艺术、装饰。

(11)音乐和乐器。

(12)舞蹈。

---

① [英]崔瑞德编,中国社会科学院历史研究所西方汉学研究课题组译:《剑桥中国隋唐史》,中国社会科学出版社 1990 年版,第 32—35 页。

(13)百戏。

(14)景教。

(15)祆教。

(16)摩尼教。

(17)宗教艺术。

在唐朝的文化交流的著作中,有两本书不得不读。一是向达先生的《唐代长安与西域文明》(河北教育出版社 2001 年)。二是中山大学蔡鸿生教授的《唐代九姓胡与突厥文化》(中华书局 1998 年),题目小,意义大,读来妙趣横生。

(三)唐诗的兴盛

日本学者在谈到隋唐时期的中国文化时,是这样讲的:"与隋唐政治和社会同样,隋唐时代也是中国历史上的一个高峰时期。诸如在诗歌方面有王维、杜甫、李白、白居易等人,在书法方面有颜真卿,绘画方面有吴道玄,文章方面有韩愈和柳宗元等人,大凡我们脑海里立即能浮现出来的人名全都是唐代的人物。"[1]接下来引用了北宋文人苏轼的话:"诗至于杜子美,文至于韩退之,画至于吴道子、书至于颜鲁公,而古今之变,天下之能事尽矣。"

诗在唐朝达到顶峰,主要有这样几个表现:

(1)诗的数量达到了顶峰,前无古人,后无来者。清代康熙四十四年(1705年)编纂的《全唐诗》收录诗人两千二百多人,作品四万八千九百多首,共九百卷。

(2)诗人的身份多种多样,帝王、贵族、公卿、布衣、僧、道等,遍布社会各个阶层,说明了诗歌普及程度之深。

(3)涌现了一批伟大的、不可逾越的诗人及作品。如李白、杜甫、白居易、李商隐等。

(4)风格多变,后人无法创立新的风格。

(5)确立了近体诗(律诗、绝句)的体裁。

---

① [日]气贺泽保规著,石晓军译:《讲谈社·中国的历史》第六册《绚烂的世界帝国:隋唐时代》,广西师范大学出版社 2014 年第 2 版,第 385 页。

唐诗的兴盛,使得唐朝的隆盛得到了极为酣畅的展示。唐朝的诗歌,成为中国文学乃至中国文化的高峰所在,后世只能仰望,而无法超越。唐诗的出现,极大地影响了中国人的审美情趣与欣赏角度,只言片语便出意境,四六骈文就见真情。从此,诗与画一同成为中国人表情达意的途径与方式,也最大可能地塑造了中国人的文化心理。

七、躲进小楼成一统的幻灭:宋元时期的文化

隋唐之后,中国的政局又发生了巨大的变化,政权更迭,尤其是北方少数民族政权兴起。这一历史时期分为两段:

第一段:五代十国与辽、宋、西夏、金为一历史时期,即 907—1279 年。朱温代唐于 907 年,唐亡,开启了五代十国时期。赵匡胤于 960 年黄袍加身,建立了北宋王朝;北宋于 1127 年灭于金。辽建立于 916 年,于 1125 年灭于金。金 1115 年建立,1234 年灭于蒙古。西夏于 1038 年建国,1227 年灭于蒙古。南宋 1127 年建立,1279 年灭于元。

第二段:元朝。先祖兴起于蒙古大漠,1206 年铁木真统一蒙古各部,被拥戴为成吉思汗。1227 年灭西夏,1234 年灭金,1279 年灭南宋。1271 年忽必烈定国号为元,定都于大都(今北京),1368 年被朱元璋所灭。共传十一帝,历九十八年。1271 年之前称蒙古,1271 年之后称元或蒙元。

(一)两宋文化

陈寅恪先生曾经指出了宋代在中国的历史地位,他说:"华夏民族之文化,历数千载之演进,造极于赵宋之世。"[1]两宋时期,强敌环伺,在这样的外部环境下,宋朝只能采取对外强弱并用,只要能够换取和平即可的外交方针。既然中央政府疲于应付外敌,那么对于国内就较为宽松了,政治较为清明,对士大夫采取宽容优待的政策。在如此宽松的气氛中,文化就有了较大的发展。主要表现为理学的

---

① 陈寅恪:《邓广铭〈宋史职官志考证〉序》,载于《金明馆丛稿二编》,上海古籍出版社 1980 年版,第 245 页。

兴起、士大夫文化的出现、市民文化的勃兴。

理学是儒学在两宋时期的发展,主要代表人物有北宋的程颐、程颢,南宋的朱熹、陆九渊。开创于北宋的周敦颐,奠定于程颐、程颢兄弟,集大成于朱熹。理学是在援解儒家经典的基础上,加入了关于道德的论述,使伦理纲常与儒家经典有机融合,晓谕人们,要遵守儒家教义,遵守伦理纲常。把封建道德、封建伦理哲学化,使之成为人们遵守的永恒的真理,就是"三纲五常"。周敦颐著有《太极图说》,他认为:"无极而太极。太极动而生阳,动极而静,静而生阴。一动一静,互为其根;分阴分阳,两仪立焉……乾道成男,坤道成女,二气交感,化生万物。万物生生,而变化无穷焉。"①而二程根据这一学说,将封建道德说成不能违背的天理,程颐还鼓吹"饿死事极小,失节事极大",将妇女置于封建礼教的桎梏中。而朱熹呢?《宋史》卷四二九《朱熹传》记载:"其为学,大抵穷理以致其知,反躬以践其实,而以居敬为主。尝谓圣贤道统之传散在方册,圣经之旨不明,而道统之传始晦。于是竭其精力,以研穷圣贤之经训。"②朱熹从圣贤的经传中得出了"存天理,灭人欲"的道理,并加以宣扬。朱熹的哲学思想被封建统治者作为正统而提倡,他的《四书集注》从元至明清都被作为官方的指定教材,是科举考试的标准答案。

(二)士大夫文化在宋代的兴起

主要是词、书、画的兴盛。这一方面是宋代偏安的政治环境。另一方面就是宋代皇帝的官方提倡,宋代多个皇帝都有较高的书画修养,并蓄养了专业书法家和画师,在他们的积极提倡下,士大夫们自然也就上行下效了。词萌芽于隋唐,发展于五代,兴盛于两宋。两宋时期涌现出了一批名家,柳永、苏轼、李清照、陆游、辛弃疾等。这些作者都有流传千古、脍炙人口的作品。士大夫文化的另一特征是绘画与书法。由于文人与士大夫的介入与创作,宋代的绘画出现了三个特点:

1.山水画的蓬勃发展。著名的画家有北宋的李成、范宽、郭熙、米芾和米友仁

---

① 沈善洪主编:《黄宗羲全集》第三册,《宋元学案》卷十二《濂溪学案》(下),浙江古籍出版社1992年版,第604页。

② [元]脱脱等撰:《宋史》卷四百二十九《列传第一百八十八·道学三》,中华书局1977年版,第12769页。

父子,还有南宋的李唐、马远、夏珪等。此等人的画风各有千秋,别具风格。其中范宽的《谿山行旅图》是"巨碑式"的画作,大气磅礴,气象万千。李成的《读碑窠石图》,枯枝问天,孤碑仁立,一派萧瑟,孤寂清冷。

2.在两宋时期有一幅画作不得不提,就是《清明上河图》,北宋张择端所作。长卷风俗画,展示了北宋都城开封汴河两岸的人山人海、人声鼎沸、店铺林立、熙熙攘攘的热闹场面和繁荣景象。

3.帝王画家的代表人物宋徽宗,创立了瘦金书,他还对绘画颇有造诣。

同时兴起的还有市民文化。法国学者谢和耐(Jacques Gernet)著有《蒙元入侵前夜的中国日常生活》,讲述了以杭州为中心的中国人的生活,居住、个人卫生、衣着、饮食等方方面面,描绘了一幅文字的《清明上河图》,仿佛置身于其中,在汴河泛舟,在店铺购物,吃炊饼,听说书……他写道:"杭州到处都有供人们交往聚会的好去处:城外花园可供市民冶游观光,城中空地或街头巷尾的卖艺者把人们吸引得目不转睛,茶肆供富室子弟习学乐器,而湖上轻舟则等着游客去开心取乐……此外,杭州尚有专供娱乐的场所,那是些专业的'娱乐场',在那里人们可以学习戏曲、弹唱,而且每天都可以看到各种戏剧的表演。"①—一些舒适悠闲的交通工具也应运而生,如轿子,宋时达官贵人已普遍乘坐轿子。②

(三)元杂剧

在元代出现了一种新的文学形式,就是元曲,将元曲在舞台上加以表演,这就是元杂剧,这是一种综合的艺术表现形式,具有非常丰富的内容体现。代表作家有关汉卿,代表作是《窦娥冤》《单刀会》,还有王实甫的《西厢记》,马致远的《汉宫秋》等。

元杂剧一般都有四折,也有的是五折或六折。以《西厢记》为例,有五折,分别为焚香拜月、冰弦写恨、诗句传情、雨云幽会、天赐团圆。有旦、净、末等角色杂剧所依据的是元曲,是长短句形式,在《西厢记》里有"赏花时""幺""点绛唇""混江

① [法]谢和耐著,刘东译:《蒙元入侵前夜的中国日常生活》,北京大学出版社2008年版,第211页。
② 陈振:《轿子的产生与发展》,载于《宋代社会政治论稿》,上海人民出版社2007年版。

龙""油葫芦""天下乐"等。还有道白,如张生在唱完"节节高"后撞见了崔莺莺,说了一句传颂千古的名句"正撞着五百年前风流业冤",就是道白。①

元杂剧中最优秀的作品除了《西厢记》为爱情的体裁之外,还有一部就是《窦娥冤》,全名为《感天动地窦娥冤》,也是关汉卿最出色的作品,也是元杂剧的代表作之一。《窦娥冤》讲述了元代一名社会下层妇女的悲惨遭遇,被亲人鬻卖、被地痞流氓残害、被贪官污吏将性命草菅,一生充满了凄惨,尽是被欺凌、被侮辱、被蹂躏。窦娥的遭遇其实就是封建时代千千万万老百姓的遭遇,一生饱受统治阶级的欺压,最后被残害而死,只好在临死前喊出了"地也,你不分好歹何为地?天也,你错勘贤愚枉做天!"②诘问,既充满了悲愤,又满是无奈。

那么,在蒙古人统治时期,为什么会出现元杂剧这样一种形式呢?萧启庆认为:"真正重要的原因是不少失意士人参加了杂剧创作甚至演员的阵营。有的士人为谋求生计,成了专业作家——书会才人,有的屈身下吏的士人则借创作剧本来抒泄郁闷,成为业余作家。他们挟士人之知识与才能从事杂剧创作,导致杂剧水平的大幅提升。"③

八、不是尾声的尾声:明清文化管见

中国历史发展到了 14 世纪中叶,平民中崛起的一位优秀人物推翻了蒙元的统治,重新确立了汉族对于中国大地的统治,这就是明朝的建立,这位平民人物就是朱元璋。朱元璋于 1368 年即位,国号大明,年号洪武,定都应天,是为明太祖。明朝亡于 1644 年,共传十六帝,历二百七十七年。清自太祖努尔哈赤于 1616年建立后金,皇太极 1636 年改国号为清,1644 年入关,至宣统帝退位,共传十二帝,历二百九十六年。

经历了蒙元的百年统治之后,明清政权相继统治中国。明清统治者民族不同,一为汉族,一为满族,何以相提并论?原因如下:

---

① 王实甫著,吴书荫校点:《西厢记》,辽宁教育出版社 1997 年版,第 3 页。
② 顾肇仓选注:《元人杂剧选》,人民文学出版社 1956 年版,第 28 页。
③ 萧启庆:《内北国而外中国:蒙元史研究》,中华书局 2007 年版,第 56 页。

(1)在典章制度方面,明清因袭几无不同,只有个别领域的修补。

(2)两个政权在统治时期几乎没有大的社会波动。

(3)基层社会特别稳定,江南有些望族存续两朝而不坠。

(4)没有特别的外敌入侵。

综上,在通史中一般都以"明清"并论,犹如"秦汉""隋唐"一般,吕思勉先生在论及明清历史时,特意辟出一专题:"明清两代的政治和社会",讲述了七大问题,以凸显明清两代的因袭,分别是官制、学校选举、兵制、法律、赋税制度、币制的变迁、学术思想的变迁。①

(一)心学

雷海宗先生在谈及元明理学时说:"宋末以下程朱的学说成为正统,道统的观念渐渐确立;从此理学难以再有新的发展……明代正式定程朱主义为国教,墨守的风气当然更盛。陈献章是第一个比较明显地又提倡象山学说的人,但仍是打着程朱的招牌。到王阳明才公开地与正统派挑战,对陆象山的唯心论也算有点新的贡献。这是理学史的最末一页,此后无论程朱或陆王部到了凝结与反刍的时期。"②雷氏所论简明扼要地梳理了元明理学,并指出了心学出现的思想动因。

王守仁,生于1472年,卒于1528年,字伯安,号阳明,浙江余姚人氏,官至南京兵部尚书。《明史》卷一九五《王守仁传》记载:"守仁天资异敏。年十七谒上饶娄谅,与论朱子格物大指。还家,日端坐,讲读《五经》,不苟言笑。游九华归,筑室阳明洞中。泛滥二氏学,数年无所得。谪龙场,穷荒无书,日绎旧闻。忽悟格物致知,当自求诸心,不当求诸事物,喟然曰:'道在是矣。'遂笃信不疑,其为教,专以致良知为主。谓宋周、程二子后,惟象山陆氏简易直捷,有以接孟氏之传。而朱子《集注》、《或问》之类,乃中年未定之说。学者翕然从之,世遂有'阳明学'云。"③分析可知:

---

① 吕思勉:《白话本国史》(上)第四篇第五章《明清两代的政治和社会》,上海古籍出版社2005年版。

② 雷海宗:《中国通史选读》,北京大学出版社2006年版,第620页。

③ [清]张廷玉等撰:《明史》卷一百九十五《列传第八十三·王守仁》,中华书局1974年版,第5168页。

（1）从事哲学事业较早，十七岁就讨论朱子学，可见天生对哲学有兴趣。

（2）思考问题的主要方法是苦思冥想。

（3）有一定的书籍做支撑，如《五经》之类。

（4）从有书到无书，从书中到书外，才得顿悟。

（5）心学二端：求诸心与致良知。

（6）其学接续陆象山，否定朱子。

（7）阳明学创立。

王阳明之说，全从心出，也全从心悟。他的学说是接陆九渊之绪，所以以心为上。在其著作《传习录》中讲述了一个故事：一友问他，山中鲜花自开自落，于己何干？阳明回答：你没有看见花时，花与你的心一同沉寂，当你看见花时，此花颜色一时明白起来，便知花不在你的心外。在他看来，花的存在与否，完全与花的客观存在无关，而与自己的心、主观相关。①他还提出了"致良知"和"知行合一"，"致良知"就是挥发心中存在的自然天理，不致昏蔽。"知行合一"是知与行都产生于心，心决定知与行，所以二者合一。

王阳明的学说在当时有很多的信奉者，多人从其学。明代后期，阳明学广为流传，大有取代程朱理学之势。

（二）文学作品集中出现

明清时期诞生了我国四大名著及一批有价值的文学作品，这些作品有一个共同的突出的特点，就是集中而典型地反映了市民生活或者市民文化，或者将市民的娱乐与理想追求寓于其中，体现了市民社会的初步形成，以市民的文化诉求。

《三国演义》是一部长篇历史演义小说，作者是罗贯中，山西太原人，生于元末明初，大致年代在1330年到1400年之间。《三国演义》描述了从东汉末年到西晋统一大约一个世纪的事情，"不是简单地复述三国的历史人物和历史事实，而是一部经过艺术构思和艺术加工的文学作品。它一定程度地描写了封建社会各

---

① 于民雄注，顾久译：《传习录全译》之《传习录下·黄省曾录》，贵州人民出版社1998年版，第288页。

阶级的阶级关系和社会面貌；暴露了封建统治者的某些罪恶；提供了认识封建社会政治、军事斗争的部分材料；并塑造出一些较有影响的人物形象，在艺术上颇具特色"[①]。

关于《水浒传》，应该有较深刻的探讨。有的通史将其性质定为"北宋末年以宋江为首的梁山泊农民起义的故事"[②]，也有的通史将其进行正面肯定，"是一部长篇英雄传奇小说，为我国古典英雄传奇小说中的代表作，反映北宋末年宋江起义的故事……描写了北宋末年'官逼民反'的情形，使人看到农民起义是被逼出来的，这就鞭挞了封建社会的黑暗，肯定了农民起义的正义性。《水浒传》成功地塑造了许多草莽英雄的光辉形象，以满腔的热情歌颂了梁山泊的农民革命斗争"[③]。可是仔细阅读此书，或者阅读多遍就会发现，你阅读到的内容与你体会到的感受绝不是"正义"，也不是"英雄传奇"，而是一群"恶汉"的杀戮生活。智取生辰纲是逼上梁山吗？三打祝家庄是正义吗？答案无疑都是否定的。所以，应该正确理解、恰当定位这部《水浒传》，将一些肯定性的字眼剔除，如"正义""革命""英雄""传奇"……

还有《西游记》，作者吴承恩。这是一部神魔小说，取材于唐时的玄奘取经题材，加以演义加工，形成了一部伟大的文学作品。《红楼梦》是清代的曹雪芹所著，描写了四大家族由盛转衰的过程，感慨命运多舛，造化弄人，荣华富贵刹那间都成了南柯一梦。

（三）盛世修典

中国有着良好的修史传统，一般都是当政者给前朝修史，为的是详录事迹，汲取经验教训，尤其是兴亡的教训。当一个朝代或者一个政权国运隆盛，拥有了财力、物力与人力时，就会修撰大规模的类书，如宋初的《太平御览》和《册府元龟》，但是这两部书都不能算"卷帙浩繁"，各有一千卷。

---

① 何磊：《三国演义·前言》，载于罗贯中《三国演义》，人民文学出版社 1973 年第 3 版，第 4 页。
② 中国社会科学院历史研究所《简明中国历史读本》编写组：《简明中国历史读本》，中国社会科学出版社 2012 年版，第 386 页。
③ 张仁忠：《中国古代史》，北京大学出版社 2006 年版，第 506 页。

　　到了明代,明成祖永乐年间,成祖有感于皇家藏书之缺,于是决定编纂《永乐大典》,解缙负责,参加编写的人员有三千多人,分别担任抄录、誊写、圈点、编辑等工作,这项浩大的工程经历了五年才告完成。全书有 22877 卷,装成 11095 册,约 3.7 亿字。《永乐大典》汇集了当时所能搜集到的所有书,可谓荟萃天下,有天文、地理、文学、艺术、经书、史籍、工技、农艺、医学、宗教等。

　　《永乐大典》是我国文化史上一座丰碑,也是世界文化史上不可逾越的高峰,堪称古今图书的总汇,也是一部中国的百科全书。

　　到了清代乾隆年间,乾隆帝亲自发起编纂《四库全书》,全书分为经、史、子、集四类,收录书籍 3461 种,79309 卷,装为 36300 册,这是我国最大的一部类书,对于我国古代义化的保存有着巨大的意义。

　　戴逸先生在《乾隆帝及其时代》中对《四库全书》的修撰有着不一样的论述,将四库全书与法国百科全书相举而论,非常精彩。

　　(1)《四库全书》的着眼点在收集,而法国的《百科全书》在综合过去的知识成果,加以阐述发挥,用力于"撰写"。

　　(2)《四库全书》和《百科全书》一样,编纂者都是当时的著名学者,有学术讨论。

　　(3)二者都有一个宏伟的理想,就是要囊括前人的知识成果。

　　(4)二者的编纂指导思想完全不同,《四库全书》是占在官方角度,选择书籍有淘汰,有禁毁。而《百科全书》则不受官方约束,完全发挥学者个人的思想自由。

　　(5)《四库全书》的编者对西方文化缺乏了解,而《百科全书》的作者则开始了解中国。

　　(6)二者诞生的时间相同,但是时代背景却不同,成书以后所起的作用自然就不能同日而语了。①

---

① 戴逸:《乾隆帝及其时代》,中国人民大学出版社 1992 年版,第 393—414 页。

第七章　古代中国的思想与文化

中国历史文化从肇始至今，从未间断，一直绵延不绝。也正因为如此，在历史的演进过程中，一些有识之士创造出了优秀灿烂的思想文化，不断地在总结，不断地在引导中国及中国人走向发展，走向进步。思想与文化，本无"精华与糟粕"之分，思想产生于社会的需要，是社会的发展与走势催生了思想的出现；同时，这种思想又会引导社会继续前进。既然是社会的需要所致，那么思想的性质就显得无足轻重，而思想对社会所起的作用如何倒显得重要了。思想分为很多类型，有哲学型的，也有艺术型的，也有流传千古的，更有昙花一现的……有的思想学派一脉相承，赓续了几千年，如儒家；也有的学派深受批评，却暗地里一直在受重用，如法家。

吕思勉先生讲道："学术思想，是一个民族的灵魂。看似虚悬无薄，实则前进的方向全是受其指导。"①美国汉学家牟复礼（Frederick W.Mote）也讲过："在中国悠久的历史中，有什么可以解释她卓异的特质，有什么可以解释她举世无双的源远流长而又生机不辍？她的过去之于今天又有何重要？欲回答这些问题，我们就要转向中国思想发轫的悠远上古。不过我认为：我们要想了解中国文明何以屹立得如此持久稳固，就必须理解奠基于文明底下的思想根基"②。

在叙述古代中国的思想与文化时，有两大途径，一是从思想家到思想成果，

---

① 吕思勉：《吕著中国通史》，华东师范大学出版社 2005 年第 2 版，第 275 页。
② ［美］牟复礼著，王立刚译：《中国思想之渊源·序言》，北京大学出版社 2009 年版。

从而阐述思想,这样的叙述虽就思想性而言较好,可以完整地呈现思想的主题与脉络,但是缺陷就是无法体现思想家与思想家、思想与思想之间的联系,使思想的阐述成为了思想家的个案阐述,显得较为凌乱。二是采取通史的叙述方式,以朝代为时间时段进行叙述,一朝一思想,一代一学术,这样的叙述显得有条不紊,可以与时代背景相结合,可以紧扣时代之主题,接地气,有土壤,同时也可以梳理出思想的起源与终结,看出其来龙去脉。但是这样的叙述就成为了思想史,而不是思想的阐述;思想要探究、要阐发,才会有新的灵光,才会成为有前瞻性、指导性的灵魂。对古代中国而言,思想脉络的梳理、朝代更迭的接绪似乎比思想的探究更为重要。但在采取通史方式叙述思想的同时,还要注意一关键问题,"中国的思想家,很少是有意识地以有组织的文章结构来表达他们思想的结构,而常是把他们的中心论点,分散在许多文字单元中去……中国的思想家系出自内外生活的体验,因而具体性多于抽象性。但生活体验经过反省与提炼而将其说出时,也常会澄汰其冲突矛盾的成分,而显出一个合于逻辑的结构。……但这种结构,在中国的思想家中都是以潜伏的状态而存在。因此,把中国思想家的这种潜伏着的结构如实地显现出来,这便是今日研究思想史者的任务"[①]。

此外,还有一问题需要注意,就是如何理解思想家的思想,也就是如何表述才能够不至于曲解其主题,可以以自己的认识与经验将其思想阐发得更加易懂,或者更为思辨,或更为婉转,也可以将其思想叙述得更为生活化、趣味化,但都不得歪曲、不得离题万里。史华慈(Benjamin I. Schwartz)也表现出了这种担忧,"……思想史家的理想目标,是对于自己所研究的个人或团体的意识反应尽可能达到一种'完全'的理解。换言之,首先要设法了解他们的环境,正如他们所了解的一样;设法了解他们的观念,正如他们所了解的一样。这当然是一种理想——而且是一种遥远的理想,甚至有许多理由可以怀疑实现这种理想的可能性。我们是否真能变成别人的替身,而参与别人心智上及情感上的发展过程?他们的著作

---

① 徐复观:《中国思想史论集》,台中东海大学 1959 年版,第 2 页,转引自韦政通编《中国思想史方法论文选集》,上海人民出版社 2009 年版,第 5 页。

是否真能提供我们适当的线索？也许我们所能达到的最多只能像透过玻璃而模糊地看到一些片段。然而朝着这个遥远的理想去努力却正是思想史家主要的'存在理由'"①。（关于古代中国的思想文化，在本书第二章已做了通史式叙述，故在此章中重点讨论在第二章中没有提及的内容。）

一、永远的文化源泉：先秦诸子的思想主张

在春秋战国时期，中国出现了一批富有卓越见识的思想家，他们潜心著书立说，奔走于各诸侯国之间，希望自己的政治主张被诸侯王采纳，能够救世之弊。同时也设帐教学，将自己的政治理念与人生认识广为传播，并希望能够流传下去，泽被后世。他们思想之博大，学说之广涯，后世无人可以望其项背。他们所创造的这一文化高峰，至今仍然是中国人的文化母体，所有后世的文化思想均发源于此。

我们将这段文化历史称之为"先秦子学"，"子学"的含义是指诸子之学说，也就是各家学派的创立者的学说。

（一）老子及其思想

老子是中国历史上有名可考的第一位思想家，他的思想存于《道德经》一书，此书系别人编纂而成，其生平可观《史记》卷六十三《老子韩非列传》。其思想主张如下：

1.超绝一切的虚无本体，称之为"道"，又叫作"大"。"道"是老子思想的核心与基础。

2.《道德经》第四十二章："道生一，一生二，二生三，三生万物。""道"是世界之源。

3.老子还提出"无"的观念。《道德经》第四十章："天下万物生于有，有生于无。""无"可以化生万物。

以上是老子最主要的哲学思想，在这样的思想的派生下，他的政治主张显然

① 许纪霖、宋宏编：《史华慈论中国》，新星出版社 2006 年版，第 7 页。

就多了虚空的味道。他认为应该无为,不但诸侯王的政治应该无为,就连个人也应该无为而活。他设想了一个理想的社会,这里的人们各行其是,互不相扰,没有战争、没有压迫,"邻国相望,鸡犬之声相闻,民至老死不相往来"①。有人评价老子的社会理想,"很明显,这是要把历史拉向后退。老子的这种观点,是没落奴隶制阶级的消极颓废的政治观点"②。这样的评价有失偏颇,但是至今也没有出现更为合理更为恰当的评价,我们拭目以待。

(二)孔子及其思想

孔子是中国历史上最著名的思想家,他的弟子将其言论编纂成书流行于世,是为《论语》。他的思想主张如下:

1.孔子最主要的哲学范畴是"仁"。仁者爱人,就是指人与人之间的关系,要以仁为动机、以仁为初衷,这样就是"当仁之方"。他将仁的概念推至统治者,要求统治者也行仁之道,这也是他政治思想的表现,只不过在他推广的过程中,诸侯不采纳罢了。

2.仁者爱人,是仁的关系演化,也是行仁的必然结果。孔子不强调个人的内心修养,如果仁只在心中,那就不是仁,仁要体现在行为上,体现在对待他人上,亦即仁是行为,而不是知。

3.孔子还强调要遵循"礼"。"礼"就是周公所作之礼,孔子认为自己接续了周公的道统,所以要维护、传播周公之礼。礼是等级秩序,有道德要求,也有形式上的仪式。孔子所维护的"礼"显然是政治诉求,他希望建立以"礼"为纪律的社会,但是这里必须注意,周公的"礼",在孔子这里已经被赋予了全新的含义,是以"仁"为出发点的"礼",再也不是西周昔日的"礼"了。

4.孔子的政治理念。孔子有自己的政治理念,并且在实践中不断地修正、丰富自己的思想。他提出了"德治"的主张,要求统治者待命以"德",就是理解、感化、晓谕、教育,而不是严刑峻法;还要求统治者有"德",这样才能进行道德感化。

---

① [魏]王弼注,楼宇烈校释:《老子道德经注校释》,中华书局 2008 年版,第 190 页。
② 张仁忠:《中国古代史》,北京大学出版社 2006 年版,第 64 页。

5.孔子鼓励学生将学来的知识与理念付诸实践,这就是"学而优则仕"。但是人们在谈论这一命题的时候,往往忽略了前一句,"仕而优则学",可见孔子所提倡的"学"与"仕"是互动的关系,也是互相依存的关系。

6.作为中国历史上的第一位老师,孔子在教育方法上也有独特的见解,有的方法至今仍然具有重要的指导作用。如 "不耻下问""学而时习之""温故而知新"等。

(三)墨子及其思想

墨子,名翟,鲁国人。约生于公元前468年,约死于公元前376年。平民出身,后来成为从事制造机械的匠人,是一个小生产者。他的言行被记录编纂在《墨子》一书中,有五十三篇。他的思想主张主要有:

1.墨子主张"节用""节葬"。从这一主张来看,墨子反对奢侈浪费,反对厚葬,不但是统治阶级应该节用,就是一般的平民百姓也应该节用,"圣王为政,其发令兴事,使民用财也,无不加用而为者,是故用财不费,民德不劳,其兴利多矣"①。童书业认为:"'无不加用而为者',是墨子'节用'学说的要义。用财是不可避免的,但必须用了有利,即所谓'加用',否则就是浪费。"②

2.墨子还提倡"兼爱""非攻"。就是反对以强凌弱,反对战争,要爱自己,爱他人,用爱进行交往,不能害人、恶人。但是墨子的爱的概念,只是庶人或者下层人民之爱,贵族阶层或者统治者可以爱被统治者,被统治者却不能爱统治者。墨子为何要反对战争呢? 墨子认为,战争有着极大的害处,要征用劳力、浪费财物,以及损失人口,会耽误春天的耕种,错过秋天的收割,对统治者和被统治者都是有害的,所以他反对一切战争。

值得一提的是,和孔子带领的学生学术团队、荀子的稷下学坛不一样,墨子和他的弟子结成了一个纪律严密的团体,小的负责人称为"巨子",对墨者有着绝对的支配权。《淮南子》载:"墨子服役百八十人,皆可使赴火蹈刃,死不旋踵,化之

---

① 吴毓江撰,孙启治点校:《墨子校注》,中华书局1993年版,第247页。
② 童书业:《先秦七子思想研究》,中华书局2006年版,第92页。

所致也。"韦政通评价道:"墨者的团体不是讲学论道的团体,是一个不折不扣的行动团体,是一个有作为的实干团体。"①

(四)庄子及其思想

庄子,战国时期宋国人,出身于没落贵族。庄子的思想保存在《庄子》一书中,其生平记载于《史记》卷六十三《老子韩非列传》中,"庄子者,蒙人也,名周。周尝为漆园吏,与梁惠王、齐宣王同时。其学无所不窥,然其要本归于老子之言"②。他的思想来源是老子,继承发展了老子思想的核心内容。

1.庄子思想的核心范畴是"道"。他认为"道"是世界之源,是万物之源,是虚无、玄妙的存在,同时"道""自本自根",自我生出。同时,庄子又认为人可以修道、可以得道,当人、道同体的时候,万物与我就化为一体了,得了道的人,便是"真人",这是对老子学说中"道"的发展。

2.在先秦诸子中,庄子是对个人生命思考最多的思想家。和孔子不同的是,庄子赋予了个人生命更多的自由境界。葛兆光讲道:"庄子对于'人'的思考中心是个人生命在宇宙间的存在意义,他并不看重人在现世中的社会价值……庄子要说的是,要进入绝对自由的精神境界,而进入绝对自由的精神境界,就要不凭借任何外在的依托,包括虚名、包括功业、包括为己的私心,这样才能使自己所谓精神超越世俗的一切乃至超越自我……"③庄子所提倡的绝对自由的精神境界,是一种理想,是一种永远无法达到的人生理想。当个人的生命经历生长、成熟的过程,所遇到的是现实的物质世界,而现实世界与自由精神相遇时,越是自由的精神,越容易被击破,这是现实世界的现实,也是物质世界的冷酷。

在《史记》卷六十三《老子韩非列传》中还有一段记载:"楚威王闻庄周贤,使使厚币迎之,许以为相。庄周笑谓楚使者曰:'千金,重利;卿相,尊位也。子独不见郊祭之牺牛乎?养食之数岁,衣以文绣,以入大庙。当是之时,虽欲为孤豚,岂可得

---

① 韦政通:《先秦七大哲学家》,江苏教育出版社 2006 年版,第 114 页。
② [西汉] 司马迁:《史记》卷六十三《老子韩非列传》,中华书局 2005 年版,第 1704 页。
③ 葛兆光:《中国思想史　第一卷　七世纪前中国的知识、思想与信仰世界》,复旦大学出版社 1998 年版,第 285 页。

乎?子亟去,无污我。我宁游戏污渎之中自快,无为有国者所羁,终身不仕,以快吾志焉。'"①这就是著名的庄子辞相。陈引驰认为司马迁的记述是错综《庄子》中的两处记载而成的,并论述:"如果作为严格的史实加以真实性的考究,庄子辞相的事或许确实有许多可以推敲、质疑的地方。……作为寓言,它在事实上的真实性或许不必苛求,重要的是它真切地体现了庄子的精神取向,他是一个在污浊的世间坚持自己生活信念的人,他是能够超越当下的世俗攀求而守护自己本来生命的人。对此,'辞相'不是一个极好的呈现吗?在对这一意义的呈现中,'辞相'还不够真实吗?"②

（五）韩非子及其思想

《史记》卷六十三《老子韩非列传》记载:"韩非者,韩之诸公子也。喜刑名法术之学,而其归本于黄老。非为人口吃,不能道说,而善著书。与李斯俱事荀卿,斯自以为不如非。"③分析可知:

1.韩非出身贵族,是韩国的公子。战国时期的这些大思想家,身份较为复杂,有平民,有官吏,有小生产者,但是贵为公子的只有韩非者一人,他的法家思想或许与他的出身有关,他有机会观察或参与到国家的管理,这是他思想的现实来源,也是他钟情法家的动力所在。

2.法家之学来源于黄老。黄老之学主张清静无为,而法家主张严刑峻法,黄老何以成了法家的思想之源呢?《索隐》按,刘氏云:"黄老之法不尚繁华,清简无为,君臣自正。韩非之论诋驳浮淫,法制无私,而名实相称。故曰'归于黄老'。"④

3.韩非子说话不利索,有口吃的习惯,所以说话陈述不行,擅长的是著书立说。

4.和李斯是同门师兄弟,都是荀子的学生。

下面我们谈谈韩非子的主要思想。

---

① [西汉]司马迁:《史记》卷六十三《老子韩非列传》,中华书局 2005 年版,第 1705 页。
② 陈引驰:《庄子精读》,复旦大学出版社 2005 年版,第 10 页。
③④ [西汉]司马迁:《史记》卷六十三《老子韩非列传》,中华书局 2005 年版,第 1706 页。

1.我们很熟知的一个寓言故事——守株待兔,就是韩非子讲的,说的是宋国的一个农夫正在耕地,看到了一只兔子慌不择路,撞在了树桩上,死了,这个农夫很高兴,不费劲就捡到一只死兔子,于是他便不种地了,天天守着树桩,希望再来一只兔子撞死。①韩非子讲这个故事的目的就是为了阐明他的历史观——进化史观。

2.韩非子希望用法治理国家,他说的"法",包括法、术、势。法指的是成文的、有据可依的律令;术,是统治者统治、控制、驾驭民众的手段。势,指的是统治者的气势和权威。

韩非子的思想是战国时期法家的集大成,虽然他和李斯都是荀子的学生,但是两者的结局却完全不同,与两人所关注的、学习到的知识、思想肯定有关。韩非子没有机会实践自己博大精深的思想,死在了秦。李斯在秦为相,参与制定了秦的重大制度政策,有机会实践了自己学到的法家思想,但是李斯最后却以自己制定的律令而被论定腰斩,他参与创立规制的秦帝国也只存在了短短的十五年,这也可见理论与现实实践有着遥远的距离。

韦政通在论及韩非子的思想时,和意大利的马基雅维里(Niccolò Machiavelli)《君主论》做了对比②,罗列如下:

1.马基雅维里是意大利人,15 世纪、16 世纪的意大利正陷入分崩离析,城邦之间的互相倾轧与冲突之中, 亦犹产生韩非思想的战国。他的理想在统一意大利,要实现这一理想,必须有一强而有力的领袖出来,《君主论》便是为适应这一需要而作,他提供一个政治领袖必须具备的条件:如何取得权力。和如何保持权力,这与韩非尊君任术的思想如出一辙。

2.马基雅维里认为人民对刑罚的恐惧,乃国君可以用来统治臣民的一种方法,韩非特认为人君必须严刑重罚,而后可以治国。

3.马基雅维里把道德与政治视为绝不相干的两个范畴,因此一个政治领袖

---

① [清]王先慎撰,钟哲点校:《韩非子集解》,中华书局 1998 年版,第 443 页。
② [意]马基雅维里著,李蒙译:《君主论》,上海三联书店 2006 年版。韦政通将马基雅维里译为马基雅弗利,将《君主论》译为《王者论》,现据大陆的通行译本改过。

为了国家的利益,必要时不妨采取暴力和欺骗等方法,这与韩非"不务德而务力"的任势主张正是一致。

4.马基雅维里和韩非都由人的私利心理解人性,认为一般人都是忘恩负义、虚伪善变、趋利避害、贪得无厌的。因此他们主张人君不可信人,与其被人敬爱,倒不如被人敬畏更安全。①

二、来自异域的文化最强音:佛教与传统中国

在中国历史上,与域外文化多有交流往来。到近代为止,较大规模的约有三次,一是佛教的传入。二是明末清初天主教的传入。三就是清末巨变。在这三次交流中,其实不仅仅是核心内容佛教、天主教的传入,而是以这些核心内容为代表的文化类型的传入才是最为关键的,如天主教的输入,其实是以天主教为代表的欧洲文化进入传统中国, 中国人的观念也随之发生了巨大的变化。佛教的传入,随之就是佛学思想、佛教艺术、音乐、行为方式,改变了中国人的认识与观念,所以说"佛教传入中国的过程,堪称中国历史上第一次大规模吸取和融合外来文化的过程,亦是中西文化交流史上的一个经典案例。经过东汉到隋唐五百多年的冲突与融合,佛教逐渐本土化,并最终成为中国文化的一部分,也对中国文化的诸方面产生了深远影响"②。

(一)佛教西来

关于佛教传入中国的时间,众说纷纭,比较可靠的有西汉说与东汉说。西汉说记载于《三国志》卷三十裴松之注引《魏略·西戎传》:"昔汉哀帝元寿元年,博士弟子景卢受大月氏王使伊存口受浮屠经曰复立者其人也。"③《册府元龟》卷九九六也记载:"哀帝元寿元年,博士弟子秦遵宪,向大月氏王使伊存,口授浮屠经。浮屠者,止也,号曰佛陀,与浮屠声相近,皆西方言也。"汤用彤也说:"盖佛教入华,

---

① 韦政通:《先秦七大哲学家》,江苏教育出版社 2006 年版,第 155—156 页。
② 张国刚、吴莉苇:《中西文化关系史》,高等教育出版社 2006 年版,第 153 页。
③ [晋]陈寿:《三国志》卷三十《魏书·乌丸鲜卑东夷列传第三十》,中华书局 1959 年版,第 859 页。

约在西汉之末，势力始盛在东晋之初。"①这是西汉说。这里有一关键问题，就是大月氏，也就是贵霜国是否信仰佛教，只有大月氏信仰佛教，才有可能将佛教传入中国，《史记·大宛列传》记载："行国，随畜，与匈奴同俗。"②而匈奴信仰的信仰呢？在《史记·匈奴列传》中可以看出，匈奴崇拜自然神，信仰天地、日月星辰，信仰祖先，没有提及信仰佛教之事。那么，既然匈奴不信仰佛教，大月氏也就不信仰佛教，也就不可能发生大月氏向中土传佛教的事情了。

《魏书·释老志》记载："孝明帝夜梦金人，顶有白光，飞行殿庭，乃访群臣，傅毅始以佛对。帝遣郎中蔡愔、博士弟子秦景等，使于天竺，写浮屠遗范。愔乃与沙门摄摩腾、竺法兰东还洛阳，中国有沙门及跪拜之法，自此始也。愔又得佛经四十二章，及释迦之立像，明帝令画工图佛像，置清凉台及显节陵上，经缄于兰台石室。愔之还也，以白马负经而至，汉因立白马寺于洛城雍关西，摩腾、法兰咸卒于此。"③这就是佛教西来东汉说，"这一说法虽带有些神秘色彩，但根据与其他文献材料的对比研究，基本可信，是目前关于佛教传入中国之时间的公认说法"④。

佛教传入中国后，并没有迅速融合于中国社会，一开始只在士大夫和上层官僚中传播、信仰，后来逐渐进入民间，进入老百姓的日常生活。在两汉时期，佛教初入中土，存于上层贵族官僚阶层，当时的信仰较为复杂，在《后汉书》卷四二《楚王英传》记载：

> 楚王英，以建武十五年封为楚公，十七年进爵为王，二十八年就国。母许氏无宠，故英国最贫小。三十年，以临淮之取虑、须昌二县益楚国。自显宗为太子时，英常独归附太子，太子特亲爱之。及即位，数受赏赐。永平元年，特封英舅子许昌为龙舒侯。英少时好游侠，交通宾客，晚节更喜黄老，学为浮屠斋戒祭祀。八年，诏令天下死罪入缣赎。英遣郎中令奉黄缣白纨三十四

---

① 汤用彤：《隋唐佛教史稿·绪言》，江苏教育出版社 2007 年版。
② ［西汉］司马迁：《史记》卷一百二十三《大宛列传》，中华书局 2005 年版，第 2398 页。
③ ［北齐］魏收撰：《魏书》卷一百一十四《释老志十》，中华书局 1974 年版，第 3025—3026 页。
④ 张国刚、吴莉苇：《中西文化关系史》，高等教育出版社 2006 年版，第 156 页。

诣国相曰：'托在蕃辅，过恶累积，欢喜大恩，奉送缣帛，以赎愆罪。'国相以闻，诏报曰：'楚王诵黄老之微言，尚浮屠之仁祠，洁斋三月，与神为誓，何嫌何疑，当有悔吝？'其还赎，以助伊蒲塞桑门之盛馔。①

楚王英贵为皇族，信奉两种信仰，一是黄老，一是佛教。这也就是两汉时期佛教的特色，释老并重。《后汉书》卷三十下《襄楷传》记载："又闻宫中立黄老、浮屠之祠。此道清虚，贵尚无为，好生恶杀，省欲去奢。"②

（二）隋唐时期的佛教

隋唐时期的佛学，大有可道之处，"自陈至隋，我国之佛学，遂大成。……且自晋以后，南北佛学风格，确有殊异，亦系在陈隋之际，始相综合，因而其后我国佛教势力乃大极度。隋唐佛教，因或可称为极盛期也"③。

在魏晋南北朝、隋唐时期，佛教最大的特点就是佛经的大量传入与翻译，这样就促使了对佛经教义的理解与注释，由此产生了多个宗派，在唐代较为流行的有天台宗、华严宗、法相宗、禅宗等。

天台宗崇奉的经典是《法华经》，所以又称法华宗。天台宗信奉"性具善恶"，这就与传统佛教的佛性至善理论完全不同，汲取了儒家的义理来解释佛经，是中国一个有本土特色的佛教宗派。法相宗是玄奘创立的，教义烦琐，故而传播不广。而禅宗虽然发展较晚，却后来居上，开创了中国佛教的新局面，所以印顺法师说："会昌以下的中国禅宗，是达摩禅的中国化，主要是老庄化、玄学化。慧能的简易，直指当前一念本来解脱自在（无住），为达摩禅的中国化开辟了道路。"④可见，禅宗是印度高僧达摩所创，达摩传慧可，慧可传僧璨，僧璨传道信，道信传弘忍。弘忍（602—675 年）是为五祖，座下弟子很多，其中最著名的有神秀、慧能、智诜，其

---

① ［宋］范晔撰：《后汉书》卷四十二《光武十二列传第三十二》，中华书局 1965 年版，第1428 页。

② ［宋］范晔撰：《后汉书》卷三十下《郎颛襄楷列传第二十下》，中华书局 1965 年版，第1082 页。

③ 汤用彤：《隋唐佛教史稿·绪言》，江苏教育出版社 2007 年版。

④ 印顺：《中国禅宗史·序》，湘潭大学出版社 2011 年版。

中神秀是上座,也就是法师级别的了,而慧能则是个杂役。五祖为了从众弟子中挑选衣钵传人,要大家都写一首偈子。神秀写的是:"身是菩提树,心如明镜台。时时勤拂拭,勿使染尘埃。"而慧能作为一名杂役,日常只有不多的佛经诵读,却写下了另一首偈子:"菩提本无树,明镜亦非台。本来无一物,何处染尘埃。"从偈子的内容看,慧能肯定是看了神秀的偈子后,反其意而用之,没想到这样一首偈子却获得了五祖的极大肯定,最终将慧能确定为自己的衣钵传人。

细读两位高僧的诗偈,会发现神秀主张的是渐悟说,有日常功课,在日常的修行过程中逐渐达到佛的境界;而慧能的则是顿悟说,以空灵援解佛义。神秀为禅宗北宗的创立者,慧能为南宗的创立者。后来,因南宗的办法较为简单,也容易修行,故而传播迅速,一枝独秀。

麻天祥先生在《中国禅宗思想史》中说道:"在经历了几个世纪的辗转渗透、撷取兼容之后,大约在 8 世纪初,由于慧能及其门下的努力,禅宗思想终于得以形成。作为禅宗思想的唯一经典《坛经》,也在社会上开始流布。"①可见禅宗的主要经典,也是唯一经典是《坛经》。也就是说,禅宗在唐时形成,代表人物是慧能,其经典为《坛经》,以心为本,以心为宗,以心解佛,以心见佛。所以赖永海讲道:"作为中土佛教之代表的禅宗,更是全抛印度佛教之源头而直探心海,由超佛之祖师禅而越祖之分灯禅,完全改变了传统佛教之面貌。至此,印度佛教的中国化已发展成为中国化的佛教。"②

3. 佛教对于中国文化的影响

初始传入中土的佛教,是以宗教而得到膜拜、崇奉,但是随着信仰者的增多,佛教的传播逐渐具有了广度与深度,并开始进入中国人的日常生活,与普通民众结合在了一起,真正融入了中国社会。到了唐代,随着以禅宗为代表的一些中国化的佛教宗派的产生,中国人对佛教已不再陌生,甚至不再认为佛教为域外之宗教。谈心见性,顿悟成佛,这些教义对于中国人来讲可以说直接易懂,也特别容易

---

① 麻天祥:《中国禅宗思想史》,湖南教育出版社 2011 年第 2 版,第 32 页。
② 张岱年、方克立主编:《中国文化概论》,北京师范大学出版社 1994 年版,第 316 页。

接受。于是,佛教成为了中国文化的重要组成部分,其宗教内涵、仪式、教义,由其派生的哲学、文学、书法、绘画、建筑、雕塑等文化形式也成为中国文化各领域的重要组成部分。

佛教传入的同时,大量的佛教经典也被传入,并被译介。在译介的过程中,异域文字的中国解读,其实就是援解、衍生的过程。同时,在专有名词、词义的翻译中,意义地翻译也是文化之间解读的过程。自佛教传入之后,每一历史时期佛经都被大量地翻译,所以说充实了中国的本土文化,直接促使了佛教中国化的形成。楼宇烈在《中国的品格》一书中,比较通俗地讲解了佛教之于中国文化的影响,比如一个类似于中国文化哲学的范畴——"缘",原本在中国的意思是"沿着"或"边缘"之意,自从佛教进入之后,增加了很多佛教的意义,如缘起、缘生、因缘、有缘、随缘、结缘、惜缘。还有一些词也是和佛教有关的,如自由、平等、方便、真实、世界、解脱、众生、忏悔、心地、境界等等。①

同时,佛教对于传统中国的士大夫的三绝"诗、书、画"也有重要的影响。前面我们提到的神秀和慧能的诗偈,尤其是慧能的诗偈,是真正的中国化的诗偈,见性见真,空灵之极。最为典型的代表就是王维,王维素有"诗佛"之称,他的诗与画都冠绝一时,其名作《鹿柴》:"空山不见人,但闻人语响。返景入深林,复照青苔上。"诗中有画,画中有诗。他的名画《雪中芭蕉图》描绘了一片苍茫、天地一色、万物浑成的景色,可就在这冰天雪地中,却有一支翠绿的芭蕉意趣盎然地焕发着生机。陈允吉论道:"寄托着'人身空虚'的佛教神学思想。这种神学寓意的实质,不论从认识论或者人生观来说,都是体现出一种幽郁消沉的宗教观念,它的思想倾向是对现实人生的否定。"②刘大杰先生在《中国文学发展史》中是这样评价王维的《雪中芭蕉》的:"意就是一种形象思维,使读者观者可以在他的作品中通过欣赏得到契合,也就是所谓神悟。这一派的手法,同写实派的手法不同。他有《雪中芭蕉》一帧,极负盛名,这正证明他的艺术是着重于意境的象征,而不是着重于饰

① 楼宇烈:《中国的品格——楼宇烈讲中国文化》,当代中国出版社2007年版,第177—178页。
② 陈允吉:《古典文学佛教溯缘十论》,复旦大学出版社2002年版,第79—80页。

绘,他的诗的特色,也就在这一点。"①

佛教还融入了百姓的日常生活,这才是真正对中国文化最深刻的影响。如净土宗主张念佛往生,只要口念佛号"阿弥陀佛",就可以往生极乐世界,这种简单的办法深受老百姓的欢迎。注意,我们现在流行的口头禅"阿弥陀佛"就是从这来的,甚至"口头禅"这个词语,都是佛教用语,可见佛教对民间影响至深。还有一些佛教的专有节日,后来也逐渐演变成为全社会、全民的节日,最典型的就是"腊八节",本来是纪念佛陀成道的,现在却赋予了别的含义。

三、真正的中国哲学:理学建构的道德世界

(一)哲学与中国哲学

首先的问题就是:"什么是哲学?"我向大家推荐一个通俗易懂的定义:"哲学致力于研究智能和知识的问题,它不是漫无目的的。一些关键性的疑问和需要解决的问题都有迹可循,指向某一个确定的方向,使哲学沿着一定的'轨道'前进。"②这更像是一个哲学史的定义,但是却也点出了哲学的基本要点:智能与知识,疑问和问题。叶秀山在他的哲学课讲义中说道:"在字义上大家都知道,但是到底什么叫哲学,可不一定都能说得清楚。我虽然做了一辈子的哲学研究,但也说不大清楚。哲学在生死存亡的危机之中,体现了它是一门很特殊的学问,它的对象、方法和功能,不同于一般的其他学科。无论你研究中国哲学、中国传统哲学,还是研究欧陆哲学、英美哲学,问题不会随着研究就得到解决,问题只会越来越深入,越来越严重。你并不容易找到一种东西,让你觉得这就是哲学,我们心安理得好好研究吧。研究哲学总是迫使你回过身去,重新思考这个问题——什么叫哲学? 这个问题会一直伴随着你。你老是会想:在过去,哲学出现过什么问题,现在哲学还是面临着什么问题。"③邓晓芒也有一种回答,不能说是定义,是回答学生的提问,

---

① 刘大杰:《中国文学发展史》(中卷),复旦大学出版社 2006 年版,第 56 页。
② [德]马丁·摩根史特恩罗伯特·齐默尔著,唐陈译:《哲学史思路——穿越两千年的欧洲思想史·序言》,中国人民大学出版社 2006 年版。
③ 叶秀山:《哲学要义》,世界图书出版公司 2006 年版,第 2 页。

较为口语化:"曾经有学生问我:什么是哲学?我的回答很干脆:哲学就是生命,是作为生命本身的生命。"①

关于中国哲学,张岱年先生有一篇简论式的论文,提纲挈领,值得一读。下面我将其主要论点摘要出来,供大家参考:

一、先秦哲学

1.中国古代哲学的开端

2.孔子

3.墨子

4.老子

5.战国时期儒家思想的发展——孟子、《易传》、荀子

6.稷下"道"、"气"学说与庄子

7.名辩思潮

8.法家、阴阳家及其他学派

二、秦汉哲学

三、魏晋南北朝隋唐时期的哲学

1. 魏晋时期玄学和反玄学思想

2. 南北朝时期佛教哲学与范缜对佛教的批判

3. 隋唐时期的佛学

4. 韩愈、柳宗元、刘禹锡的哲学思想

四、宋元明清时期的哲学

1.周敦颐、邵雍

2.张载、王安石

3.程颢、程颐

4.朱熹、陆九渊

---

① 邓晓芒:《新批判主义》,北京大学出版社 2008 年版,第 312 页。

5.陈亮、叶適

6.王守仁

7.罗钦顺、王廷相

8.黄宗羲、顾炎武

9.王夫之

10.颜元、戴震①

从张岱年先生这个简略而重要的大纲可以看出,中国哲学有以下特点:

第一,必须以时代划分,这样才能看出中国哲学的脉络,这个与中国历史的绵长有关,也与哲学思想的接绪有关。

第二,中国哲学有两大表现,一是以哲学命题为总括,如儒学、道学、佛学,在这样的命题下可以包括时代、个人,如儒学之下就可以包括原始儒学、两汉儒学等,也可以包括孔子、孟子、董仲舒等。二是个人主义。中国哲学很大程度上是个人的时代贡献,由此构成了哲学史,这也是有的学者认为中国古代只有哲学史没有哲学的原因。

第三,最重要的哲学思想家在两个时期,一是先秦,这一时期毋庸置疑,是中国文化的滥觞。二就是宋明时期,在这一时期里涌现了大批的卓越之士,思考时代、思考人生,完成了中国哲学的最后建构——理学。

(二)作为哲学的中国思想:宋明理学对中国文化的贡献

那么中国哲学的建构与完成,是在什么时间呢?目前学术界大多数学者还是认为是在宋明时期,在这一历史时期中国的思想家完成了理学思想体系的构建,思想的道德解读,实现了中国思想的哲学化,建立了中国的本土哲学。正如张君劢认为:"二程子着力之处主要是道德和知识的问题。他们希望将理学置于一理论基础之上,他们认为理和感觉不同,新哲学之建立,必须建立在理的基础上。他们也思考到性与理之间的关系。性与理有区别吗?如果有区别,便无法在人性中

---

① 张岱年:《中国古代哲学源流》,载于《文化与哲学》,中国人民大学出版社 2006 年版。

发现任何合理的基础。如果没有区别,便可以在人性中发现合理的基础。这种对性理间关系的看法,是二程子最重要的贡献。这个看法的重要性仅次于也是宋代新哲学基础的'理'本身。"①

宋明理学名家们构建了哲学的较为完整的形而上体系,在张立文的《宋明学研究》中概括了宋明理学主要范畴的演变,他分了六个部分进行了讨论:

1.理学逻辑结构的演变。周敦颐讲的是"太极",而其弟子二程,建立了"道学","天理"是万物的本源,将自然观、认识论、人性论全部纳入了"道学"之中。到了朱熹,朱熹此人对于哲学的建立至关重要,冯友兰就讲过:"理学的系统,至朱子始完全建立。形上形下,朱子分别更清。"②朱熹哲学范畴是"理",又可称为"道""太极"。

2."一两学说"的演变。邵雍认为是"一分为二",张载提出"一物两体",朱熹肯定了"一",重点发展了"两","两"自对,又各自为对。王夫之发展了前人的"一两学说",认为是"合"—"分"—"合"的形式,即是"合二为一"—"一分为二"—"合二为一"的形式。

3."动静"观的演变。张载与周敦颐承认"阳动"和"阴静",主要发展了"阳动"。朱熹继承了周敦颐而又吸收了张载的动静观,提出了"动静无端,阴阳无始"的观点。王夫之则进一步论述了运动是物质的固有属性和静止是物质运动的特殊形态的观点。

4."格物致知"论的演变。二程和朱熹依据哲学逻辑结构的需要,把"格物致知"作为认识本体"理"自己跟自己"对置""结合"的方法,以达"穷理"的目的。陆九渊、王守仁的"心学"与程朱的"道学"不同,陆王认为只需反省内求,便可自己体认"本心"。如果说程、朱"格物"是为了"穷理",那么陆、王是为了"正心"。

5."知行"观的演变。二程提出了"知先行后",知难行亦难,但其实是在强调"知难",这就是"力行须先知"的思想。朱熹一方面肯定了二程的"知先行后"论,

① 张君劢:《新儒家思想史》,中国人民大学出版社 2009 年版,第 124 页。
② 冯友兰:《新原道:中国哲学之精神》,三联书店 2007 年版,第 142 页。

另一方面提出了"行重知轻"说。朱熹、张栻、吕祖谦都强调"知行互相发",注重践履笃行封建伦理道德。王夫之在继承前人研究的基础上,集中论述了"知行"问题,他说:"知虽可以为行之资,而行乃以为知之实","知"不能离开"行",不"行"就得不到"知"。

6."性"论的演变。宋时的哲学家不满意以前的思想家对于"性"的解释,而提出了"天命之性"与"气质之性"的命题,以图解决先秦以来的论争和"善""恶"的来源问题。首先是张载提出的,"气一元论",从而提出了"天命之性"与"气质之性"。二程提出了"性即理也"。朱熹进一步认为"天命之性"与"气质之性"的关系,两者既对立,又统一。并将其理论化与系统化,形成了人性论。陆、王则主张"性本善"。①

---

① 参阅张立文:《宋明理学研究》,中国人民大学出版社 1985 年版。

第八章　中国民间文化传统

一、关于"传统"词义的辨析与结构划分

关于民族文化传统的社会结构表述，多年来中国学界一直在采用西方文化人类学中的理论定义，这在王铭铭的近作《西学"中国化"的历史困境》中有较深刻的总结。从爱德华·泰勒（Edward Tylor，1832—1917年）开始，西方的人类学家就具备了这样的探索意识。泰勒在《原始文化》中详尽地罗举了文化遗留的各种表现，并已发现"跟风俗和习惯的研究的密切关系"①。虽然泰勒的研究仅停留于特殊民族的习俗叙述层面，再没有进一步探究其思想根源与价值表现，但他已经隐约感觉到了民族风俗习惯在民族存在中的非常意义。其后的研究者也逐渐意识到泰勒的隐约指向，美国的雷德菲尔德（Robert Redfield，1897—1958年）明确提出了"大传统（great tradition）"与"小传统（little tradition）"的概念。②并将大传统看作都市的，把小传统看作乡民的，这样的划分还不仅仅是具有王铭铭所说的缺欠，而且陷入了以地域（城市—乡村）决定文化价值的狭隘地理决定论。但他提出的"大传统"与"小传统"的划分却具有了深远的影响。

在中国的文化传统的结构或传统文化内容的研究中，研究者在仔细探析主流价值文化体系的同时往往能够明显感觉到另一文化传统的真实存在，这就是雷德菲尔德所说的"小传统"，但西方人类学家视野中的"小传统"总以原始宗教、

---

① ［英］爱德华·泰勒著，连树声译：《原始文化》，广西师范大学出版社2005年版，第75页。
② 雷德菲尔德关于传统的表述，见王铭铭《社会人类学与中国研究》，生活·读书·新知三联书店1997年版，第158页。

原始信仰、原始风俗为主题,注意了传统存在的表现形式而忽略了价值内容。诚如葛兆光所言:"大传统和小传统的区别,也可以叫做'上层文化和下层文化,正统文化和民间文化,学者文化和通俗文化,科层文化和世俗文化'的差异。"[1]这样多种的表述虽未明确大、小传统的真实涵义,但基本在对比中说出了两者的差异,具有鲜明的本土话语方式。在他的《七世纪前中国的知识、思想与信仰世界》中则表述为"日用而不知"的一般思想史,"作为一种普遍认可的知识与思想,这些知识与思想通过最基本的教育构成人们的文化底色,它一方面背靠人们不言而喻的终极的依据和假设,建立起一整套有效的理解,一方面在日常生活中起着解释与操作的作用,作为人们生活的规则和理由"[2]。这就是民间文化传统,与主流文化互应互摄,密不可分,显隐俱在。

中国民间文化传统应涵摄两大内容,一是思想信仰世界,关键有鬼神论、命运—天命论、道德至上哲学等,此为中国传统的日常指导准则,以世界—人生的体认哲学状态存在。一是现实世界的投射所致认识上的必须存在,主要有官民对立、贫富关系及城乡关系。后一部分本文将重点论述,而前一部分则另行撰文探讨。

二、都鄙与国野:民间文化传统形成的地域条件

殷商时期,就出现了邑,甲骨卜辞就有"邑、四邑、大邑商、天邑商"的名称,[3]"大邑商、天邑商"就是商之"大邑",也就是商都,而"四邑"则是散落在商都周围的小聚落,"一个有血缘关系的小的共同体,相当于一个村落……可以从事耕种和狩猎"[4]。所以"以大邑商或洛邑为顶点,在诸侯的领域内各自仍有中心邑,那是由诸侯的一族集团所构成的,那里有各个时代的该地方的政治、文化中心。如果

① 葛兆光:《古代中国社会与文化十讲》,清华大学出版社 2002 年版,第 175 页。
② 葛兆光:《中国思想史　第一卷　七世纪前中国的知识、思想与信仰世界》,复旦大学出版社 1998 年版,第 14 页。
③ 郭沫若:《卜辞通纂》,科学出版社 1983 年版,第 430 页、第 473 页。
④ 王玉哲:《中华远古》,上海人民出版社 2003 年版,第 337 页。

从依据那个中心邑对该地区的其他小邑进行统治来考虑，这个城市式的邑仍处于当时历史的中心。"①都与邑的地域对立已具雏形。

在西周时"体国经野"的情形已相当明显。杨宽阐述为"乡（国）遂（野）制度"。"国"是天子王城与诸侯的都城，"野"即是王城与都城以外的地区。并进一步明确了"国人"与"野人"的社会地位，"在各国国都中，主要为国君及大夫士等之宫室宗庙及朝廷官司与外宾所居之旅馆等"②，"国人具有自由公民的性质，有公民的政治权利"，而"野"所居者为士农工商，则不仅耕种土地，还要"对贵族随时贡献和服役"③。至此，"国、野"的地域对立及"国人、野人"居住等级完全定型。到了春秋时期，由于王纲不显、等级紊乱，国人与野人的构成发生了变化，"国人"除了城中原有贵族阶层外，还包括原来在"野"居住的士农工商，而居住在"野"中的人则称为"庶人"，所以孟子有"在国曰市井之臣，在野曰草莽之臣"（《孟子·万章下》）之说。诸侯变法革新之后，国野之分更成为一种国家制度正式确立。管仲相齐之时，分国鄙、别民居，仅是依现有的居住现状而加以政策上的确认而已，并非真正的革新之举。因为此时的社会早已没有了西周时的礼仪规矩，故孔子有礼崩乐坏之感慨。"都"为统治者居住之地，含有文化、政治中心之意，所以都当与城、国同义。"邑"与"鄙"则是生产之区。"都、鄙"与"国、野"之对立形态应为中国城乡的起源，也是主流文化与民间文化分途的地缘所在。

三、民间文化传统的三种论述

（一）官民对立：民间文化传统之一

"国、野"与"国人、野人"的地域居住对立，形成了鲜明的等级秩序，这样的等级与殷周以来的宗法制度下的血缘差序相融相存，以及世官世禄制的推行形成了古代中国特有的封建等级制度。《左传·昭公七年》记载："王臣公，公臣大夫，大

---

① ［日］伊滕道治著，江蓝生译：《中国古代王朝的形成——以出土资料为主的殷周史研究》，中华书局 2002 年版，第 165 页。
② 童书业：《春秋左传研究》，上海人民出版社 1980 年版，第 178 页。
③ 杨宽：《西周史》，上海人民出版社 2003 年版，第 424 页。

夫臣士,士臣皂,皂臣舆,舆臣隶,隶臣僚,僚辰仆,仆臣台。"①在西周春秋年间,等级差别已成制度且划分已很细密。班固认为:"古者天子建国,诸侯立家,自卿大夫以至于庶人各有等差。"②可见在等级中士以上为统治者,有天子、诸侯、卿、大夫、士组成,士以下是被统治者。统治者与被统治者之间处于紧张的对立状态,"盗憎主人,民恶其上。"③统治者与被统治者的关系,"具体的表现就是官民关系,这是几千年来中国社会最根本的对立关系"④。

官民对立在古代中国社会的主要表现为官对民的绝对支配与控制,民对官的敬畏与惧怕。官的权力可以深入到民众生活的各个领域,不仅进行过程控制,甚至包括生死的决定。其中最为主要的是对于民众人身自由的严密控制。对于封建专制而言,"治民"实质上就是"制民",商鞅说过,"能制天下者,必先克制其民者也。"⑤治理天下的前提便是制服民众。所以历代王朝皆以人口与土地为首要之事,不仅要厘清土地数目,以便收取赋税,还要清查人口,登记户籍。有周宣王"料民于太原"、隋代的"大索貌阅",还有明代的"鱼鳞图册",这也是萧何进咸阳只取户籍简册的原因。在农耕社会,控制民众人身最有力的措施就是控制其对土地的拥有,控制了土地就等于控制了生计,户籍与地籍并重。官对民的控制更在于日常生活的随意干涉与任意掠夺,使民众的生存及生活权利受到了极大的威胁,这其中不仅有在朝廷政令之下名正言顺的赋役捐税,重要还在于各级官员冒朝廷之名、借职务之便的隐性征收,使民众接受着双重压迫与剥削,"他们的魔手随时可以伸展到农民生活的孔隙。农民的婚丧、买卖、迁徙,乃至由死亡引起的遗产争执,都将成为他们有隙可乘,无孔不入的敛财作恶机会"⑥,"悍吏之来吾乡,叫嚣乎东西,隳突乎南北,哗然而骇者,虽鸡犬不得宁焉"⑦,讲述的就

① 杨伯峻:《春秋左传注》,中华书局1990年版,第1284页。
② [汉]班固:《汉书》卷九十二《游侠传》,中华书局1962年版,第343页。
③ 《左传·成公十五年》,见杨伯峻《春秋左传注》,中华书局1990年版,第876页。
④ 刘泽华、汪茂和、王兰仲:《专制权力与中国社会》,天津古籍出版社2005年版,第52页。
⑤ 《商君书·画策第十八》,上海人民出版社1974年版,第57页。
⑥ 王亚南:《中国官僚政治研究》,中国社会科学出版社1981年版,第126页。
⑦ 柳宗元:《捕蛇者说》,载于[清]吴楚材、吴调侯选注,安平秋点校《古文观止》,中华书局1987年版。

是这种情形。

官民的紧张对立直接引发了农民起义的发生。前人的研究多以为农民起义是由于地主阶级的经济压迫与土地兼并而致，但今人多有从明清鱼鳞册得出更确信的结论，从而质疑封建地主——土地兼并理论的合理性。[1]所以不得不重新考察农民起义的原因。先从起义的口号说起，内容基本有两大诉求，一为求平等，一为均贫富，二者同样重要，但更多偏重于反对封建专制压迫。如秦末陈胜、吴广起义就是因为争取生存而发动的，"会天大雨，道不通，度已失期，失期，法皆斩"，所以陈胜、吴广商议，"今亡亦死，举大计亦死，等死，死国可乎？"[2]被逼无奈，为了求生只好聚众起义。北宋方腊的"是法平等，无有高下"，南宋钟相、杨幺的"等贵贱"，以及明末李自成的"贵贱均田"无不反映了反对苛法、反对酷刑是农民起义永恒的主题。

(二)贫富不均：民间文化传统之二

在以农耕为主的古代中国，贫富主要以耕地的占有、货币收入及消费能力而言。统治阶级可以凭借其所享有的政治特权，肆意聚敛财富。方式有二，一为国家杠杆，有定时定额的赋税、徭役。一为额外派支，随意性强，具有很强的掠夺性。

耕地在农业社会不仅是重要的生活资源，还是财富的主要象征，也成了社会资本与权力攫取追逐的目标。在特权阶层的疯狂兼并之下，民众的生活极其贫困，甚至倾家荡产。田赋与丁赋为封建国家的经济命脉，对此历代王朝异常重视，几乎每次重大的改革都是以税制为中心，两税法、摊丁入亩莫不如此。这些为后人乐道的税制改革的目的非常明确，那就是为国家聚敛财富，也就是将细流全部汇入大海。因其程度之深、手段之多，故被称为"拔羽式"剥削。[3]一旦超过了人民的承受能力，无不卖妻鬻子，相率离乡。还有徭役，此为封建国家最为典型的超经济剥削方式。

这些掠夺式的政策导致了人民的极端贫困，民众为了生存往往铤而走险，聚

---

① 赵冈：《中国传统农村的地权分配·绪论》，新星出版社2006年版，第1—9页。
② [汉]司马迁：《史记》卷四十八《陈涉世家》，中华书局1959年版，第1950页。
③ 程念祺：《国家力量与中国经济的历史变迁》，新星出版社2006年版，第151页。

众起义,这也是为什么在王朝盛世还会发生农民起义的原因,在太平盛世特权阶层的享受消费有超高表现,转嫁及剥削也就越严重。贫富不均也使得民众产生了特别的心理类型,并且渐成生存的指导原则。主要有嫌贫爱富、嫉富守贫与劫(杀)富济贫,并且显得矛盾重重。嫌贫爱富反映了人们对于贫富不均的最直接的想法,是一种本能的追求,虽然从先秦开始儒家就一再提倡安贫乐道,但侧重于乐道,而非安贫,况且仅仅是存在于知识阶层的行为状态。对于一般民众而言,只是要求生存无虑、生活安逸,向往拥有财富、向往富裕成为美好的愿望。但是社会现实处处显示了不平等现象,劳心者不劳而获却豪富奢华,劳力者艰辛劳作却衣衫褴褛,于是对拥有财富的人(而不是财富)产生了嫉妒,这一心理的养成对于贫富不均的最后认识至关重要。

如果说嫌贫爱富、嫉富守贫还是停留在心理层面的内隐表现,那么付诸行动的——劫(杀)富济贫便是民众对于贫富不均的最典型与最直接的表达。劫(杀)富济贫的目的是为了求平均,这就是农民起义必然涵盖平均主义的原因。[1]求平均的方式非常简单,就是运用暴力转移财富,但这样做还不能够永远消除不均的现象。所以,起义的民众为了稳固自己的胜利果实,也为了真正实现没有剥削、人人均等的社会,就采取了极端的措施:肉体消灭——杀富(人)。北宋王小波义军攻占彭山活捉县令齐元振,"剖元振腹,实以钱刀,盖恶其诛求之无厌也"。[2]"杀掠巨室""狠噬巨室""见富人如仇"的记载在史书中屡见不鲜。

与贫富关系相关联的还有另一传统——农商关系,但因此关系已被历代王朝明确作为国家政策颁布,并被切实执行,因而具有了强烈的官方色彩,不宜作为民间传统而加以阐述。其实在秦汉以前,中国只存在重农而无抑商,[3]具体而直接的抑商政策则开始于刘邦,"高祖乃令贾人不得衣丝乘车,重租税以困辱之"[4]。西汉时由于仕途选拔途径的变化而使得政权被大地主所把持,产生了新

---

① 李桂海:《中国封建结构探要》,辽宁大学出版社 1987 年版,第 396 页。
② [清]毕沅:《续资治通鉴》卷十六,中华书局 1957 年版,第 385 页。
③ 赵冈、陈钟毅:《中国经济制度史论》,新星出版社 2006 年版,第 444 页。
④ [汉]司马迁:《史记》卷三十《平准书》,中华书局 1959 年版,第 1418 页。

的阶级制度——贵贱贫富,"大地主既富又贵,商贾富而不贵;此外一般的人民又贫又贱"①。雷海宗认为:汉代真正产生了贫富差距。可以这样认为,秦汉之际产生了贫富不均与重农抑商两大传统。

(三)城乡有别:民间文化传统之三

如前文所论,都鄙与国野之别为城乡分途之所在。在先秦时期,虽然有城市与乡村的初步划分,但这种划分仅限于地域上的界定,由于兵戈四起,人口流动性强,远未形成城市——乡村类型的文化模式。秦朝的灭亡标志着"古代贵族封建势力之逐步崩溃"②,随之建立的西汉"平民政府",在立国初期所制定颁行的一系列有关赋税贡役的政策,还是体现了关乎民生的本色。其间,农业发展非常迅速,粮食产量、农具的发明与改进及农业科技经验的总结无不显示了此时农业的巨大成就,成为国家赖以生存的命脉部门,也是形成汉民族的关键条件。于是西汉政府开始着意重农,重农就意味着控制农民,包括其人身自由与土地所有,中国古代有系统的剥削农民也开始于此。统治阶级运用各种手段将农民固着在土地上,不允许随意离乡,否则便视之为"流民"。城市与农村的分野是在西汉年间。

中国城市与农村界限的形成完全由于政治强制所致,自然的原因微乎其微。据史料记载,大规模的城市是在西周时期出现,经过两次大分封,西周建设了大量的城市。《吴越春秋》记载:"筑城以卫君,造郭以守民。"③建设城市的初衷就是保卫君主、保卫国家政权。人民居住在城外,统治与被统治的状态显而易见。随同君主入住城里的还有国家的工作人员及贵族官僚,在这里他们颁布政令实行集权统治,同时由于统治者的奢华的消费需求,所以城市在担负多种功能之时塑成了自己的文化类型。城市文化主要表现为政治中心、领先科技与时尚享受;而农村文化由于主体居民为农民,所以形成了一种较为简陋且更为自然的生活方式。在传统中国文化的认识中,农村文化要落后于城市文化,愚昧、守旧、盲从、散漫、

---

① 雷海宗:《中国通史选读》,北京大学出版社 2006 年版,第 240 页。
② 钱穆:《国史大纲》,商务印书馆 1996 年版,第 128 页。
③ [唐]徐坚:《初学记》卷二十四《城郭第二》,中华书局 2004 年版,第 565 页。

迟缓、安土重迁等农业社会的特点就是由农民与农村所致。

城市与农村的分离是伴随着人类的分工而完成的。城乡之间的对立是随着野蛮向文明、无序向有序、部落向国家、地方局限性向民族的过渡而开始的。农村文化与城市文化在形成之初就处在对立的状态。文化虽可以比较但却没有优劣之分，农村文化并不代表着落后与愚昧，它只代表着发展中民族最本质的文化因子，或是最原始的样子，显露着文化的本真性格。或许因为环境的限制与生活方式的不同而规定了其简朴、简洁与单调的生活方式。所以，农村与城市只是生活方式与生存状态不同而已。乡村更为自然，似乎更接近人的本性。而城市是人类组织化的结果，在提炼着人的各种特质。城市并不代表着进步与文明。城市仅代表着变化民族文化中的变化部分，因变化而眩目。城市文化多变而不稳定，复杂而多元。如果要赋予二者性格的话，农村是稳健的、沉寂的，城市是快速的、躁动的。

农村文化与城市文化的冲突，不是进步与落后、文明与愚昧的冲突，而是生产、生活方式不同而产生的冲突，这样的冲突至今仍然在影响着中国人的生活。①

四、详说贫富

商周之际形成的宗法制度与国野之别为中国主流文化与民间文化传统的分野提供了政治与地域基础，其后的周公制礼作乐更加强了这一传统裂变的持久存在。礼经周公而彰显、历孔子而定义，成为儒家伦理道德的坚实内核，并进而上升为统治阶层的专有文化。既然礼专属于特殊阶级，故被统治者则不可以与其共享这一文化传统。"礼不下庶人，刑不上大夫"，礼仅止于大夫，说明庶民自有仪度约束，此便为民间文化传统。中国的民间文化传统依其存在形式可分为思想与现实两大领域，对此作者已撰文另述。贫富不均为现实透视中较为重要之内容，通

---

① 何友晖、彭泗清、赵志裕：《世道人心——对中国人心理的探索》，北京大学出版社 2007 年版，第 78 页。

过对于此传统的分析可感知中国人的生存观念与生活态度的由来及现实变化。

(一)孔子、管子、晏子:对于贫富的关注与塑造

贫富思想可依据社会认识的侧重不同而以西汉为界点划分为两大时期。[①]西汉以前的春秋战国为第一阶段,为贫富思想的萌生时期,诸子们生活在失范、失序的社会,对此感同身受,开始了伦理、政治、经济等各角度的探索,并提炼出贫富对立、均、安、抑等范畴。西汉以后,贫富观形成并潜沉民间,涵盖求富、嫉富以及杀(劫)富等内容,成为民间文化传统的主要表现。

先秦诸子对于贫富现象的关注以及思索主要有两类,一为感世伤怀的知识分子,目及沧桑,忧国忧民,感现实之不平等而疑问贫富何以产生、如何避贫趋富。孔子完成了贫富的价值塑性,为此类人物之典型。一为中国初期的政治家,创建着维护等级、利益的国家制度,在为国谋利的同时兼为苍生计,充分认识到了国家贫富与民众贫富的相依关系,并对贫富的均平做了初步的实践与探索。主要代表人物有管仲、晏婴。

"富民为使人民食足货足,以为民富则政府必富,儒家主此最力,主张先富后教、藏富于民、实是培养财源之途。"[②]孔子承认贫富的社会现实,但又坚信可以通过教化完成财富的平均分配,"不患寡而患不均"(《论语·季氏》)。孔子对于贫富不均的认识完全建立在伦理道德的辨析之上,贫富与道相连、与德相关。其一,孔子以义利之辨作为贫富的认知指导观念,"义以为上"(《论语·阳货》)"义以为质"(《论语·卫灵公》)。与义相比,利则等而下之,义制约着利的追求与获取。而利又与富同义,求富即为求利,"富与贵,是人之所欲也;不以其道得之,不处也。贫与贱,是人之所恶也;不以其道得之,不去也"(《论语·里仁》)。富应取之有道,贫亦应去之有道,人类去贫求富的基本生活观念被孔子赋予了浓厚的伦理色彩,完全笼罩在道德的制约之下。其二,义利之辨又将人道德类化为君子、小人,"君子喻

---

① 方清河:《损有余·补不足—均富的思想》,载于刘岱总主编《中国文化新论——思想篇:理想与现实》,台湾联经出版事业公司 1983 年版,第 374 页。

② 刘远智:《孔子的经济思想》,载于陈大齐等著《孔子思想研究论集(二)》,黎明文化事业公司(台北)1984 年版,第 285 页。

于义,小人喻于利"(《论语·里仁》),君子知利不外义,而小人知利不知义。由义利对举到君子小人之分,"孔子不仅将财富的获得与伦理规范统一起来,他还进一步认定财富与伦理是对立的并更鲜明的赋予一定的阶级内容"①。其三,安贫乐道。孔子虽然认为求富为人之常情,却没有加以价值上的肯定。对于贫穷却备加赞扬,"君子忧道不忧贫"(《论语·卫灵公》),守贫才可求道,安贫体会求道之乐。并将陋巷颜回推为安贫乐道的典范,"贤哉,回也! 一箪食,一瓢饮,在陋巷,人不堪其忧,回也不改其乐"(《论语·雍也》),此亦为中国知识分子"身无分文,心忧天下"精神之滥觞。

　　孔子智慧地认识到社会现实的不可逆转性,为了使人们避免不必要的痛苦,他选择了承认与正视现实,并赋予了贫穷以正价值、富裕以负价值,希望人们不以贫困而悲伤,不以富有而骄奢,这也就是伦理财富观的根本所在。孔子为何将贫富置于伦理之下呢? 李泽厚说:"在经济上,他主张维持原有的社会经济结构,以免破坏原有的氏族制度和统治体系……反对追求财富(聚敛)而损害君臣父子的现实秩序和氏族的人格尊严。"②李氏认为其原因还是为了维护"礼"的统治秩序。其实在礼崩乐坏的环境下,尽力维护"礼"的行为或许仅为感念历史的表现,最主要还是为现实何以贫富不均寻求合理的解释以求内心的安慰。

　　与孔子的价值探索不同,此时还有一些早期的政治家,在进行理论分析的同时更专注于实践的摸索。他们虽积极在为国家谋取财富,也兼有为苍生计的特色。有两人较为突出。一为管仲,他第一次以经济为手段实现了霸业的建立,如孔子所言:"桓公九合诸侯,不以兵车,管仲之力也。"(《论语·宪问》)他先后提出贱不能临贵、贫不能使富、疏不能制亲等观点。在中国历史上,充分认识到财富——经济的巨大作用的,管仲也是第一人。在君主的支持下和国家机器的运作下将财富制度化、具体化。管仲如此注重财富,他以财富衡量一切,以财富实现一切,所说的"六兴、七体、八经、五务、三度"③,皆以财富涵盖,关键亦为了其政治目的,

---

① 胡寄窗:《中国经济思想史》(上),上海财经大学出版社 1998 年版,第 36、39 页。
② 李泽厚:《中国古代思想史论》,天津社会科学院出版社 200 年 3 版,第 7 页。
③ 《管子》卷第三《五辅第十》,辽宁教育出版社 1997 年版,第 30—31 页。

"凡治国之道,必先富民,民富则易治也,民贫则难治也"①。在如此思想的指导下,管仲才有了一些具体富民的措施。另一位是管仲的继承者晏婴。晏婴对于财富的态度与管仲迥然不同,他清醒地认识到财富为上的弊端所在。晏婴以伦理限制财富的追求,以义定利、去奢拒富,并主张"其取财也,权有无,均贫富"②,成为中国历史上第一次明确提出"均贫富"之人。晏婴有如此主张,或许由于管仲之鉴,认识到财富可以作用一时,但不可决定一世,欲维持国祚长久,有贫有富,贫富并存,因循守实才是良策。

孔子说贫富,意在安贫不在非富。管子相齐,一味求富,为国而不为民。晏子才求贫富之均,带有了为苍生计的伦理色彩。

(二)对立与中和:贫富观的生成与表现

如果说先秦诸子对于贫富的认识还存留于理论探讨的层面,那么西汉时期的人们则完全面对了一个真正存在贫富差距的社会。雷海宗认为在西汉时期产生了新的阶级制度——贫富贵贱,"大地主既贵又富,商贾富而不贵;此外的人民又贫又贱,并且汉代贫富的距离似乎非常之远"③。西汉出现如此的社会状况,完全由于秦之灭亡所致。董仲舒认为秦朝的灭亡关键原因在于贫富分化的加剧,"富者田连阡陌,贫者亡立锥之地"④,前车之鉴,西汉政府大力提倡全民求富,实施政策缩短贫富差距,希望共同富裕,"使富者足以示贵而不至于骄,贫者足以养生而不至于忧"⑤。但结果却是贫者愈贫、富者愈富。同时,西汉人从强秦的须臾兴亡之间感受到了命运的变化无常,以享受今生为乐。在现实利害的驱使之下,西汉一时出现了求富之热潮,"今举世舍农桑,趋商贾,牛马车舆,填塞道路,游手为巧,充盈都邑。治本者少,浮食者众,商邑翼翼,四方是极。"⑥人们求富之疯狂可见一斑。社会如此以富为重,民众便以富为生存目标、以富为价值诉求,关于贫

---

①《管子》卷第十五《治国第四十八》,辽宁教育出版社 1997 年版,第 136 页。

②《晏子春秋·内篇问上第三》,辽宁教育出版社 1998 年版,第 33 页。

③ 雷海宗:《中国通史选读》,北京大学出版社 2006 年版,第 240—241 页。

④ [汉]班固:《汉书》卷二十四《食货志上》,中华书局 1962 年版,第 1137 页。

⑤ [汉]董仲舒:《春秋繁露》卷八《度制第二十七》,中华书局 1975 年版,第 282 页。

⑥ [汉]王符:《潜夫论》卷第三《浮侈第十二》,上海古籍出版社 1978 年版,第 137 页。

富现象的一般认识便形成了系统而多元的观点群,主要有嫌贫爱富、嫉富守贫、杀富济贫,并经过长久的积淀而成文化传统。

人生于世,为了生存与生活而追求富裕乃人之天性,"富者,人之情性,所不学而俱欲者也"①。但人性随时世变迁或有彰显潜藏,在思想者的鼓吹与政府的厉行之下所形成的求富热潮更加剧了西汉人对于财富的热烈追求, 首先形成的就是嫌贫爱富。《说文解字·女部》:"嫌,不平于心也。一曰疑也。"②许慎的解释基本代表了西汉以来对贫的认识。贫富差距令民众困惑不已,于是对贫产生了不平之心、产生了疑问,为什么要安贫?为什么会有贫富不均?这些难以在现实中解决的难题便迅速演化为切实的行动。如果说渔猎之人"犯晨夜,冒霜雪,驰阬谷,不避猛兽之害"是为了果腹保暖尚可理解,那么战士们"攻城先登,陷阵却敌,斩将搴旗,前蒙矢石,不避汤火之难者,为重赏使也"③,便有了为财富而战之嫌了,更有甚者,社会上出现了一批以单纯求富之人,闾巷少年、游闲公子以及赵女郑姬,皆为"奔富厚也"④。在这样价值观的影响下,人们之间的交往也以贫富取人,《史记·高祖本纪》记载:"萧何为主吏,主进,令诸大夫曰:'进不满千钱,坐之堂下。'高祖为亭长,素易诸吏,乃给为谒曰'贺万钱',实不持一钱。谒入,吕公大惊,起,迎之门。"⑤萧何为沛县主吏、吕公为缙绅、刘邦为一亭长,皆以持钱多少来别人之高下,可见财富在秦末已深入人心,成为民众维系关系的纽带了。

其次表现为嫉富与杀富。尽管西汉的民众在疯狂地致富,可结果仍然是贫富差距依然存在。于是人们对于贫富有了新的认识。因为无法求得富裕,人们往往会心生嫉妒,在心理上形成了嫉富的意识,在行动上产生了杀富的结果。嫉富与杀富均以为富不仁为形成前提, 认为富与仁相去甚远, 富人为富必用不仁之手段,富人必怀不仁之心。既然富人与道德无涉,那么就可以对其进行谴责与教育,之后"富而好礼者也"(《论语·学而》)。嫉富最典型的表现则为"以贫求富,农不如

①③④ [汉]司马迁:《史记》卷第一百二十九《货殖列传》,中华书局 1982 年版,第 3271 页。
② [东汉]许慎:《说文解字》(注音版),岳麓书社 2006 年版,第 263 页。
⑤ [汉]司马迁:《史记》卷八《高祖本纪》,中华书局 1982 年版,第 344 页。

工,工不如商,刺绣文不如倚门市"①,人们甚至为了赚取钱财可以不顾道德舆论而选择工作,嫉富导致了求富方式的畸变,也使政府意识到了求富带来的负面影响——商重于农,于是开始了真正的抑商政策,根本目的还是为了守本。杀富是一种极端的表现形式,当嫉富达到一定社会限度就开始突破心理层面而诉诸行动。杀富有两种动因,其一为真正寻求一种切实的泯除贫富的方式,在以主动致富无法达到如此目标时,肉体消灭便成为唯一可选择的形式。其二,杀富还有附带的行为,就是劫掠,将他人的财富通过暴力行为据为己有,这也是实现均贫富与自我致富的最便捷的方式。古代中国此起彼伏的农民起义所执行的主要职能就是扫清富人,实现人人富有。北宋王小波义军攻占彭山活捉县令齐元振,"剖元振腹,实以钱刀,盖恶其诛求之无厌也"②。"杀掠巨室""狠噬巨室""见富人如仇"等字眼在史书上多有记载。

"今法律贱商人,商人已富贵矣;尊农夫,农夫已贫贱矣。故俗之所贵,主之所贱也;吏之所卑,法之所尊也。上下相反,好恶乖迕,而欲国富法立,不可得也。"③在对主流传统压制的逆反之力的作用下,民间的贫富观已经形成。

(三)植根民间:作为传统的贫富观

西汉年间所形成的民间贫富观,经过思想家智慧的解读与岁月的锤炼,逐步沉淀为固定的价值系统——民间文化传统的存在。这一文化传统深入民间,民众将其通俗化、文本化,作为为人处世的基本原则教育蒙童,深刻影响着古代中国人的生活模式与道德判断。周谷城认为研究文化传统不可忽略古代蒙学之书,"应当着眼于全民族和各阶层人民文化的演进,着眼于以往各时各地社会上多数人的文化状况……当时普通人所受的教育,以及他们通过教育而形成的自然观、神道观、伦理观、道德观、价值观、历史观,在这类书中,确实要比在专属文人学士的书中,有着更加充分而鲜明的反映"④。在古代蒙学教科书中,贫富传统有着较

---

① [汉]班固:《汉书》卷九十一《货殖列传》,中华书局 1962 年版,第 3687 页。
② [清]毕沅:《续资治通鉴》卷十六,中华书局 1957 年版,第 385 页。
③ [汉]班固:《汉书》卷二十四《食货志第四上》,中华书局 1962 年版,第 1133 页。
④ 周谷城:《传统蒙学丛书·序》,见《三字经》,岳麓书社 1986 年版,第 4 页。

为真实的反映。

　　或许是因为贫穷确实难以改变，人们被教育的第一志向还是安于贫穷，有安贫之志，不鼓励主动地追求财富，似乎还暗含着对富裕及富人的道德谴责。"无学为贫，无耻为贱"，"立世不嫌家世贫贱"等均包含了这样的倾向。"贫贱非辱，贫贱而谄求于人者为辱；富贵非荣，富贵而利济于世者为荣"①，生活贫困与地位卑贱并非可耻之事，因为贫贱而谄媚于他们才是耻辱；富贵并非荣耀之事，只有赈济天下的富贵才是真正的荣耀。贫富依然对立，可安于贫，可安于富，贫有志气，富有价值，两者相安而不相扰。"见富贵而生谄容者，最可耻；遇贫穷而作骄态者，贱莫甚"②，不但要自身耐受贫困，对于贫困之人也应体恤怜悯，不可颐指气使，骄态满怀，对于富贵之人不可谄笑满脸。中国人对于贫富的态度很值得我们玩味：他们对于自身贫富倒可以安于现状，泰然处之。见到贫富究竟该如何面对，似乎更加重要；如果见到贫富也是安然如常，不惊不移，那就是最道德的处事之道。

　　在贫穷时不但要心生守意，而且要力行节俭度过困厄，颇有与苦难抗争的意味，"贫无可奈惟求俭，拙亦何妨只要勤"③。那么富裕了该如何呢？应该"自家富贵，不着意里，人家富贵，不着眼里，此是何等胸襟"④，即使富贵显达，不必拼豪斗富、自鸣得意，而要显得彬彬有礼。

　　传统的蒙学书大多是以教化为主，譬如，在如何对待贫富的问题上，主张贫时不怨天尤人，富时也不眼高于人，多倾向于肯定贫的人生意义，贫可以读书、可以立志，这样的价值评判与孔子的思想一脉相承。可也有一些蒙学读物提出了相反的说法。在流传较广的《增广贤文》中就是如此，第一次提到贫富时就说"贫居闹市无人问，富在深山有远亲"，"久住令人贱，贫来亲也疏"，贫与富的人生境遇截然相反。既然社会对待贫富的态度如此不同，那么人生就应该鄙弃贫穷、追求富贵，"欲求生富贵，须下死功夫"，人生在世，富贵成为至上的目标。并且对富采

---

① 以上引文均见［清］王永彬：《围炉夜话》，崇文书局 2007 年版，第 248、34、62 页。
② ［清］朱柏庐：《朱子家训》，北岳文艺出版社 1994 年版，第 4 页。
③④ ［清］王永彬：《围炉夜话》，崇文书局 2007 年版，第 6、46 页。

取了积极的价值肯定,将富与礼义相连,"礼义生于富足,盗贼出于贫穷",这样的道德论断完全背离了儒家的义利观,不再是"安贫乐道",而是开始了对贫的否定,"人贫志短,马瘦毛长","贫无义士持金赠,病无高人说药方"①,贫穷不再拥有志气,更如疾病之人陷入困顿却无人拯救。

在流传至今的蒙学书中,只有《幼学琼林》比较集中系统地讲述了贫富。作者列举了贫富、奢俭的各种表现,主要是为了表达两个思想:一为命之修短有数,人之富贵在天。贫与富皆为命中注定,外力不可改变,所以民众要安贫享富。二是将德与富有并论,"饱德之士,不愿膏粱",饱德即是饱乎仁义,与富有进行了价值分离。在此书中,依然强调了德行为上的原则,但道、德只与贫相提,"范丹土灶生蛙,破甑生尘;曾子捉襟见肘,纳履决踵",人在危困贫穷时积蓄智慧与志气,逆境出人才。同时也讽刺太过节俭的行为,"韦庄数米而炊,称薪而爨,俭有可鄙",吝啬之极。对于富有有两种评论:如果拥有财富却不知如何消费,"贪爱钱物,谓之钱愚","守钱虏,讥蓄财而不散";同时又讥讽了奢侈过甚的行为,"石崇杀妓以侑酒,恃富行凶;何曾一食过万钱,奢侈过甚"。作者怜贫叹富,"贫士之肠习藜苋,富人之口厌膏粱"②,贫富之别,不过是所吃食物的不同罢了。

传统的贫富观还表现在深受民众喜爱的文学中,如《红楼梦》,虽有家道中落的悲凉,却表达了富贵如云的人生感慨,其中大量的笔墨描述了人们爱富及求富的种种表象,少批判、多艳羡、少针砭、多赞美。而或许《水浒传》描写了农民社会的缩影,表现了更加系统全面的贫富观。其一,人生不可能安贫。三阮本为渔家,生活虽不富裕倒也安逸逍遥,可也没有守住贫穷,一听说有套富贵可取,立刻投入行动。三阮倒可理解,可是吴用呢?书生本色却也无法静心读书,反而说人撞筹做起了强盗的买卖。也可以这样理解,贫穷远没有富贵的诱惑大,或许安贫只是孔子描绘的人格理想吧。其二,凡是书中涉及富贵,必然有两个结果。先是夸富,极度地炫耀富有,如最富有的大财主卢俊义,"驰名誉,北京城内,元是富

---

① 此段中引文均见于《增广贤文》,见徐梓、王雪梅编《蒙学便读》,山西教育出版社 1991 年版,第 44、45、49 页。
② 此段中引文均见于[明]程登吉《幼学琼林》,岳麓书社 1986 年版,第 150、148 页。

豪门"①,就是去上香也不忘装十辆太平车子的货物去做买卖,真是夸富之极。然后失去财富,便觉得富贵如云。卢俊义在发配的路上怎么也想不通,曾经富贵的自己为何瞬间就成了阶下囚呢？其三,也是关键的一点,起义军常常自我说到劫富济贫、替天行道等,其实细加分析,起义军的劫(杀)富济贫与他们的自我标榜完全不同。先说取生辰纲一事。生辰纲为不义之财不假,可取了以后呢？根本没有济贫,而是这七位好汉走到哪带到哪,仅供自己消费。上了梁山,每次战争胜利结果都是杀人如麻、劫掠一空,打完祝家庄后,"尽数装载上车,金银财赋,犒赏三军众将"②。可见劫富、杀富是有,结果却是将获得的财富据为己有。从这方面讲,《水浒传》颇具纪实文学的味道。

(四)还是在怀疑:传统贫富观与当代社会

步入 21 世纪的中国社会,贫富问题仍然十分突出。首先,据中国社会科学院《2005 年社会蓝皮书》报告:2004 年中国的基尼系数超过 0.465,到 2005 年已经逼近 0.47,已超过国际公认的警戒线。截至 2004 年底,还有至少 2610 万的绝对贫困人口,占农村人口的 2.8%。③资料显示,其中农业人口为最为贫困的群体。世界银行是以 1985 年平价购买力来作为贫困的衡量标准的,即人均每天最低消费 1 美元,年收入低于 375 美元即为贫困。中国农村在 1998 年人均年纯收入为 635 元人民币,约合 77 美元,远远低于国际标准,④近年数字并未上升。贫困人群较为固定、集中,因人口多且分布地域广,如在短期内消除贫困困难异常巨大。其次,收入差距拉大成为中国贫富问题的主要表现,其特征为"不同地区以及不同社会群体间的贫富差距很大"⑤,收入差距是多方位的。胡鞍钢对此深表忧虑:"中国经济政策的主要目标是增长优先战略,而对收入上分配差距的扩大没有给予太多关注。长期实行这一增长优先的发展政策导致了以下社会后果:虽然中国经济在

---

① ② 施耐庵:《水浒传》,人民文学出版社 1997 年版,第 805、671 页。

③ 数字转引自储丽琴:《我国古代贫富分化思想的发展演变及其启示》,载于《企业经济》2006 年第 2 期,第 150 页。

④ 数字转引自王群勇:《中国古代贫富思想的发展演变及其对中国改革的启示》,见《石油大学学报》2001 年第 5 期,第 42 页。

⑤ 陈志武:《权力掠夺》,《商务周刊》2006 年第 1 期,第 62 页。

进入 20 世纪 90 年代以后一直增长最快,但是,中国的收入不均等程度普遍性扩大,中国社会变得更加不均等。"①

贫穷的存在不仅使贫穷的个人或家庭无法得到基本生活物质的满足,同时也是导致其他社会问题的根源。面对这样的社会现实,当代中国人不免有所困惑,对贫富不均、对暴得大富皆充满了怀疑。这样的看法还是传统的贫富观影响所致,典型的为富不仁论,一是怀疑其财富的性质。怀疑富人的财富来路不明,疑其所得为不义之财。二是怀疑其致富的路径有问题,"他们富得合法吗?"②更深层的原因还是嫉富心理,自我无法企及而他人有所突破便心生艳羡加以怀疑。嫉富、爱富、求富等传统的贫富观仍然在影响着中国人。

贫穷有两个含义,一是把贫穷视为生计(subsistance)的贫穷。二是把贫穷视为社会的不平等现象,认为贫穷是社会中不同所得的相对地位。③在古代中国,社会的革命虽也有部分的经济压迫因素,但起决定作用的还是专制权力,所以那时认为贫富不均是由于等级贵贱造成的,仅把贫穷看作社会不平等的表现与根源,故而社会革命的目标并非均贫富而是等贵贱。在当代社会,贫穷虽被视为社会的不平等,但现实确实造成了真实的生计问题。所以人们对贫富的认识不再囿于道德限制,而是切实地关心由于贫穷给自身带来的生存及生活问题。

贫富问题,我们永远为之困惑,正如柏拉图所说:"所谓财富,如其所有者不是公正、有德性的,即不能称之为财富;如果所有者是卑贱的,那么财富对他们反而是最大的恶。财富的价值要依据所有者的德性和是否能贤明地使用。"④

---

① 胡鞍钢:《中国反贫困的五大目标》,见《瞭望》,1999 年第 49 期,第 15 页。
② 刘应杰等著:《中国社会现象分析》,中国城市出版社 1998 年版,第 331 页。
③ 詹炜:《中外贫穷问题比较研究》,见王维林等著,中华文化复兴运动推行委员会主编:《中外社会问题比较研究》,中央文物供应社 1983 年版,第 210 页。
④ 葛扬、李晓蓉著:《西方经济学说史》,南京大学出版社 2003 年版,第 15 页。

附录

孟母三迁与东汉礼俗

《三字经》上有一句"昔孟母,择邻处,子不学,断机杼"的话,说的是是中国文化里广为传诵的"孟母三迁"的故事,并被当作古代教育的典范来加以提倡。但细读分析此故事,多有趣味,现略作小文,希方家指正。

关于"三迁",在《三字经注解备要》里是这样解释的:孟子与其母仉氏为父守丧,可因居住近于墓地,孟子学了些丧葬痛哭吹吹打打之事,孟母觉得对儿子的发展不利,于是决定迁移,这次迁到了集市和屠户家做了邻居,孟子学会了买卖宰杀,孟母又觉得不利于孟子的身心发育,于是又迁到了学宫旁,这次孟子学到了礼仪,孟母这才放了心,决定定居于此。

既然是"三迁",就是说孟母携孟子举家迁移了三次,可依《备要》里所述,从墓地到集市,从集市到学宫,满打满算才有两次,还有"一迁"从何而来呢?如果从结果向原因推论的话,从原来的家向墓地迁移应该算作一次,并且从后来孟母对孟子教育如此重视的程度来看,孟母一开始选择的居家之所应该也不错,即便无利至少不会有害,但问题在于为什么孟母要迁移呢?《备要》里说明了原因,"昔孟子少时父早丧,母仉氏守节,居住之所近墓",可见"守节"是居住"近于墓"的主要原因。"近于墓"当指丧葬中的居丧之礼,在杨树达先生的《汉代婚丧礼俗考》里记载:"居丧之礼,未葬,居服舍,及葬则庐墓。"《后汉书》卷六十《蔡邕传》载:"邕性笃孝,母卒,庐于冢侧,动静以礼。"居丧之礼多表现为儿女之孝,没有丈夫死后妻子居丧的礼俗。可依《备要》之说孟母不但为夫居丧,而且以此行为为守节,并当作迁居的主要原因。《备要》的作者王应麟是北宋人,那时还没有形成后来的妇女守节之道,所以此守节当另有所指。《后汉书》卷二十《祭肜传》载:"肜早孤,以至孝见称。遇天下乱,野无烟火,而独在冢侧。每贼过,见其尚幼而有志节,皆奇而哀之。"祭肜的"节"即是"独在冢侧",当与孟子为其父所守之"节"相同,只不过孟子太小由母亲监护督促罢了。孟子生活在战国时期,当时的丧葬礼俗并未如此完备普及而特征鲜明,居丧之礼到了汉代才真正形成并推广。由此可见,"孟母三迁"的故事必然形成于汉代,确切地说应该是东汉,东汉赵岐所撰的《孟子题辞》里说,"孟子生有淑质,幼被慈母三迁之教",应该是"孟母三迁"的故事初型。

在墓地居住,孟子学了些丧葬之事,孟母觉得不好,于是决定迁移。在孔子儒家那里,丧葬之事应属于礼俗,孟子既然学到了丧葬之事,应该是学了"礼",孟母应该高兴才合乎情理,可她为什么觉得不好呢?先来看孟子在墓地学到了什么。《备要》载:"孟子学为丧葬躃踊痛哭之事。""躃"同"躄",《玉篇》云:"躄,跛甚者。"就是两腿一瘸一拐的样子。"踊",《说文》云:"踊,跳跃也。"表示向上的动作。"躃踊"就是人在痛哭时不能正常行走,一瘸一拐,还不时地跳跃呼天抢地,表示人很悲痛,"礼,凡吊丧者,既哭,兴踊,进问其故,哀之至也。"①,也就是说,这种表现只是一般老百姓家在丧葬时的正常表现,也就是"庶人之礼"。《后汉书》卷八十一《范式传》记载,"号哭而来……会葬者千人,咸为挥涕"。《列女传》记述,孟子"嬉游为墓间之事,踊跃筑埋","筑埋"就是起坟埋葬。《后汉书》卷二十《祭遵传》云:"遵丧母,负土起坟。"躃踊、筑埋都属于葬礼。既然也是礼,那为什么孟母不让孟子学呢?从后来搬到学宫旁"嬉游乃设俎豆揖让进退"②来看,《三字经》作者借孟母将东汉的社会情理分为"礼"与"俗",丧葬躃踊即是民间礼俗,俎豆揖让是上流社会倡导学习的礼仪,孟母不停地搬迁是为了让孟子学到统治者尊崇的儒家之礼。再者,上述的丧葬之事,无论是否为礼仪,孟子当时只是觉得好玩就学给妈妈看,这在孩子来说也是正常不过的事情,结果孟母的反应则非常强烈。可见汉代人们已十分重视教育,王应麟说:"陈万年为三公,而教其子以谄;范滂、姜叙之

---

① [东汉]应劭撰,王利器校注:《风俗通义校注》卷三《愆礼》,中华书局1981年版,第166页。
② 《史记》卷四十七《孔子世家》载:"孔子为儿嬉戏,常陈俎豆,设礼容。"

母一妇人,而励其子以义。二汉风俗,以是观之。"①,只不过教育的方式不同罢了。如此重视子孙后代的教育,这或许与察举、征辟的实行有关,也说明汉时的人很重视血脉的绵延。在出土的铜镜上多有这样的铭文:"家当大富乐未央,子孙具备居中央。七子八孙居中央,夫妻相保如威央兮。令吉祥,宜孙子","夫妻相爱如威田鸟,长宜子"②。

"子不学,断机杼。"一般认为孟母见孟子不好好学习,"取出刀来,将织机上未织完的布割断,以教导孟子为学不能半途而废之理"③。《列女传》中也说,"孟母以刀断其织",并教育说,"子之废学,若吾断斯织也"④。《韩诗外传》也记载,孟子在学习时陡然中辍,"其母引刀裂其织"⑤以为诫。问题在于,孩子中断了学习,母亲为什么要割断布来教育呢? 义献记载各有不同,有"割织"与"断机"之别。《备要》载,孟母"割断其机",并说"子之所学,犹如我之织机一般,累丝成寸,累寸成尺,成丈成匹,才为有用之物。今子所学,必要加累年累月之功,无分昼夜,方有进益。尔今懒学厌倦,乃自弃其功也。我断机,亦如汝自弃其功也"。"杼",《备要》解为"机之梭也";《说文》释为"机之持纬者";《说文段注》:"今人训织具者,用为杼字也。"就是织布机上引纬线的工具。秦汉之际一般老百姓的家里普遍使用足踏织机,经线提前挂好,纬线用梭子往来穿引,织布的关键在梭子。在安徽麻桥幕中出土的梭子长 31.6 厘米,宽 3.1 厘米,中间有一长 12.8 厘米、宽 2.6 厘米的槽口。也就是说,孟子逃学回来,孟母一气之下将织布的梭子给砸坏了,因为梭子坏了,布也就没法织了,才不能"累丝成寸,累寸成尺,成丈成匹",才不能"有进益",上世纪 80 年代曾有首流行歌曲,"金梭和银梭,日月在穿梭,时光如流水督促你和我",也是在用梭子告诫人们要惜时如金,和孟母断机的意蕴是一样的。可见,孟母是"断机"而非"割织"。

---

① [宋]王应麟:《困学纪闻》卷十二,辽宁教育出版社 1998 年版,第 255 页。
② 周世东:《湖南出土汉代铜镜文字研究》,载于《古文字研究》第 14 辑,中华书局 1986 年版。
③ 刘鄂培:《孟子大传》,清华大学出版社 1998 年版,第 51 页。
④ [汉]刘向:《列女传》,辽宁教育出版社 1998 年版,第 10 页。
⑤《韩诗外传卷第九》第一章,中华书局 1980 年版,第 306 页。

分析至此,还有一个问题需要认真对待。东汉时期无论是政府还是民众都非常讲究孝道,那为什么孟母不愿意携子在墓地守孝的行为却受到了关注和褒奖了呢?这或许和始作俑者赵岐有很大的关系。《后汉书》卷六十四《赵岐传》说,"娶扶风马融兄女。融外戚豪家,岐常鄙之,不与融相见",马融是东汉有名的大儒,但多有蔑视礼教的行为,东汉联姻多讲究门当户对,所以赵岐与马氏联姻也有意气相投之处,赵岐不见马融只是名士气节使然。如在对待丧葬问题上,两人的看法是一致的,马融"遗令薄葬"①,而赵岐则说,"我死之日,墓中聚沙为床,布簟白衣,散发其上,覆以单被,即日便下,下讫便掩"。既然赵岐如此对待丧葬之礼,那么他在撰写《孟子题辞》时让孟母无视居丧之礼而搬迁便在情理之中了。同时也一窥东汉时民众对于"礼"及"丧葬之礼"的认识。两汉时期中国的制度处在创制与接受之中,没有完全定型。西汉的独尊儒术导致了东汉时期对儒的过度信仰,也出现了蔑视礼教的反动之力。余英时先生在考察汉代的名教思想时发现,汉时不守居丧之礼的行为②,是由于在"情"与"礼"的矛盾纠缠下,人们逐渐倾向"缘情制礼",礼不可违背人之常情,所以才出现了"生孝"与"死孝"之辩。这样的行为的出现绝非个别现象,就连戴良、阮籍这样的大族名士都敢公然蔑视礼法,那么赵岐笔下的孟母,普普通通的一介草民,不守居丧之礼应该可以理解了。所以,"礼不下庶人"有一定的道理,正如陈寅恪所讲:"旧籍于礼仪特重,记述甚繁,由今日观之,其制度大抵仅为纸上之空文,或其影响所届,止限于少数特殊阶级,似可不必讨论,此意昔贤亦有论及者矣。"③

(原载于《文史知识》2010年第1期)

---

① 《后汉书》卷六十《马融传》。
② 余英时:《士与中国文化》,上海人民出版社2003年版,第365页。
③ 陈寅恪:《隋唐制度渊源略论稿》,中华书局,1963年版,第4页。

最深的历史烙印

——盐池历史上的民族与盐池文化的形成

在祖国版图的中部的地带,祁连山、吕梁山、贺兰山的山子型脊柱部分,有一片荒凉而个性鲜明的土地,这就是盐池县。盐池历史悠久,因悠久而湮隐不闻,因悠久而长生不息。自公元前 106 年置昫衍县至今①,已逾 2000 年。但是由于盐池一无独特的地域色彩,二无历史文化名人,故而 2000 余年独居长城边关,隐彰不行。现爬梳其历史脉络,找寻其过往生存民族遗迹,希冀对盐池本土文化的形成及文化性格、特质有所凸显。本文在仓促之间完成,同时所本资料极其有限,不妥之处在所难免,敬请方家指正。

一、在盐池土地上生存过的民族概述

据 1986 年修纂的《盐池县志》所述的盐池历史大事概要可知,盐池的古代历史从秦穆公三十七年,即公元前 623 年开始,延续至辛亥革命。在延绵不绝的历史长河中,这片古老的土地上曾经生存蓄息过多支民族。这些民族或多或少,或主动迁徙,或被迫游浪,都在盐池留下了自己的痕迹与文化因素。可以说,现在的盐池文化风貌和历史上的民族有着极其紧密的关系。

《盐池县志》曰:"秦穆公三十七年 秦用由余伐戎王,益国十二,辟地千里,遂霸西戎。其时,盐池县为西戎昫衍戎地。"还有,"秦始皇三十三年 秦始皇遣大将蒙恬北逐匈奴,取河南地(河套黄河以南地区,包括昫衍),因河为塞,筑四十四

---

① 昫衍,或写为"朐衍",现依《盐池县志》写为"昫衍"。

(一说为三十四)县城临河,徙谪戍以充之。"在春秋战国、秦代时期盐池主要是西戎朐衍戎之地,并且已有了初始的建制。但是需要注意,秦始皇时期的临河县城的建制,统辖的属民并非朐衍戎,而是"谪戍",其目的是要拒西戎,当时夷夏之畛域分明可想而知了。

《盐池县志》记载:"秦二世三年 诸侯叛秦,秦所徙适戍边者复去,于是匈奴复渡河入河南地。"另汉初置朐衍县,"元狩二年汉在沿边五郡(亦包括盐池所在的北地郡)故塞外设五'属国'以安置降附的匈奴部族。朝廷派属国都尉管理,而匈奴仍可保留其风俗习惯。"可知秦汉之际四五百年间,盐池一带为汉族与匈奴、羌民族的混居之地,主要为匈奴,"而匈奴仍可保留其风俗习惯",就说明了匈奴在历史上对盐池的影响了。一是人种方面。在此地四五百年的生息繁衍,匈奴已经将盐池人完全变成了匈奴人种。其实在匈奴进入盐池之前,盐池一直没有一个民族作为主体居民,朐衍戎也仅仅是个混合状态,还有一些谪戍之人。所以,匈奴进入盐池居住,应该对盐池的发展及社会的形成起到了积极的作用。二是社会组织与发展。秦汉时期中央政府只是将盐池作为边关与前线战场对待,几乎没有任何发展措施,所以只有在匈奴进驻并得到和平的情况下才有可能获得发展。三就是文化。在匈奴之前,其居住的主体是西戎,西戎又称猃狁,"随畜而徙",这样的游牧部族没有形成强有力的组织体系,也无法形成系统独特的文化。

到了魏晋南北朝时期,由于北部中国长期处在混战状态,故而盐池的归属多有变化。盐池相继属前赵、后赵、前秦、后秦统辖。后又属北魏西安州大兴郡、西魏西安州五原郡,后西魏改西安州为盐州,《盐池县志》记载:"宇文觉篡西魏立北周。今盐池县东北部为盐州五原郡辖,西部为灵州普乐郡(今惠安堡附近)地。"[①]前赵是承匈奴刘汉而建,刘汉就曾实行过"胡汉分治"以治"六夷"。所谓"六夷"就指匈奴、羯、鲜卑、氐、羌、乌桓。[②]到了前赵统治时期,民族关系更加复杂,仅320年

---

① 盐池县县志编纂委员会编:《盐池县志》,宁夏人民出版社1986年版,第14页。
② 翁独健:《中国民族关系史纲要》,中国社会科学出版社2001年版,第205页。

关中起义,"四山羌、氐、巴、羯应之者三十余万。关中大乱,城门昼闭"①。及至后赵时期民族关系更为错综复杂,这从后赵统治者的政策就可以看出,有治理胡人的"胡汉分治",有"镇抚百蛮"的大单于,还有"专统六夷"之官。胡、蛮、夷混杂一起,可见民族关系之复杂程度。前秦、后秦民族关系亦是如此。到了北魏时期,由于黄河流域的统一使得民族间的交往更加频繁,与西域各民族的密切交往是这一时期民族文化交流的主要特征。

　　隋唐时期,盐池作为与突厥交战的前线战场存在,"开皇五年 隋文帝令崔仲芳'发丁三万于朔方,灵州筑长城,东至黄河,西拒绥州,南至勃出岭,绵亘七百里'"②。大业十三年(617 年),梁师都盘踞盐池地并起事,"并受突厥可汗的封号,引突厥兵入据河南地,攻占度川等郡,依靠突厥的援助,与新建的唐王朝对抗"③。突厥入据盐池大约至贞观二年(628 年),梁师都被杀,唐击败突厥,复置盐州。从突厥在盐池居住的时间上来看,约为十年,影响甚微。其后党项、吐谷浑、吐蕃相继进入盐池,其中党项族占据盐池大约二百年之久,直到成吉思汗灭西夏。党项在盐池统治如此长的时间,对盐池的影响可谓巨大,这一点可以从盐池留存的古迹与民间传说可以看出。在明代,盐池成为明政府阻挡鞑靼入侵的防守要塞,筑起西起黄河嘴,东至花马池 387 里的河东墙,"凡草茂之地筑之于内,使虏绝牧;沙碛之地筑之于外,使虏不庐",明军虽恃长城之险,鞑靼仍多次侵扰,"由花马池入固原、会宁等处,明官兵战死者甚多"。正德四年(1509 年),"秋,鞑靼首领小王子寇延绥,寻犯花马池。总制才宽率师御之,颇有斩获。而追袭间遇小王子伏兵,中流矢而死"。在有明一代,盐池与鞑靼来往密切,时战时和,约二百年之久。到了清代,因满蒙关系较为和平,故而盐池处在较为稳定的社会状态,但是清政府仍然以边关视之。

　　以上就是我们通过《盐池县志》及其他一些史料勾勒出历史上盐池地所居的民族,以其居住的时间长短来判定其对盐池的影响:一是匈奴时期,匈奴入居正

<hr />

① ［唐］房玄龄:《晋书》卷 130《载记第三》,中华书局 1974 年版。
②③ 盐池县县志编纂委员会编:《盐池县志》,宁夏人民出版社 1986 年版,第 14 页。

是盐池蛮荒之时，匈奴进入，有开垦之功。二是魏晋南北朝时期，为盐池的一大发展关键阶段，尤其对于其文化的形成至关重要。

二、盐池历史上的民族文化遗留如今之表现

考察盐池的婚礼、葬礼及节日等一些民间习俗，就会发现古代民族的影响之巨。葬礼中的口含钱，正月二十三的燎干习俗，充分地反映了魏晋南北朝时期的民族融合、混合杂居给盐池留下的影响。

口含钱，就是旧俗死人入殓时，于其口中放置一铜钱（富贵人家或用金），谓之口含钱。这一习俗很早就已经出现，但是文献显示最早出现是在元人的杂剧之中，李行道《灰阑记》第二折："今日个浪包娄到公庭混赖着，您街坊每常好是不合天道，得这些口含钱直恁般使的坚牢。"元无名氏《云窗梦》第一折："觑一觑要饭吃，搂一搂要衣穿，我与你积趱下些口含钱。"元无名氏《满庭芳》曲："枉乖柳青，贪食饿鬼，劫馒妖精，为几文口含钱，做死的和人竞。"这一风俗意义何在？有两种较为普遍的解释：一是借以讽刺贪鄙者，死了还要含钱而逝。二是认为将死者的嘴里放进钱，可以让死者在阴曹地府里不向阎罗王告状。这两种解释皆为不好之辞。死者入殓等事皆为亲人亲力亲为，亲人怎么可能对死去的亲人有如此不堪之举措呢？所以这两种解释太过牵强，不合乎情理。但至今对于口含钱习俗之意义一直得不到合理的解释。

既然最早记载口含钱习俗的是在元代，可以想见这一习俗在元之前便已形成。近人杨树达所撰《汉代婚丧礼俗考》中注意到了汉代人"饭含以玉石珠贝"[1]，《汉书》六十七《杨王孙传》云："王孙为欲裸葬答祁侯书云：'鬼之为言归也，其尸块然独处，岂有知哉？裹以币帛，鬲以棺椁，支体络束，口含玉石，欲化不得，郁为枯腊，千载之后，棺椁朽腐，乃得归土，就其真宅。'"《后汉书·礼仪志》下注引《汉旧仪》云："帝崩，含以珠。"可见在汉代无论是帝王将相还是贩夫走卒实行这一习俗的目的就是为了防腐。但是必须注意，汉代的饭含只是玉石珠贝，没有含铜钱

---

① 杨树达：《汉代婚丧礼俗考》，上海古籍出版社 2000 年版，第 48 页。

之记载。含玉石珠贝和含铜钱之目的肯定不同，前者可以防腐，后者就没有防腐的功效，所以两者绝不是统一文化源流下的习俗。也就是说，口含铜钱有可能不是中国传统文化价值的表达。罗丰在《胡汉之间——"丝绸之路"与西北历史考古》一书中详论了此问题，他依据夏鼐与小谷仲男的观点做出了一些判断。罗丰认为，"夏鼐的观点(死者口中含钱的习俗当溯源于我国的内地)无疑有非常可取的一面，但是死者口中金币的问题似乎仍然没有获得解决"。而日本学者小谷仲男则认为，"口中、手中含握货币的葬法，不属于以上情况，应该考虑是在另外思想背景下的产物"①。罗丰还认为，"固原南郊粟特墓地中出土萨珊银币、萨珊金币和东罗马金币仿制品表明，口中含银币的习俗是这些人从中亚带过来的习俗"，而且"中国吐鲁番和固原、洛阳、西安等地死者含币习惯与中亚地区是一脉相承的，且有渊源关系。"②那么，盐池葬俗中口含钱问题似乎得到了解决，至少我们知道不是秦汉以来的汉族文化，而与中亚的一些民族习俗有关。1985年夏，在盐池县苏步井乡窨子梁上发掘了一处唐代墓地，墓中《唐何都尉墓志》显示，墓主为中亚昭武九姓之一的何国人后裔。③这就表明，盐池在唐代也是粟特文化的流播之地，并且其时盐池属"鲁州"，就是唐"六胡州"之一。这样我们就更能肯定盐池葬俗中的口含钱习俗与中原之礼无关，而是唐代粟特人文化在盐池的遗留。至于此种习俗有何种含义，有待于进一步探究。

在盐池有一种习俗目前正受到批判，因其破坏植被、引起火灾，被称之为"陋俗"，这就是"燎干"。燎干是一种民间习俗，正月二十三之时，每家门口柴火高垒，点燃之后每人从火堆跳过，并以爆竹或盐粒扔入以求响声。据口耳相传，盐池这样的习俗有两大意义，一是求来年五谷丰登，尤其是在火焰熄灭后用锹撮起灰烬高高扬起，名之"荞麦花""糜子花"等，以其扬起是否绚丽来判断来年该作物的收成。二是预示春天到了，"正月二十三，大燎干，抹掉帽子一身单"。这是冬春换季的一种表示。但是燎干习俗见于中国北方农村，大致在宁夏、陕西、山西、甘肃、内蒙古等地，对这一习俗的文化解释也不尽相同。陇东人认为"干"是一种怪物，燎

①② 罗丰：《胡汉之间——"丝绸之路"与西北历史考古》，文物出版社2004年版，第178、182页。
③ 宁夏回族自治区博物馆：《宁夏盐池县唐墓发掘简报》，载于《文物》，1988年第9期，第56页。

干可以驱除这种怪物的危害,而庆阳人认为可以驱除鬼魅。

燎干这一习俗远没有民间的解释那样简单。一求丰收。燃柴跳火与丰收有什么样的关系? 这一行为在仪式中表达不明朗。而且一些民间习俗中有庆丰收之举,但一定是在十月金秋收获之时。所以,正月里演绎预示丰收之仪式显得突兀,无法解释。二是表示冬去春来之含义。这一解释也无法自圆其说,正月里的盐池还处在寒冷之季,清明时节才可以称得上"换单衣"了。三是庆阳人与陇东人的说法,驱除鬼魅。按照传统解释,正月就是过年,而过年就是为了驱除"年"这个怪物,而又说燎干是为了驱除"干"这个怪物,那么一个正月里怎么可能出现两个怪物了?所以,关于燎干是驱除鬼魅的说法也不合适。燎干无疑是一种仪式,而这一仪式的核心就是火,火是探究这一仪式的重点所在。另外,这一习俗只存在于北方农村(城市不适合点燃柴火,故渐渐湮没了),而且在宁夏、陕西、山西、甘肃、内蒙古等地,范围的确定别有深意。根据之前我们对于盐池历史上居住过的民族的考察,就会发现真正对盐池历史文化起到影响作用的只有两个阶段:匈奴与魏晋南北朝时期。匈奴的习俗中没有与火有关的任何因素,匈奴人"崇拜自然神,祭祀天地、日月、星辰和祖先"[1],所以需要认真考察魏晋南北朝时期的民族习俗。在魏晋至隋唐这一大时间段中,北方中国参加流行过一种以火为神物的宗教,就是琐罗亚斯德教。琐罗亚斯德教是基督教兴起之前在中东影响最大的宗教,是波斯的国教,传入中国后称祆教或拜火教。该教崇拜火,其一切的祭祀仪式都围绕着火进行,认为火是神的造物中最高和最有力量的东西,火的清净、光辉、活力、敏锐、洁白、生产力象征神的绝对和至善。拜火教在魏晋、隋唐时期由粟特人带入中国传播,其流播范围大致在"丝绸之路"一线,也就是荣新江所说的,粟特人"在粟特本土和中国东北的营州之间, 他们在中原王朝和北方草原游牧汗国之间的夹缝地带,建立了一系列的殖民地"[2]。而盐池恰好就处在这样的夹缝地带,并且我们也在盐池发掘到了唐代的粟特人墓葬,所以我们有理由认为"燎干"这样一种用

---

① 王锺翰:《中国民族史》,中国社会科学出版社 1994 年,第 236 页。
② 荣新江:《波斯与中国:两种文化在唐朝的交融》,见北京大学中国古代史研究中心《未名中国史》(上),北京大学出版社 2009 年版,第 189 页。

中原文化无法解释的习俗可能与拜火教之间存在着某些联系。

三、民族与老区：盐池混合型文化辨析

在盐池文化的形成中，古代民族起到了关键性的作用。但是必须要明了，影响盐池文化形成的是混合型的力量，并不是某一民族或某一历史时段所致。历史上的民族对盐池文化的形成可以表现在三个方面：一是人种的构成。这一问题较为复杂，只有需要通过现代生物技术才可以知道现今的盐池人究竟成型于哪个历史时期，源于何种民族。根据文献可以猜测，应该是匈奴或粟特人影响较大。二是语言。从语言可以看出盐池人文化杂陈，爬梳历史语言的遗留。三是民间习俗。就如我们之前分析的那样，葬俗中的口含钱以及节日中的"燎疳"，都可以表达出历史上的民族文化沉淀。除此之外，盐池至今为止以牧业为主，农业为辅，这一生产方式既遵循了盐池的土地状况，也可以看出是历史影响所致。因为从盐池有史记载以来，一直被中央政府视为边关之地，也就是战场，既不重视牧业，也不重视农业。或许正是由于历史上存在过的无数个民族的影响，才使得牧业在盐池的生产结构中占据了主要地位。另外，由于这样的生产方式而导致了迥异的生活方式，盐池人的生活方式呈现典型的游牧民族的粗放特点，以羊肉为主，较少以蔬菜或水果入食。

历史上民族对盐池文化有如此大的影响，最集中最典型的表现在对盐池人的塑造，这是一种文化特质的最直接明确的表达，人的样子，就是文化风貌。盐池人所呈现出的气质与性格完全符合游牧文化熏染下的价值标准，粗犷、豪放、旷达。

通过以上分析我们可以得出，盐池文化的形成至少需从历史上的民族影响去寻找，但是仅仅这样还不能够完全诠释盐池目前的文化形态。

盐池在1936年获得了解放，后来成为"陕甘宁边区"的一部分，大约有十三年的时间，可是就这短短的十三年却对盐池文化的塑造起了巨大的影响。在这十三年中，"陕甘宁"是作为共产党政权的中心出现的，盐池就处在这一中心之内。据《盐池县志》记载，1936年10月，"中共三边特委在盐池县成立……特委领导盐池、定边、新安边三县。"1943年12月，"陕甘宁边区第一届劳动英雄代表大会

及边区第三届生产展览会胜利闭幕。盐池县劳动英雄高仲和、刘占海、王科等光荣出席,并获得甲等奖,受到毛泽东、朱德等中央领导同志的接见。大会宣言中提到:都要向盐池的高仲和学习,他移来一年,打盐 2500 驮,折合粮食 130 石,作到丰衣足食。"这样不厌其烦地列举史料,就是为了证明盐池在这十三年中的辉煌与不平凡。当时的中共中央领导与《解放日报》随时都会提及盐池,这对于盐池人影响至深,也是 1949 年之后的盐池再也无法企及的荣耀。也就是在之一时期,陕北文化进入了盐池,比如信天游、腰鼓、道情,以及一些生活习俗。这样战争年代的红色浪漫文化与战地文化给古老的盐池注入了新的活力,至今这样的红色文化还在影响着盐池人,"老区"几乎成了盐池的代名词。

在考察盐池文化形成的时候,笔者更多地注重了古代民族的转徙流播的影响,也注重了当代红色文化的重要影响。但是必须注意,作为自古以来的中国内陆腹地,盐池文化的根本基础还是赖以存在的中国传统文化,其影响至深至巨,是盐池文化形态形成的原动力与根本特质。盐池文化具有鲜明的区域性与民族性特色。作为区域性的盐池文化,其形成一定凸显了大文化的历史背景,局部地彰显了大文化背景的区域特征,考察民族的流播与影响即可发现。但是同时区域文化又具有狭窄的文化表现,不能彰显大文化的全部内容与特质,局限了盐池文化的进一步发展,习俗的唯一性就可以说明。就民族性而言,盐池文化具有了太多的民族个性,多民族的驻留补强了盐池文化的血液与动力。这样也导致了盐池文化习俗的复杂性,其习俗的来龙去脉与民族专属无法得到确认与甄别。这样,盐池就背负了古代民族文化与当代红色文化两样文化遗产,这也是盐池文化今后研究的主要途径与方向。就前者而言主要是挖掘历史文献,认真考释文献中关于盐池民族流播的路线与文化遗存,但是由于盐池文献记载的不完整性,需要借助于考古发掘来做进一步的研究。但是在现代的都市化进程中,盐池文化的古代性会减弱直至消失,最后只保留在面孔与些许的方言之中,红色文化由于其强有力的政治资源与实际旅游利益所致,其进一步的发展会更加强劲,并且会有更多的研究成果问世。

(原载于《昌吉学院学报》2011 年第 5 期)

后　记

　　书已校完，作为作者，我似乎也安静了许多。收拾起了笔和本子，心情随之也折叠了起来，特别像鲁迅喜欢用的一个词——百无聊赖。此时真懂了这个词的含义，是一种闲暇，对！就是一种大忙碌之后的闲暇，也就是胜利之后打扫战场的喜悦了。

　　书是完成了，可是在写作过程中以及校对过程中又产生了新的问题，不能不面对，所以需要在此将这些问题罗列出来，以求得看到此书的人的理解与共鸣。当然，更多地则是将问题记录下来，促使自己思考，以便有机会增补内容或弥补缺憾。

　　首先将讲义变成著作，这是件难事。《围城》上讲过此类的话，这是第一步，我也难免脱俗。但是在这"变"的过程中，我发现"讲"与"写"的关系可不一般，会讲的不一定会写，但会写的一定会讲。课堂讲授的时候只要思维充足，脑洞大开，就会滔滔不绝，"丝滑"极了。可是一旦将讲授的内容落实在纸上，一字一句，可就要仔细斟酌了，时间、人物、地点、出处都要核实，而且要有所本，还要讲究逻辑关联、遣词造句等，都不可忽视。我知道，讲课的时候是讲问题，只有讲问题才会深入浅出，才会引人入胜，而写作中也要探究问题；但是二者绝不一样，尤其表达方式与表现形态是完全不同的。我对此认识还不是很清楚，期待以后会有所突破。

　　其次，大家会发现书中有些部分比较薄弱，尤其是关于古代思想与文化的部分。我承认，这是我的弱项，不愿意"硬写""强写"，就写成了现在这个样子，希望诸位给予谅解。平时讲课的时候是一套，写成文字就是另一套了，会切实地发现自己的不足，会发现自己力所不逮之处。教学二十年了，是读过一些书，有的还翻过不止一遍，如《史记》《资治通鉴》等，可是"书到用时方恨少"，发现自己欠缺的还很多很多，于是，明确了自己今后充电的方向，就是再回到故纸堆，在古籍上要下功夫。

再次，这次写作，除了自身的学养不足之外，是还有一些客观因素的限制的，其中最主要的是资料的限制。我的藏书在同辈人中算是不错的了，要是写一本与自己兴趣相关的小册子，应该足够用了，可是这些书分散在三处，特别难以充分利用，尤其是早年的《新编诸子集成》以及《资治通鉴》《宋史》《明史》以及郭沫若、陈寅恪等人的全集等大部头的书，更是不在手边，给写作带来了极大的不便。曾经看过《来自星星的你》，暗自想，什么时候能够拥有都教授那样的书房就太美了！

最后，照例是要感谢的。是啊！如果没有这些亲友的支持与帮助，书就是写好了也无法出版，无法与诸位相见。

感谢宁夏大学科研处的大力支持，将此书列入了宁夏大学优秀学术著作出版基金计划，为此特别感谢当时担任项目评审的各位专家及李学斌处长；还应该感谢表哥王紫刚先生，他在适当的时候给予了我最适当的激励，使我如沐春风；还必须要感谢我的朋友邱守刚博士，在觥筹交错之间使我体会到了真情实意。当然，此书的责任编辑陈浪与杨海军，他二人也是我从教的第一届学生，转眼二十年过去，学力、功底已今非昔比，为此书的问世付出了艰辛，而且毕恭毕敬、尽职尽责，并提供了非常不易的便利，真诚地道一声谢谢！最后，真的感谢我的爱人张燕萍，是她牺牲了自己的研究爱好，操持、包揽了所有的家务，才让我有了时间与空闲去思考问题、撰写此书；感谢我的孩子，在我思维枯竭的时候他的吉他弹奏，让我可以愉悦身心，重新投入写作中去。

谢谢我教过的二十届学生！

张　詠

2016 年底